亞馬遜

The
Real Warrior Women
of the
Ancient World

古代女戰士的
真實傳奇

John Man

約翰・曼——著　　　　　　　張家綺——譯

目錄

獻給 T

神話演化變革，真相曙光乍現

六歲那年，父母帶我去倫敦看一場《彼得潘》舞台劇，彼得潘在天空飛翔，並將技能傳授給達林家的孩子，他的飛行能力看得我目眩神迷。我問母親是否可以教我飛，她要我去問彼得潘，於是我寫信給他，郵件由某某劇院代收。他的回信令我喜出望外，彼得潘的打字功力真不賴，他告訴我：關鍵就是練習。母親警告我學飛行不會這麼快有成果，但我願意接受挑戰，便在父母床鋪上跳來跳去，展開飛行特訓，母親則在一旁給予我肯定，我停在半空中的時間每次都有稍微拉長零點零一秒。學飛真的不容易，進度又不明顯，加上旋即就是下午茶時間，我也不記得後來還有沒有第二堂飛行課。

我在缺乏書本資源的英格蘭鄉村長大，能讀的只有漫畫。當時的漫畫已演化成圖像小說，其中一個主角是未來飛行員大膽阿丹（Dan Dare），我覺得這個角色設定很合理。另一個是超人，超人就不太能說服我，八歲的我已不再那麼天真，也學聰明了，對我來說超人缺乏可信度，我就是很難相信他有超級力量、超級視覺等能力。

我跟不上流行文化的腳步。超級英雄這個詞彙也包括超級女英雄和超級反派，在五十年來數不清的漫畫、圖像小說和電影裡，這些人物一直是故事主軸，從未出現失寵跡象。某網站按照字母順序列出六百九十九個超級英雄，第一個是原子彈（A-Bomb），最後一個是極速（Zoom），但其中只有一個英雄引起我的注意：不是因為她已有超過七十年的歷史，也不是因為最近推出了請她當主角的票房大

片，而是因為她的背景故事頗具深度。這位英雄就是宙斯之女、亞馬遜族公主——神力女超人（Wonder Woman）。

事實上，神力女超人甚至比希臘傳說裡的亞馬遜族更像亞馬遜人。大約兩千七百五十年前，希臘人編織出亞馬遜超級女戰士的寓言故事，目的只是彰顯能在戰場上或床上征服她們的男性有多了不起。神力女超人不是為了被擊敗或撲倒而生，就算對象是超級英雄也一樣。不管是超級英雄還是一般男性，她的能力都和他們不分軒輊，甚至超越男性。為了配合今日的超級英雄市場，古老寓言與時俱進。

然而到了現代，亞馬遜族的意義不再侷限於神話。

亞里斯多德定義的男性是政治動物，意思是生活在像亞里斯多德的都市國家雅典等城邦，男性最是如魚得水。關於這點他有兩方面錯誤，一是道德層面的錯，至少從現代觀點來說不正確，因為他忽略了雅典女性；另外一點是錯誤觀感，早在亞里斯多德的年代前，就有一群人類的進展不輸希臘人，在亞洲內陸的草原上發展出異於城邦制度的生活，他們沒有城市或國家，男女老少過著與希臘人南轅北轍的生活。男性既是牧人也是戰士，女性亦然。

多虧人類學家，如今我們才能比亞里斯多德更瞭解他們。沒想到神力女超人有真正的遠古姊妹，亞洲內陸遍地是成千上萬座墓塚，這些墳墓都是「斯基泰人」（Scythian）蓋的。斯基泰人是幾個相關文化的泛稱，他們是將匈牙利至蒙古起伏綿延的草原運用到淋漓盡致的

高手。大多墳墓遭洗劫一空，但天寒地凍卻保留下了某些金銀財寶。人類學家已挖出部分物品，未來也會持續挖掘盜墓者遺漏的東西：深埋在冰天雪地裡的黃金、裝飾品、服飾、骨骸和遺體。其中一些是女性，她們的個人物品包括武器，骨骸亦顯示暴力致死的跡象：她們就是貨真價實的亞馬遜族，是截然不同生活形式下的產物，遠比希臘人想像的錯綜複雜。

　　神話傳承了下來，幾個世紀來衍生出全新支派，影響著藝術、文學、流行文化，它們不僅將亞馬遜這個名號傳給歷任女戰士（和為了各種社會運動奮鬥的無數女性），更準確的說法是，這個封號傳給了不同女鬥士族群。神話和真實世界互動：亞馬遜雨林和亞馬遜網站都是同一棵樹木開枝散葉的結果。另一個分支則是神力女超人，她的任務不可思議的激進。神力女超人的創造者不是宙斯，而是威廉·莫爾頓·馬斯頓（William Moulton Marston），一九四一年《群星漫畫》第八期的亞馬遜族正如希臘傳說描述的一樣強悍性感，但她們與生俱來的使命是支配男性，而不是被男性打敗。（他相信）這是男女維持和平的方式，更說：「賜給男性一個強過自己的性感女人，讓他們心甘情願俯首稱臣，驕傲地當她的奴隸！」亞里斯多德要是聽到這個說法，恐怕會頻頻搖頭吧。

第一章
傳說及其意義

　　想像你是一個擁有歷史教育背景的學者，穿越時空回到兩千五百年前的雅典，這天是和煦怡人的春日，你希望沉浸當下感受雅典歷史，開始攀上比鄰雅典衛城、奶油色澤的大理石山巔——亞略巴古山丘，你知道這座山以戰神阿瑞斯命名，別稱「戰神山」，羅馬時期他名為馬爾斯。你並非獨自一人，巧遇一位身穿傳統希臘束腰長袍的老先生，他找了一塊大圓石歇腳，頭倚著手杖，你正好也想休息，於是兩人開始交談，老先生本身也算是歷史學家，有人作伴讓他非常開心。你問：這裡真的是早年舉辦市議會的著名岩石嗎？那當然啦，接著他開始解釋這座山其實和阿瑞斯毫無瓜葛，根本沒人敬拜阿瑞斯，這裡真正的名稱源自 arae，有著詛咒之意。因為山腳下是恐怖女神的洞窟，別稱和善女神及復仇女神的她們，專門緝捕和詛咒罪犯。而市議會之所以座落於此，是因為打從雅典衛城建立前的遠古，這裡就是雅典城市的中心。為什麼？因為這裡是亞馬遜人攻打雅典人的最終站。噢，你是說亞馬遜人真的存在過？你以為這只是寓言故事嗎？她們當然存在，這些女戰士居住在東方某處，遠在文明世界的邊緣。故事世代傳頌，早在文字書寫、特洛伊圍城、荷馬的年代以前，就有古老英雄造訪她們的記錄。亞馬遜族和希臘眾神一樣，皆是希臘歷史的一部分。

　　啊，所以你的意思是，你相信希臘眾神真的存在？

　　「哦，那當然啦，沒人親眼見過神，」他解釋道，「至少我這一

輩是沒有。」但證據就存在祖先訴說的故事、祭壇、儀式、獻祭、神諭、夢境、人類行為裡。「你知道男性在沙場上會變成什麼模樣嗎？你見過痛失親友的女性展露野性嗎？簡直像神明附體！人類行動都是受神祇驅使，這就是為何我們要向祂們祈禱，拿獻祭品討好祂們。」懷疑神祇的存在，等於懷疑希臘人的身分。「所以我們當然相信眾神真實存在，亞馬遜人也存在。」

生活在二十一世紀現代世界的我們卻有滿腹疑問，怎會有人認真看待這種信仰？這是因為，它們可說是某種證據，也是一扇大門，帶領我們銜接上消逝已久的社會人民的思想，這個古老社會至今仍與我們同在，深植在我們的思想、政府、藝術、戲劇裡。也許在我們和他們的腦海中，神祇代表的是憤怒、愛情、嫉妒、忠誠、背叛的心理真相。也許傳說暗示著歷史真相，荷馬在偉大史詩中描寫的戰爭場景，亦直接指向真實存在、至今仍可造訪的特洛伊城，因此傳說值得我們深究，或許能藉此認識人類的歷史和自我。

亞馬遜族的故事崛起於文字記載前的夢世紀，早於西元前五世紀的幾個世紀，正是希臘人的黃金時代。當時希臘人的祖先統治著提林斯、阿哥斯，和邁錫尼等地中海東部大城，而這正是希臘青銅時代文化名稱的發源地。約西元前一二五〇年，邁錫尼的希臘人和現代愛琴海彼端的西土耳其人打仗。西土耳其人民極可能是盧維人[1]，盧維文化則和土耳其中部的西臺人息息相關。無論如何，他們都不是希臘

---

1 盧維語有兩種書寫文字；一為今日伊拉克地區所發明的字母：楔形文字，第二種則是從埃及傳來的象形文字，兩者都比希臘字母早三千多年出現。

人。西土耳其的主要城市是今日名為希沙利克的特洛伊港，該古城的斷垣殘壁更成為現代觀光景點。傳說點燃戰爭火苗的罪魁禍首是一位特洛伊人，他將傾國傾城的海倫從希臘人身邊悄悄帶走，因而引發戰爭。說書人為特洛伊人一一取了希臘名：帕里斯、普萊姆、赫克托、赫克芭。重新改寫《伊利亞德》傳奇的荷馬曾提到「提林斯及該城壯闊的城牆」。如同姊妹市邁錫尼，提林斯從古至今都是真實存在的城市，而這兩座大城都有著宏偉壯觀的城牆，至今雄偉依舊——每塊碩大岩石都依照比鄰石塊雕刻塑形，不規則模樣彷如全新鑄造、緊挨著彼此的水泥。

第一則故事描寫歐律斯修斯，他可能是阿哥斯國王，抑或邁錫尼，或是提林斯國王，也可能三座城市都由他統治，眾說紛紜。這個說法多少有些可信度，畢竟這三座城市都是實際存在的地方，但沒人知曉歐律斯修斯是否真的存在，更別說他是否真的統治過這幾座城市，因為當時的希臘人並沒有文字，也沒有記錄。傳說中歐律斯修斯的對手是半神半人、孔武有力、才智過人的英雄海克力士（希臘時期名字是 Heracles，羅馬時代變成赫丘力士〔Hercules〕）。海克力士在震怒之卜痛殺親生孩子，為了贖罪，他接受歐律斯修斯的挑戰：接下十二項看似不可能完成的任務，但這名最英勇的希臘人最後成功了——他非成功不可，畢竟他是古希臘的其中一位國父，尤其在經歷了西元前一一〇〇年邁錫尼毀滅，以及三百年的黑暗時代之後。

國王的女兒阿德密緹是希拉（Hera；羅馬名為茱諾〔Juno〕）的女祭司，她負責指派第九項任務，而希拉處心積慮，想置海克力士於死地。阿德密緹覬覦希臘名為希波呂忒（Hippolyte；後來稱為希

波呂塔〔Hippolyta〕）的亞馬遜女王威權。亞馬遜女王的名字在希臘文的意思是「放馬」，並不是亞馬遜語，所以這裡提到的世界很明顯還是存在於寓言故事裡，而不是歷史框架裡的真相。另一方面，亞馬遜女王和其他眾多亞馬遜族人的名字都具備相同的馬類元素[2]，希臘人也知道這群不可思議的生物全是騎馬高手。

跟許多傳奇的半神人物一樣，希波呂忒的特色——黃金「腰帶」——為她的角色下了定義，這條腰帶可能是用來固定匕首或劍，而腰帶就是這個故事裡的「麥高芬」（MacGuffin）。驚悚電影導演希區考克定義的麥高芬，就是人人覬覦、驅動電影劇情的事物，在此則是推動傳奇寓言的情節。有時麥高芬只是一種人人覬覦卻不明所以的東西，有時又威力強大，例如《法櫃奇兵》裡的法櫃。但這裡的腰帶較類似《魔戒》的那只戒指，本身並不具有力量，眾人卻為之瘋狂，渴望得到。希波呂忒是從她的父親，戰神阿瑞斯手裡接下腰帶，由於戰神是宙斯之子（羅馬名為朱彼特〔Jupiter〕），而希波呂忒身為眾神之王的孫女，擁有統領世界的象徵特質，這正是阿德密緹想為邁錫尼人民奪取腰帶的原因。海克力士若能拿到腰帶，希臘的未來將會是一片光明。

於是海克力士踏出希臘疆土，一路向東，沿著黑海南岸出發。若這個寓言故事具有一絲一毫的真實性，便是這趟遠征帶領了海克力士和他的同伴逼近土耳其中部西臺人所占領的地帶。黑海岸邊西臺人的統治力量薄弱，這是舉目不見男人的國度，一群野蠻人攻占當地，希臘人利用他們最深刻的恐懼填寫這段故事：這群野蠻人是女性部落，

---

2 *hippo* 是「河馬」（hippopotamus）的字源。

畢竟對一個男性主宰的社會來說，有比女野人更大的威脅嗎？還有比男性戰士馴服這群女性更大的挑戰嗎？

通常，如果說話者指出情報來源是朋友的朋友，謠言的可信度就會提高，而傳奇故事若有著確切的時空背景，也會顯得更加真實。希臘人為這個故事填上了特爾莫東河（Thermodon），這條河正是現代蜿蜒流經翁翁平原的泰爾梅河（Terme）。亞馬遜女戰士的首都就是現為泰梅小鎮的新米奇亞[3]，位置比鄰河口。根據泰梅省網站指出，他們對當地與亞馬遜的關聯心懷感激，因為泰梅省每年都會舉辦歌頌亞馬遜族的節慶活動：「僅開放女士參與的劍術、馬術、烹飪比賽和划艇遊河」，劍術和馬術聽起來很合理，烹飪和划船就比較不尋常了。

亞馬遜族的名聲淵遠流長，眾多後世作家以文字記述：她們是驍勇善戰的民族，若是生育，只會養育女娃，男娃一律剷除。西元前一世紀時，西西里作家狄奧多羅斯描述，亞馬遜女王「頻對鄰國開戰，她的好運不斷，驕傲自稱阿瑞斯之女，並將編織毛線的工作指派男性」。他描述亞馬遜女王訓練亞馬遜女孩狩獵和征戰，征服鄰國，大規模起造宮殿和神龕，再將治理權傳給「傑出統治亞馬遜並促進該國勢力和聲譽的歷任女王」，就這麼世代更迭交替，持續到海克力士降臨那天。

海克力士紮營，希波呂忒女王前來迎接，他向她解釋腰帶[4]一事（似乎並無語言障礙困擾），兩人相處融洽，某些版本甚至說他們陷

---

3 新米奇亞（Themiscyra）：常被誤寫成 Themyscira，網路上尤其常見。字源 *Themis* 的意思是「依習俗創建」，再加上 *cyra*（c 的發音為 k），與君主 *kyros* 一字同根。對希臘人而言，這個名字暗示著該地正是國家歷史悠久的統治所在。
4 girdle 一字除了腰帶，亦有貼著女性身體的緊身褡之意。（譯者註）

入愛河。她完全不過問原委,便答應把腰帶贈予海克力士。但和海克力士作對的女神希拉卻撩撥亞馬遜人的恐懼,她們擔心希臘人意圖挾持女王,便組織軍隊進攻,最後海克力士殺了希波呂忒,奪走她的腰帶,帶著戰利品速速撤離,回到提林斯,把腰帶供奉在希拉神殿。

以上就是這篇傳奇故事的原始版本,自那之後,前前後後的各種版本加油添醋。其中一個版本描述,海克力士對毫無戒心的亞馬遜人展開意想不到的攻勢。另一個版本則描述,海克力士和希波呂忒展開了一場漫長對決,抑或兩方軍隊陷入一場盛大戰役,並在文中一一詳述雙方戰士名字。海克力士殺了名字帶有速度之意、卻動作不夠快的埃拉,又殺了菲力比絲和七戰七勝的普洛托厄,與自誇不需協助實際上需要幫忙的埃里波厄,還有八個文中指名道姓的女戰士,最後一人是立誓終生不嫁的阿爾卡珀,也以少女身分死在海克力士劍下。狄奧多羅描述:「亞馬遜族全軍覆沒,一條命都不留。」

這個嘛,其實不盡然,關於亞馬遜族有個問題。她們的黑海家鄉雖是傳奇一部分,也是真實存在的地方,但隨著希臘人陸續深入探訪,卻發現根本沒有亞馬遜國度。因此為了保留可信度,他們需要另一個家園,傳說則提供了這個家園。西元前五世紀中葉,希羅多德則在著作中重提該國度。

希臘人駛離特爾莫東河時,帶走了一批亞馬遜人。一出海,身經百戰的戰士起義叛亂,殺了俘虜她們的希臘人,並且占船為王。她們不諳航海,被風勢吹往黑海北方四百公里處,來到亞速海,也就是希臘人命名為梅歐提斯、沼澤遍布的淺湖,抵達頓河河口的沼澤附近。

這裡是馬背上的民族斯基泰人的國度，亞馬遜人從他們那裡竊取幾匹馬，便出發搜尋戰利品。斯基泰人決心反抗，卻發現這群不速之客是女人，於是決心試圖說服她們，贏得她們芳心。年輕的斯基泰男性在附近靜靜紮營，每天一寸寸逼近她們的區域。有些亞馬遜人和現代的蒙古女孩一樣，離營到乾草原上解放，其中一對男女越走越近，兩人開始纏綿，語言不通已不再是問題。她比手畫腳：下次見，帶一個朋友來，我也會帶朋友。消息傳開來後，兩個營區合併，女孩們開始學斯基泰語。「跟我們回去，」斯基泰男性說，「我們會娶你們。」希羅多德描述，這群獨立自主的女孩有些遲疑：

我們的生活方式南轅北轍，我們是騎士，平日工作就是使用弓箭和矛，對女人家的工作一竅不通。但貴國女性不從事我們的工作，她們都留在馬車裡的家，忙著女性事務，從不出門打獵或做其他事。我們不可能答應的。

她們反而要求這群男人先回家，帶著家當歸返，於頓河另一端落腳。他們答應了，接著集體往東遷徙三日，再往北遷徙三日，形成一個嶄新部族——邵羅馬特亞族（Sauromatian，後面會詳述），她們保留騎馬狩獵的古老傳統，偶爾和丈夫行動，偶爾自己出擊打仗。「她們的婚姻法規定，女孩必須在沙場上殺戮敵人，否則不得出嫁。」這麼一來，亞馬遜人便能在希臘傳奇裡保有遙遠國度的形象，不過，可能發生這一切事件的年代，都失落在光陰的迷霧裡了。

亞馬遜傳奇的下一章攸關傳說中的雅典建城者，提修斯。西元一

世紀時，普魯塔克盡他所能認真描寫故事，試著從謠傳中梳理出歷史原貌。這個任務毫無希望可言，前後矛盾的民間傳說使人看不清事實真相。講到自己無能為力撰寫出最可靠的故事版本時，他形容：「像這種年代久遠的事件，歷史本就混亂不清，沒什麼好奇怪。」他有眾多故事來源，說法卻前後兜不攏。名字和事件猶如幽靈般變換形體，沒人知曉重大事件在何時發生。

眾口一詞的唯一事件，就是亞馬遜人曾經侵略希臘。

前往亞馬遜國度是提修斯的錯，也許他是和海克力士一起去，或接在海克力士之後出發，總之他受到慷慨招待。一位名為安提娥培的美人愛上提修斯，她的身分很可能是亞馬遜女王，有時會和希波呂忒混淆。劇情急轉直下，一位名叫索羅伊斯的年輕男子愛上安提娥培，求愛遭拒後選擇自盡，投水身亡。提修斯曾短暫停下腳步，以男子之名為某條河川命名，再創建一座城市以茲紀念，在那之後，提修斯不是脅迫捉走安提娥培，就是她自己主動跟著他回家。她在那裡誕下一子，希波呂托斯，但提修斯卻為了新歡費德拉拋棄她，為故事揭開全新章節，之後劇情發展成費德拉愛上她的繼子，兩人最後慘烈身亡。

與此同時，遠在家鄉的亞馬遜族對海克力士殘殺希波呂忒及安提娥培的命運憤怒不已，她們侵略雅典，強行攻進城牆，一路攻上亞略巴古。是的，根據普魯塔克的說法，她們真的攻進了城裡。當地的地名、墳墓、獻祭儀式也都證實了這個說法，當然不少作家也不買帳。希羅多德同期的劇作家兼《奧瑞斯特斯三部曲》作者埃斯庫羅斯形容，多虧仁慈眾神和偉大領袖，雅典才挺過（與波斯人展開的）戰爭。雅典過去經歷不少浩劫，而亞馬遜侵略就是其中之一，兩軍抗戰長達四

個月，在雅典無人不知的各個城門、河川山坡之間來回對戰，雅典人占了上風，最後亞馬遜人舉白旗投降，在文明與進步的世界與亞馬遜自家人對戰的安提娥培最終喪命。

《奧瑞斯特斯三部曲》劇作最後一部的〈復仇女神〉逼近尾聲時，雅典娜凌駕於亞馬遜人本來要攻上的岩石頂端，宣布嶄新世代降臨，威壓復仇女神：

> 這裡將是法官主宰的法庭。
> 這裡是阿瑞斯峭壁，是亞馬遜人闊步昂首
> 紮下戰營，向提修斯尋仇，
> 滿腹怒火開戰之地。

在傳說就等於歷史，歷史就等於傳說的世代，誰會質疑亞馬遜人的真實性？

亞馬遜人藉由無數年後的木馬屠城記，重新於傳說登場。木馬屠城記將我們帶回文字歷史的邊緣。假如木馬屠城記真實發生，那麼時代是西元前一二五〇年，以民間記憶的方式記錄，並由吟遊詩人代代相傳，無數改寫，西元前七五〇年荷馬完整淬鍊出這篇口述傳說，並運用埃及一千年前發明的字母完成文字記載，而那時埃及字母已經往北傳播。

特洛伊戰爭傳說最終是藉著荷馬的文字，猶如蝴蝶標本般拍板定案。戰爭為期九年，荷馬則帶我們深入特洛伊，追溯故事源頭。美豔

動人的海倫來到普萊姆國王身邊，佇立城牆，俯視沙場。他們看見腳底下偉大的希臘戰士，普萊姆震驚愣望著希臘軍隊的規模，荷馬稱呼他們亞該亞人（名字取自一位傳說的祖先亞該亞〔Achaeus〕）。目睹這個場景時，普萊姆的記憶把他帶回年輕歲月，當時他在土耳其中部乾草原，與弗里吉亞人聯手攻打不知名的敵軍（特洛伊人和弗里吉亞人是鄰居，自然而然成為盟友：普萊姆妻子赫克芭即是弗里吉亞公主）。弗里吉亞人在現今的薩卡里亞河紮營，呼叫第三方軍力協助：

他們指派我為盟軍

這就是我的身分，

亞馬遜人來臨，她們可是戰力不輸男人的女人；

但地主絕對不比他們堅強，

我說那眼神熱切的亞該亞戰士軍隊。

如今希臘人長期以來的敵人——亞馬遜族以特洛伊人的盟軍身分，也就是希臘的另一個敵人，重新現身於希臘傳說。

　　講述故事的作家是生活在今日土耳其西岸的三世紀希臘詩人昆圖斯，他和荷馬一樣，串連編輯諸多傳說版本，以填補荷馬史詩的空隙，例如特洛伊戰爭將近結尾的發展和奧德修斯迷航歷險記，特洛伊木馬的故事就是出自昆圖斯之筆。

　　昆圖斯從《伊利亞德》最末摘用這個故事。特洛伊英雄赫克托戰亡，屍首慘遭他的殺手阿基里斯的馬拖行繞城，最後遺體焚燒掩埋。戰爭仍在進行，但這時全新戰力加入——由希波呂忒的妹妹潘特西麗

娥領軍的亞馬遜族登場。為了劇情需求，在這個版本的故事裡，奪走希波呂忒性命的人不是海克力士，而是潘特西麗娥，她不小心失誤，射出的矛錯失原本目標：一隻公鹿，偏離的箭頭硬生生刺向姊姊。為了贖罪，她和十二名同伴一同抵達沙場，協助特洛伊人，逃離「無影無蹤跟隨著她……教人不寒而慄的復仇鬼魂」。她彷彿一輪滿月，散發光榮，穿透蓄勢待發的暴風雲朵，閃爍耀眼，在部隊裡顯得出類拔萃。特洛伊人快步上前向她請安，也為她的光彩奪目震懾不已：

樣貌猶如聖潔神仙；她的臉龐

具有一種美，那種美既驚懼也燦爛。

她的微笑教人迷醉，柳眉下方

點燃愛意的雙眼彷若太陽光束閃耀。

她的降臨像是一陣及時雨，浸潤了久旱大地。普萊姆彷彿神蹟顯現、乍見日光的盲夫（昆圖斯和荷馬一樣善用明喻），引領她前往他的宮殿，以美酒佳餚款待她，得知她此行目的是宰殺阿基里斯，摧毀希臘人，用一場大火傾覆他們的船。赫克托的遺孀安德柔瑪姬低聲喃喃：愚昧，難道潘特西麗娥不曉得她根本不是阿基里斯的對手？

但她信心昂揚，「心想那天她絕對會全力以赴，拚搏得勝」。她全副武裝——黃金護脛甲（形同士兵的護脛）、護胸甲、頭盔、盾牌、裝在銀色和象牙白色劍鞘的長劍、雙刃戰斧、兩支長矛。她驕傲得無以復加，騎馬出兵，猶如領頭公羊般率領著特洛伊人，彷彿狂風野火席捲灌木林般撲向希臘人。要切記，這可是戰神之女，宙斯的孫女，

希臘人眼見她來臨，紛紛跳下船迎戰。

　　兩軍彷如嗜肉的野獸短兵相接，希臘戰士死了十數人，文中一一細數他們的名字，其他人則痛宰亞馬遜人，並以血腥暴力的細節詳述戰況：

波達克斯迅雷不及掩耳刺向美麗的克羅妮。
沉重長矛穿過她的腹部，這一刺
讓她血流如注，臟器外露。

　　潘特西麗娥出矛還擊，刺穿波達克斯的右臂，砍裂動脈，鮮血噴湧，他往後一倒，在同袍懷中流血而亡。神聖的布蕾莫莎右胸遭到長矛刺傷，死亡的重量使得她雙膝不穩，猶如遭到樵夫斧頭砍伐的山楸般倒下。雙方人馬的心臟、腹部和鎖骨紛紛受到劍矛攻擊。潘特西麗娥有十二名同伴，其中兩位，亞爾姬碧和德瑞瑪奇亞的頭顱遭到戴歐米德斯的長劍一刀砍落，猶如任人屠宰的小母牛。

兩人在堤丟斯之子的手裡殞落，
在特洛伊草原上，屍首分離。

　　數不清的心臟停止跳動，猶如秋葉或雨滴迅速墜落，許多戰士的名字、家族、出生地一一列出，彷若脫粒穀物碎裂在血染大地上。作者居然可以用堆積如山的明喻形容戰士揮舞長劍的動作，真是教人大開眼界。彷若母獅的潘特西麗娥追逐著獵物，像是一折隆隆作響的海

浪，在怒吼陸岬周遭，緊跟在飛速前進的船艦後方。她的力量與勇氣倍增，四肢輕如羽毛，彷若一頭縱身躍入春季花園的小牛，迫不及待舔舐露水小草。特洛伊人嘆為觀止，其中一人評斷，這絕非一介平凡女子，肯定是女神降臨，而這名愚蠢的特洛伊人絲毫未察慘痛悲劇正步步逼近。

但悲劇還在遠方，希臘英雄中的英雄，破城滅國者阿基里斯，唯一的弱點就是他的腳踝，他和表弟阿賈克斯仍守在摯友帕愁克勒斯的墳前哀悼，尚不知狂暴戰役已近在咫尺。

如今場景切換至城內，特洛伊女人彷彿冬季尾聲發出嗡鳴的蜜蜂般躍躍欲試，想要參戰，審慎安分的婦人特亞諾卻制止她們，說戰場應該留給男人，

至於亞馬遜人，無情戰火、馬術
以及各種男性粗活，自幼就是她們的喜悅來源。

她說，還是離戰場遠遠的，「在家裡紡織吧。」既然作者為希臘人，同時又是男性，可想而知這裡絕非滋長女性主義的肥沃土壤。

遭到潘特西麗娥的矛尖刺傷身亡的希臘人發出淒涼哀嚎，好似呼嘯強風連根拔起的參天樹木，這下阿賈克斯和阿基里斯總算聽見哭喊，他們備好武裝，俯衝加入戰局，殲敵之姿彷彿雄獅啃噬著失去領頭羊的羊群。

就在這時，潘特西麗娥現身，她投出長矛，震碎了阿基里斯的盾牌，第二支矛輕輕擦過阿賈克斯的銀亮護脛甲，阿賈克斯輕盈跳至一

旁，讓兩人對決。

阿基里斯出言嘲諷潘特西麗娥，提醒她阿賈克斯和他可是世界最強戰士，更笑說她就像面臨山獅的幼鹿，在劫難逃。他猛然進攻，刺向她的右胸上緣，再一個箭步將她拖下馬背。儘管身負重傷，潘特西麗娥有思考時間——是否該拔劍力抗到底，或是投降乞求他大發慈悲？一切都太遲了：阿基里斯拋出長矛，一口氣刺穿她和馬兒（別太費勁去想這個問題，因為根本不合理）。人馬雙雙落地，馬的重量壓在潘特西麗娥身上，她顫抖著，猶如烤肉叉上的一塊肉，或遭到冰冷北風折斷的一株冷衫，逐漸死去。特洛伊人眼見她陣亡，迅速逃回城裡，留下正為勝利歡欣鼓舞的阿基里斯。

他摘下潘特西麗娥的頭盔，露出她的絕美容顏，旁觀的希臘人皆震驚不已，阿基里斯的興致全消，痛恨自己怎麼不娶她，而是殺了她。一名以毒舌著稱的戰士佘西堤斯說，他很詫異阿基里斯居然有這種反應。他想娶一個卑劣戰死的亞馬遜女人？他是哪門子的變態？

> 你可憎的腦袋絲毫不顧慮
> 那英勇光榮事蹟，不過匆匆瞥見一名女子……
> 對平凡男人來說，沒有比在女人的床第繾綣
> 更要命的事。

被激怒的阿基里斯往佘西堤斯耳下擊出一拳，不偏不倚揮中他下顎，打得他滿地找牙。他正面倒臥在自己的血泊，除了佘西堤斯的表哥戴歐米德斯，其他希臘人皆鼓掌叫好。他們費了好大一番功夫拉

開這兩人，這才沒演變成肉搏戰。

普萊姆發出訊息，要求取回潘特西麗娥的遺體，舉行一場盛大的火葬儀式。兩邊人馬協議停火，阿基里斯和阿賈克斯雖然覺得可惜，但出於敬佩，仍將她的遺體交給普萊姆。葬禮烈火吞沒了潘特西麗娥，葡萄酒澆熄火焰後，特洛伊人撈起她的遺骨，浸入香油，擺進骨灰盒，再裹上最優質的母牛油脂，安葬於特洛伊外圍城牆旁、普萊姆父親勞米登富麗堂皇的墳墓裡，她殞落的同伴則葬在附近。希臘人也焚燒安葬他們的死者，唯獨一開戰首當其衝遭潘特西麗娥刺傷身亡的波達克斯有屬於自己的墓塚，葬禮後希臘人徹夜宴席，直到黎明女神降臨。

這幾個寓言故事共出現好幾個版本，從西元前七世紀起，流行數百年之久，作者的文字記錄，述說著戰勝亞馬遜族和屠殺潘特西麗娥，即是希臘時代的濫觴。沒人區分得出神話和歷史，大家只「知道」希臘人打敗亞馬遜族，就好比他們也知道希臘人贏了波斯人（西元前四九〇至四七八年）。差別在第一件事是神話，第二件是事實。然而想要區別事實和虛構是不可能的，畢竟兩者都極具說服力。

亞馬遜族的戰爭不只以文字形式記載下來，更是深受歡迎的繪畫、陶瓷、建築題材，受歡迎到該主題數不清的描繪都有了專有名詞：亞馬遜族之戰（amazonomachies），屬於三大流行「戰爭場景」之一，另外兩個則分別是人頭馬怪物之戰（centauromachies）和泰坦神之戰（titanomachies），這三大題材蔚為傳奇，可見於世界各地博物館收藏的幾百個花瓶、橫飾帶、繪畫。

巴特農神殿裡，雅典城守護女神雅典娜的大型黃金象牙雕像（十二公尺高），就是該題材最知名的希臘雕像之一，作品出於古代世界最偉大雕刻家——也有人說是有史以來最偉大雕刻家——菲狄亞斯之手，或是在他的指導下完成。這座雕像一千年來都是希臘人宣示國家財富與力量的象徵，直到被羅馬人偷走，消失無蹤。但該雕像也刻印於硬幣，複製成小型雕刻，並為一九九〇年完成的田納西州納許維爾複製品提供研究。題材重點不在雅典娜本身，而是她的盾牌，盾牌外側描繪著三十個或銀或銅的希臘人對抗亞馬遜人的畫面，在雅典人眼中，沒有比這個雕像更能言明該主題意義的物品。

大英博物館展示了兩百年的一組大理石板，更是再三強調這個主題的重要性。亞馬遜人的故事牽涉神話、謀殺、眾說紛紜的爭議，值得一說再說。

事情開端是西元前四三〇年，發生在雅典城西南方一百六十公里處的麥西尼亞，草木蔥鬱山丘環繞的阿卡迪村莊斯奇尼洛斯。西元前四二九年，一場瘟疫襲擊雅典，偏遠的阿卡迪卻不可思議地幾乎無人死亡。科第龍山（一千兩百二十六公尺高）兩側，有個叫作巴塞的地方（Bassai，後來較為人所知的拉丁拼法為 Bassae），這個岩石高台有著可從山頂俯視的絕佳海景。在這偏山野嶺，有一位才華洋溢、甚至可能是共同設計巴特農神殿的建築師艾士提羅，蓋了一座名為阿波羅伊壁鳩魯（意指「助民扶弱之神」）的阿波羅神殿，其名稱是神殿歷史可追溯回瘟疫年的唯一證據，沒人確切知道神殿創建年代。若這是一張感謝狀，就是一張極致精美的感謝狀，許多特色都和巴特農神殿雷同，例如：三十八根石灰岩圓柱、由大理石橫梁托起的大理石屋

頂，還有其他許多我們即將探討的特色。「在所有伯羅奔尼撒神廟裡，」五百年後的希臘旅遊家兼作家，保薩尼亞斯，在他的希臘誌寫道，這座神廟「以它的岩石之美及對稱比例協調」排名第二。（第一名是往東四十公里的帖該亞神廟。）

接下來的一千五百年，就是大家對這座神廟的唯一認識。山坡環繞、草木叢生、瘧疾襲擊、地處偏遠、強盜肆虐，這一切皆讓神廟與世隔絕，直到一七六五年十一月，一名巴黎建築師，喬阿希姆·布雪暫時擱下扎金索斯島度假宅第建案的監工，探索伯羅奔尼撒半島的阿卡迪山區（十八和十九世紀時，人們仍常以它的中世紀名稱「摩里亞」稱呼該半島）。他意外發現這座僅剩斷垣殘壁的神殿，認出來之後，他抄寫筆記，計畫下回折返，更深入進行調查。然而他此趟一離去，便再沒回來。他在下一場旅程消失，絲毫未留下蛛絲馬跡。一位名為弗朗瓦索·普克維爾的法國旅人在一九七八年造訪該區，聽聞當地發生的事。普克維爾描寫當地人：

> 只要碰到陌生人，都會描述一名旅人的故事。三十多年前，這名旅人探訪救世主阿波羅伊壁鳩魯神廟的廢墟時，遭到暗殺……他們敘述他的死亡遭遇，彷彿歷歷在目，像是幾個月內發生的災難。他們想方設法找出恐怖行徑的加害人，卻徒勞無功。我忍不住思忖，這名旅人極可能是建築師布雪先生，畢竟他曾成功抵達摩里亞，第二次折返時卻莫名消失，再無音訊[5]。

神廟就這麼再度隱世四十五載，接著一年又過去。一八一一年，

一組四人的古物研究家帶著武裝警衛、一組帳篷和鍋具抵達巴塞，期望挖到好東西，結果遇到一群手提水果花卉籃的「阿卡迪年輕人」。那時希臘由土耳其統治，當地的土耳其行政官員不大好客，指控他們在未獲批准的情況下進入，命令他們離開。隔年他們帶著更大陣容的兩百名當地工人團隊和合法許可證回來，並和土耳其總督達成交易，和他分攤他們尋獲的物品——總督一心只想著銀子。

搬走數公尺高的碎石瓦礫後，神廟真正的寶藏終於露臉：巴塞橫飾帶，也就是曾架在石灰岩圓柱上，環繞神廟、長達二十三公尺的大理石壁板，不是低浮雕式，而是高浮雕式，描繪著希臘人對戰人頭馬怪物和亞馬遜人的場景。這個發現一看就知道是曠世鉅作，土耳其總督卻失望透頂，放棄了他的部分，僅提出七百五十英鎊現款的要求——正好，新上任取代他的帕夏[6]派來人馬，追蹤這些消失的大理石

---

5 摘自一八一三年出版的英文版《摩里亞、阿爾巴尼亞和其他奧圖曼帝國地區遊記》（*Travels in the Morea, Albania and other parts of the Ottoman Empire*），法文原版則於一八〇五年發行。普克維爾的探險家、外交家和學者生涯驚喜連連，曾經擔任牧師、革命分子和醫生的他，陪同拿破崙抵達埃及，對抗納爾遜將軍的戰艦、幫忙協議交換戰俘、親自晉見納爾遜，後來遭到海盜逮捕，被交給阿里帕夏。阿里帕夏曾是阿爾巴尼亞的土匪，也是善於折磨虐待人的大屠殺狂魔，統治半獨立歐洲地區的土耳其。普克維爾成為他的醫生後，能夠自由探索該地區（他的著作和名言因此得以誕生），他在瘟疫為患的君士坦丁堡蹲過兩年監牢，並且偷偷用密碼寫了一本日記，後來因擁有醫術而重獲自由。接著他研究並撰寫有關瘟疫的知識，因一本自傳聲名大噪，名利雙收，並擔任阿里帕夏的法國外交特使，研究希臘考古學，成為熱情的希臘倡導者，精心雕琢出六冊遊記和研究記錄，還成了巴黎沙龍的著名人物——而這一切都是發生在他六十八年人生的故事，普克維爾最終於一八三八年與世長辭。

6 帕夏（pasha）：奧斯曼帝國的行政高官，即總督、將軍等職。

歷久不衰的傳說

西元前四世紀的希臘花瓶。描繪與亞馬遜人短兵相接的畫面，騎士有韁繩，卻無馬鞍和馬鐙。

西元前五世紀的希臘花瓶，描繪戰士和亞馬遜人對打的畫面。

亞馬遜人騎乘沒有安裝馬鞍的馬背，以「帕提亞回馬射」朝後方射箭。該技巧名稱取自西元前六世紀伊朗記錄的帕提亞人。這件伊特魯里亞（Etruscan）青銅製品的製造年代正是西元前六世紀。

比希臘圖像晚了一千年、約為西元五、六世紀的馬賽克拼貼圖，來自土耳其烏爾法（古代的埃德薩），描繪亞馬遜女王潘特西麗娥用藏在手心的扳指拉弓的模樣。

壁板。無奈為時已晚：壁板已經送達扎金索斯，英國砲艦早在那裡等候，保衛大英帝國代表不受土耳其高官和一艘好奇的法國私掠船所擾。這片水域危險重重，當時動盪不安，拿破崙執政下法國人不久前才被趕出埃及，同年夏天他們前進莫斯科，卻不敵冬將軍攻勢，節節敗退。在該港口，一名大英博物館代表出資六萬西班牙銀元買下這些雕刻品。

麻煩還在後頭。遠征隊領導人查爾斯・柯克雷爾（Charles Cockerell）不在場，無法完成筆記，於是這批發現由德國人卡爾・海勒・馮・海勒斯坦（Carl Haller von Hallerstein）鉅細靡遺記錄了下來。船難發生時，海勒斯坦險些連一張畫都留不住。他重新開始繪圖，卻來不及完成便離世。後來他把資料寄給巴伐利亞皇儲路德維希保管，皇儲卻弄丟，資料下落不明，最後是在五十年後的一場拍賣會上，一個被標下的櫥櫃裡找到。雖然其他遠征隊成員和後來探訪當地的人都做了記錄，卻沒有最完整可靠的記載，內容矛盾衝突。但至少大英博物館賜給了橫飾帶一間規模不輸神廟的專屬展覽廳：十六號廊廳，現在你也能親臨博物館觀摩欣賞。

仔細想想，六萬西班牙銀元數字龐大，相當於當時的兩萬英鎊（那時一個家庭每年只需一百英鎊就能過上舒適生活），或者今日的一千萬英鎊，但這筆現金上哪去了？不是當地希臘人拿走，也不是他們的土耳其統治者自肥，整起事件簡直是埃爾金大理石雕塑的小型翻版──十幾年前從巴特農神殿和雅典衛城消失，若不是遭竊就是保存下來，全看你怎麼想。截至目前，希臘人尚未要回巴塞橫飾帶，神廟本身也未完成修復，只覆蓋在帆布底下，等待進一步消息。

與此同時，我們只管欣賞就好。赤裸的希臘英雄對戰身著輕薄裝束的亞馬遜女英豪，她們的服飾透明到幾乎不留想像空間。這些人體型態自然，雕琢得栩栩如生，卻不夠寫實，彷彿演繹戰爭場面的運動員。猶如運動員，卻不像真正的戰士，這樣的她們動作優美。壁板彷彿訴說著故事，就像一本古老的圖像小說，卻無人能說出一致認可的順序，決定故事情節走向，或者人物故事是否真實存在。大英博物館將壁板彙整成十一場人頭馬之戰和十二場亞馬遜之戰的場景，但更深入的關聯則要視雕刻細部而定（像是重疊在某連接處的手肘或許能銜接上隔壁壁板的空白處），以及比對青銅羽絨嵌入的洞口是否相搭。以一九三〇年代 [7] 來說，還算做得不錯，可是編排二十三塊壁板的方式多達七萬億種，目前雖提出十種排法，但仍爭議不休。

　　但關於橫飾帶的用意，目前有幾個說法。

　　你可能覺得我們應該知道誰是誰，過去很多人也以為自己知道，但有件事我們**不能擔保**，那就是橫飾帶上每個戰士都是獨一無二的角色。事實上，我們只辨別得出三個人，分別是：時時刻刻披著獅皮的海克力士、阿波羅和他的妹妹，狩獵女神阿提密斯（羅馬人稱她為黛安娜）——鹿拖行著他們的戰車，這點符合傳說形容，我們也是由此分辨出這兩個角色。然而其他人皆是謎，就拿可能描繪阿基里斯和潘特西麗娥的壁板來說，慘敗的她身穿一席寬袍，死亡在即，阿基里斯則被刻畫成赤身裸體的勇猛戰士，手裡揮舞著劍和盾牌。這張畫裡的角色真的是他們兩個嗎？她正在向他求饒，他則顯得猶豫不決，他明

---

7 William Bell Dinsmoor, 'The Temple of Apollo at Bassae', *Metropolitan Museum Studies*, Vol. 4, No. 2 (March 1933), pp. 204-27.

世世代代的希臘人和亞馬遜人

西元前五世紀建造於巴塞的阿波羅神殿，拍攝於二〇〇一年關閉修復前。

巴塞橫飾帶上，描繪希臘戰士倒在一名亞馬遜人腳邊的畫面。

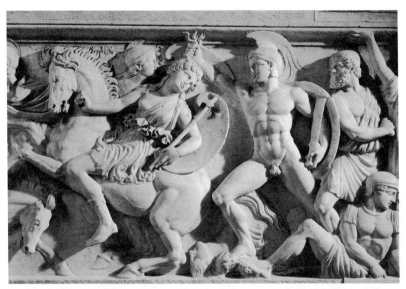

兩副羅馬石棺描繪希臘人和亞馬遜人廝殺的場面。希臘神話的傳說飄洋過海,七百年來都是羅馬富人用來裝飾大理石棺的流行主題。第一副石棺的年代是西元二世紀,描述希臘英雄阿基里斯將亞馬遜女王潘特西麗娥拖下馬背的畫面。第二副則是西元三世紀的石棺。

明非殺了她不可，卻偏偏在這一刻愛上她？這看起來不太對勁。神話說他是在潘特西麗娥死後才摘下頭盔，看見她的臉孔，還是這兩人其實是提修斯和安提娥培？另一塊壁板描述的該不會是提修斯幫助他負傷的好友佩里托斯？馬背上的亞馬遜人都是亞馬遜女王（希波呂忒、歐里西亞、安提娥培或梅娜莉佩）嗎？抑或只是一般亞馬遜人？若試著把人名對上情境事件，就會發現兜不起來。

　　也許這本非他們的用意。畢竟橫飾帶那麼高，根本沒人辨別得出個別人物角色，真正的重點是主題。即使距離再遠，任誰都能看出力量與道德的原始平衡。五名亞馬遜人打垮對手，反之八名希臘人也壓倒敵人，四組人馬似乎勢均力敵。三名亞馬遜人和希臘人受了傷，兩方人馬都表現出同胞愛，都很關心自己的戰友。一名亞馬遜人阻止另一人動手，一名希臘人也拉著另一位同胞不去殺害亞馬遜人。阿基里斯可能打算，也可能不打算置那名亞馬遜人於死地，而那位可能是也可能不是潘特西麗娥的亞馬遜人高高舉起一隻手臂，或許是投降，又或者是請求手下留情。在其中一面壁板，兩名亞馬遜人朝祭壇飛奔而去，祭壇本應是賦予神聖庇護權的所在，卻有兩名希臘人攻擊她們，很明顯視而不見這個文明規定。誰會勝出？結局並不明朗，對抗人頭馬怪物的戰役也可見類似的平衡。

　　唯一提供結局線索的就是那幅壁板，也就是描述阿波羅和阿提密斯坐在鹿拖行的馬車、緩慢逼近的畫面。這裡是阿波羅的神廟，想必阿波羅會率領希臘人邁向勝利吧？這就是重點：希臘戰士的英勇和同情心都不輸給他們的敵人，可是希臘文明卻會戰勝野蠻勢力，因為諸神，或這裡明確指出的只有一個神，那就是阿波羅神，而祂絕對是站

在希臘人這一邊的。

　　這些寓言故事和戲劇性姿勢提出的一個問題是：為什麼？亞馬遜族究竟有何魅力，能讓希臘人對她們如此著迷？

　　從歷史角度來看，亞馬遜族的概念自然是一派胡言。世界上根本沒有亞馬遜國度，好比世上也沒有人頭馬怪物或泰坦族，這是二十一世紀的說法，畢竟現代的我們已經很清楚什麼是真的，什麼不是，對吧？可是我們真的清楚嗎？夢境是真實的，就跟我的書桌一樣真實？答案顯然不是：夢境僅存在於我的腦海，無法複製，也不存在於我本身之外的世界，但我還是會被夢境嚇到，相信夢境具有涵義，更可能因此採取行動，和人討論我的夢境，決定諮詢精神科醫師，甚至花錢求解，所以我的夢境可能對真實世界造成影響。那過去又有多真實？過去存在於保存下來的物件，存在於過去的事件對現在造成的後果，存在於文字記錄、回憶、他人記憶等證據裡，但有時證據跟去年下的雪一樣稍縱即逝。有時我們會被「現實」的本質瞞騙，例如我母親懷疑精靈真實存在，是因為她小時候曾看過證實精靈存在的假照片。在一個對進化論或彗星本質一無所知的世界，幾乎可以肯定獨角獸和巨龍真實存在。現代人可能會說，倘若「天神」存在；而換成古人，他們則可能說：倘若「天神們」存在，也許泰坦族確實在天庭使出閃電搏鬥。聽說過馬兒與男女騎士合為一體的人，八成不會懷疑人頭馬怪物和亞馬遜族的存在。

　　但問題還是沒有解決：傳奇故事、虛擬歷史和藝術為何將亞馬遜族當作主題發揮？

其中一個說法是，也許這些神話戰爭象徵著近代對抗波斯人的真實戰役。這幾乎可以說不是事實，一來，希臘人早在波斯戰爭前就刻畫過亞馬遜人，再者希臘人從來沒少寫過波斯人，希羅多德曾大篇幅描述波斯人，希臘藝術家也時常描繪他們，把希臘人畫成贏家，波斯人則略遜一截。從來沒有哪位作家說亞馬遜族是波斯人，因此這個假設完全不必要。

　　另外還有三種可能，以下是其中兩種（第二章會再探討第三種）。

　　第一，流行。希臘人熱愛他們的神話，身為藝術家或雕刻家，你就是躲不過神話。幾年前，我曾在厄瓜多東部雨林跟某部落待上一陣子，幾乎和其他部族零接觸的瓦拉尼人（Waorani），使用紅黑色條紋彩繪身體（紅色取自胭脂樹果實汁液，黑色則是混合木炭和堅硬不可食用的靛欖屬果實製成），通常在手臂上畫出閃電圖騰和斑點，男人在背部畫出實心黑色飾帶，女性則描畫燭台形狀。為什麼？由於我正在寫關於這些人的文章，所以想聽他們解釋。彩繪裝飾的意義為何？閃電線條是否象徵蜿蜒河流？斑點是昆蟲嗎？不，圖騰不具有任何意義。「我們只是覺得這種圖騰很好，」他們說，「這就是一種彩繪身體的方式。」在古希臘，如果你想要贊助或參與藝術，就會把重點放在神話故事，而不是現代世界。這是賦予建築與物件價值的方法，如果你是畫家或雕刻家，就會這麼做。

　　第二，象徵意義。雅典藝術彰顯出雅典價值——也就是人類文明和高度文化，相對於野蠻。這種設想再合理不過，說到底這仍是男性主宰的文化。雅典民主排斥女性，女性必須留在自己的崗位，也就是家裡和紡織機前。而女性情緒則猶如希臘的無意識狀態，對家庭和國

家的穩定性具有莫大威脅，只要一逮到機會，情緒就可能潰堤，大肆摧殘，就像美狄亞狠心殘殺自己的孩子，安蒂岡妮挑戰國家權威，違背身為國王的叔叔克里昂的旨意，埋葬哥哥波利奈色斯。

亞馬遜族象徵的，是對希臘雄性理想的終極威脅。就拿希羅多德的亞馬遜族與斯基泰人結合的故事為例，全是女性的亞馬遜族握有掌控權，她們選擇和斯基泰的年輕男性結合，卻拒絕融入斯基泰社會，反而勾引年輕男性創建新部落邵羅馬特亞族，保留下她們的傳統模式，依舊是騎著馬的亞馬遜族、純潔的男性殺手。看來，斯基泰年輕男子其實就是希臘年輕人的化身，正在經歷邁向成年的轉變期，卻再也回不去自己的國家，困在永恆的青春，完全任由他們的亞馬遜情人宰割。這可說是警世寓言。

除了以上「事實」，還有仇外成分。彰顯外國人民的文化水準低落，向來是提升一國自我形象的做法，雅典人雙腳落地，手持刀劍長矛捍衛自我；他們的死對頭波斯人也是，因此波斯人雖為敵人，至少還算得上文明。但比他們可怕的威脅來自遙遠國度，亦即亞洲的黑暗之心，黑海之外幅員遼闊的歐亞草原。沒人對她們有足夠認識，只知道她們騎馬，坐在馬背上使用強悍而致命的小弓箭打仗。此外，這群女人的騎射術並不輸這群男性，甚至擁有自己的亞族——邵羅馬特亞族。她們是**它者**，是終極威脅，她們沒打算侵略希臘，所以並不構成實際威脅，卻對希臘價值造成威脅。

所有元素都在在彰顯出這個終極威脅：女人。亞馬遜族性感、高標準、美麗，是百分之百的女人，因此她們會受到危險情緒的擺布。她們也是精湛的戰士，必要時會以軍隊陣仗出擊。亞馬遜人陰柔而好

鬥，再結合她們是異邦人、野蠻人的事實，操著聽來像是「吧吧吧」的語言，跟成熟幹練的希臘男性所代表的價值完全相反。

這就是重點。希臘人需要亞馬遜族當他們的敵人，需要她們每每出現時都被征服，即使只是故事也罷。她們必須輸，但不能輸得簡單。巴塞橫飾帶顯示，她們的戰力與希臘人勢均力敵，希臘人要派出真英雄，再稍借天神相助，才能擊敗她們，亞馬遜族越是剽悍，希臘人戰鬥時越拚，就越展現出希臘男性更偉大的英雄氣概、勇氣、男性雄風、戰鬥力和純正神聖的**公正性**。由此觀點來看，整個亞馬遜族之戰的相關產業，只是為了鞏固希臘男性對自我和男性主導文化的概念而生。

這是西元前五○○年的情況，之後羅馬人承襲相同概念，維持七百年之久，他們將戰鬥勇士雕刻在棺木上，在西元二、三世紀的富人間更是蔚為流行。棺木多半為大理石材質，從希臘進口，若不是隨時可用的成品，就是半成品，好讓他們可以在義大利客製化設計。羅馬顧客想要希臘神話主題，實為天經地義，其中希臘人對抗亞馬遜人的戰役又最受歡迎。有些學者對這類選擇小題大作，其他學者則說，他們唯一的重點只是藉由傳統形式展現財力和身分地位。羅馬人跟希臘人一樣富有男子氣概，而富裕的羅馬人迫不及待認同希臘英雄，讓只差他們一點點的亞馬遜女戰士適得其所，守好自己的本分。

第二章

斯基泰人的近距離接觸

　　除了流行和象徵意義外，亞馬遜人對希臘人別具重要性，還有第三個原因：來自無數亞洲內陸部落，騎馬射箭的妻女人母，都是真實存在的人物。她們偶爾會跳出傳說和遙遠的家鄉，猶如另一個星球的外星人般衝進希臘世界。

　　當然亞馬遜人並不是希臘人心裡想的亞馬遜人。這些騎著馬的女中豪傑並非來自任何國家，而是斯基泰人的諸多亞族。斯基泰人是無文字記載的剽悍「草原遊牧民族」的泛稱，這是人類學家給他們的稱謂。斯基泰人的歷史早於古希臘人三千年，是經歷長期社會演化的產物。

　　每個學童都曉得，早期文明都在大陸邊緣沿著偉大河域崛起發展。歐亞心臟地帶是一片自遠東延伸至匈牙利的遼闊無邊草原，在北方森林、沙漠和壯闊山脈間綿延起伏，除了獵殺瞪羚和野馬等放牧動物的獵人而言，這塊地域對任何人都沒有價值。但在水源允沛的山谷，青銅器時代的人卻過著安居樂業的生活，留下石塊高高堆起的大型墓塚，上頭刻著動物圖案（主要是鹿）的大石板和立柱。由於乾旱季節沒有道路或柵欄，所以你可以輕而易舉駕車通過蒙古鄉間，現在凡是駕車經過這個地區，都會撞見西元前兩千年的石堆 *kherigsurs* 和「鹿石」。

　　約西元前三五〇〇年，我們學會騎馬，為人類生活帶來全面性的變革。只需要馬勒和韁繩，騎士便可放牧馬、綿羊、牛、山羊、駱駝、

馴鹿和犛牛。馬鞍雖然有幫助，卻不是非要不可，馬鐙更尤其如此，因為套在腳趾的繩子已經很夠用——因此史上第一個鐵馬鐙可能最早發明於西元二世紀。想和草原動物找個地方落腳的話，你只需要一個帳篷（現在進化成冬暖夏涼的防風毛氈圓頂屋）以及一個可以乘載帳篷的馬車。動物吞下肚的草會變成食物、燃料、服飾等物品，嶄新的草原文化擴展速度緩慢，卻在西元前一〇〇〇年左右氣候變遷時加速進展。溫和氣候從東往西蔓延，草地變得沃腴，牧群和人口增加，各個草原遊牧宗族亦朝西發展。這時的他們已經知道可以把鐵鑄造成劍和箭頭，備有強悍小弓箭的騎士能騎馬奔馳至草原綿延之處，突襲他們在路上撞見的任何人，例如在他們世界邊緣碰到的其他草原遊牧民族和商旅車隊、村莊城鎮。說到遊牧民族，定居社會不是他們的歸宿，因為他們如同黎明迷霧般消散無蹤。兩千年來，中亞都是人類學的海嘯源頭，部族的海浪在無文字記載的演進史裡彼此同化吸納，甚至偶然吞噬了他們邊界的定居社會，東方的萬里長城或西方的多瑙河都蒙受他們的影響。

西元前一〇〇〇年初，名為西米里人的草原遊牧民族勢力已從中國邊境擴張至黑海一帶，在黑海當起希臘人的遠鄰。當時部分草原遊牧民族已擁有屬於自己的聚落，在當地製作優良藝術品，黃金裝飾品為最。亞述人（Assyrian）從西元前七一四年起使用藝術品記錄他們的戰爭，但由於沒有書寫文字，即使西元前七、六世紀希臘文明崛起，對於西米里人是如何被諸多斯基泰人種同化，也僅有謎樣的墳墓可當提示。希臘人對斯基泰人的認識來自不深入的接觸經驗，有時斯基泰人以商人或傭傭兵的身分來到雅典，希臘人嘲笑他們醉醺醺、粗野的

模樣，還有他們蹩腳的希臘文。在希臘喜劇中，戴著尖帽的斯基泰角色總是異國鄉巴佬，操著一口怪腔怪調的希臘文。

希羅多德是我們主要的資訊來源。約西元前四六〇年，他遠行至布格河和聶伯河口交匯的奧爾比亞。這裡正好是現今烏克蘭海岸的優良考古遺址，在當時是發展蓬勃的希臘邊疆城市。斯基泰商旅車隊自該地出發至中亞後便不知去向。希羅多德的時代，在一個希臘人不曾到訪之地，有一位名叫阿里亞佩特斯（Ariapeithes）的斯基泰國王，這位皇家斯基泰人（Royal Scythian）的統治者同意將奧爾比亞[1]收為保護管區。他有一個名為泰姆內斯（Thymnes）的當地間諜，這名間諜後來成為希羅多德的線人。

因此，即使知識不夠深入，希羅多德多少知悉斯基泰祖國的事。他提到廣闊河川和大片草原，對於聶伯河的湛藍河水和魚類更是讚譽有加。雖然他從未到過難以航行、一九三〇年代改成大壩的上游急流域，卻可能知道沼澤豐沛、蘆葦搖曳、與布格河匯集的聶伯河下游。但這只不過是乾草原世界的冰山一角，這個世界對他依舊是個謎。他寫道：「我從未碰到任何自稱見過乾草原的人。」

令人卻步的真相如下：

自北方喀爾巴阡山脈往東蔓延的東歐大草原[2]，草地一路綿延六千五百公里，直至滿州興安嶺。草原不規則起伏蔓延，往南是荒漠

---

1 奧爾比亞的歷史延續五百年，勢力逐漸衰敗，最後被一個斯基泰蠻族後代滅城，這群野蠻人就是哥德人。

2 東歐大草原（Pontic Steppe）：取自 *Pontos* 一字，意思是「海洋」，也是希臘人對黑海的稱呼。

山脈，也就是現代中亞五國和中國西部的荒蕪地帶，冰雪覆蓋的天山山峰和西藏草原；往北則是不見盡頭的森林。和其他諸多草原文化一樣，斯基泰人也仰賴兩項天然條件：第一項不用多說——草地，再來就是森林，有森林才能獲得製作弓箭、推車和帳篷架子的木材以及動物皮草，尤其是紫貂、白鼬、水貂等足以彰顯穿戴者身分地位的高級動物皮草，而這些往往也是貿易行商的一大利器。

對外人來說，乾草原令人心寒，即使夏天也是：一片片猶如大海遼闊的香草和野草——艾草、巢菜、乳草、鼠尾草、薰衣草、葛縷子、薄荷、毛蕊花、大戟，全在地平線上波濤洶湧。劇作家契訶夫在短篇故事〈乾草原〉如此描述一八八〇年代犁頭剷平草原前的夏季景色：

你不斷前行，卻再也無法分辨哪裡是開端，哪裡是盡頭。首先，在天地一線的遙遠他方，幾堆古老墓塚及遠方看似一個矮小男人揮舞雙臂的風車旁，一條鮮黃色寬帶在地面蠕動前進⋯⋯直到遼闊大草原剎那間掀翻黎明半影，露出微笑，露水光芒閃爍⋯⋯北極海燕歡騰啼叫，朝路面俯衝而下；草地裡囊鼠呼叫彼此，左側遙遠某處傳來烏頭麥雞的悲鳴⋯⋯蟋蟀、蚱蜢、油葫蘆、螻蛄在草地上彈奏著單調的嘎嘎曲調。時光飛逝，露水蒸發，空氣沉寂，幻想破滅的乾草原佯裝著它蔥綠如玉的七月景致。野草低垂，萬物了無生氣。在那日光曝曬乾焦成褐綠色、遠遠一看是紫藕色的山坡，以及山坡寧靜的淡彩色調、山坡平原、霧氣朦朧的地平線、頭頂彎成一個弧度的穹蒼之間，乾草原深刻絕倫且透明坦然，既無森林，亦不見高山，眼前萬物似乎漫無邊際，淒涼得教人麻痺。

對於沒有馬的人而言，此情此景形同一場夢魘，尤其是在氣溫遽降至零下四十度（無論攝氏或華氏都是零下四十度）的冬季，冰風暴猶如結凍盔甲般覆蓋草地，或是大地轉為泥濘的春雨，抑或野草曝曬褪色、老天不降甘霖的盛夏。即便是美好夏日，雲雀在遼闊無邊的蔚藍穹蒼囀鳴，旅客的手仍忙著揮打蒼蠅，簡直像在使用信號溝通。只要帳篷有乾糞可以生火，能抵禦冬天的天寒地凍和夏天的蚊蠅肆虐，對馬背上的民族來說，乾草原至少安全無虞，而最大的優點就是可以享受廣大無邊、光輝燦爛的自由。

斯基泰人就在這片草原生活，對希臘人而言，他們的生活方式說穿了就是野蠻人：他們不說希臘話，操著一口讓人聽不懂的吧吧吧語言。希臘人對他們的刻板印象就是肥胖懶散、對性愛不太感興趣，而這個觀點並不符合他們的戰士名聲。雖然有些斯基泰族群開始農耕生活，也有固定居住的房屋，多數仍生活在閹牛拖拉的馬車裡，帶著隔成兩、三間房的毛氈帳篷行動。女性住在馬車裡，男性騎馬，背後跟著他們的牧群。他們會待在一個區域，等牧草吃光後才移動。

希羅多德列出他們的特殊習慣。他們會讓僕人雙眼失明，逼迫他們從事攪拌乳汁的工作，分離乳脂和乳水，再製成數十種蒙古人現仍食用的產品：優格、乳清、凝乳，以及各式各樣的發酵飲料——有稱為 kumiss、溫潤卻苦澀的母馬奶啤酒，也有類似駱駝乳白蘭地的烈酒 3。他們會在獻祭時勒斃動物，然後把牠們的骨頭當柴火點燃，用

---

3 希羅多德提到一種叫作 aschy 的烈酒，他形容這是水果混合乳水製成的酒類飲料，這個字類似現代蒙古語的 arkhi，用指任何一種蒸餾酒精飲料。

篝火煮牠們的肉。他們也會將男人獻給戰神，在此希羅多德使用的是希臘名——阿瑞斯，做法是割破獻祭者的喉嚨，並在附近砍斷囚犯手腳。戰爭時，他們會飲用第一個宰殺男人的鮮血，戰亡的敵軍會被帶到國王跟前，國王則利用死者頭顱的血肉製成柔軟手帕。「有時他們會剝除對方全身的皮，將皮膚撐在他們騎馬時攜帶的木架框上。」至於他們恨之入骨的敵人，則是從前額劈開頭對方頭顱，製成酒杯。「重要訪客來訪時，他們會在宴席間傳遞這些頭顱，並由主人訴說他們的故事……此舉被當作英勇的證據。」發誓或立下「莊嚴契約」時，斯基泰人會飲用酒和血液混合而成的飲料，再把武器浸入飲料。還有一個斯基泰族的分支，阿爾吉帕人（Argippaei），「據傳不分男女，一生下來就天生光頭。」

希羅多德提及八個不同亞族（包括邵羅馬特亞族在內），其中一個亞族，陶利人（Tauri），住在黑海沿岸，希臘人格外懼怕他們，原因是「陶利人的傳統習俗是向處女女神提供活人獻祭」，女神明顯是阿加曼儂之女伊菲姬妮亞。但話說回來，非希臘的部族敬拜希臘女神並不是很合理。「他們的獻祭對象是正巧在岸邊逮到的船難遇害水手和希臘人。獻祭做法是在預備儀式結束後，拿棍棒毆打受害者頭部，」接著將對方的頭固定在一根木樁上。

斯基泰國王辭世後，遺體會採取防腐程序，希羅多德形容的程序聽起來像是傳授一道料理食譜：「先劃開肚皮，取出內臟，填入各式各樣的香料、壓碎的莎草[4]、歐芹籽、大茴香。」接著縫好遺體，

---

4 「某種月桃屬和山柰屬，芬芳的東印度植物根類，以往常用於醫療和烹飪。」（牛津辭典）這些都是不同品種的薑，主要見於東南亞，暗示了貿易和專業領域的擴張。

塗抹上一層蠟，輪流送至不同部族，各部族的人割下一小塊自己的耳朵，「手臂做出打圈動作」——這個手勢至今仍在蒙古傳用，接著割破他們的額頭和鼻子，再把箭刺穿左手，最後將遺體和遭到勒斃的僕人和馬一同擱於坑內，以大型墓塚覆蓋。一年後再勒斃五十名僕人和五十匹馬，掏空內臟，填充粗糠，再於墳墓周圍以椿子豎起獻祭者。

若年邁垂老的人不是皇室成員，至少有一個亞族——馬薩蓋特人（下文會再詳述）會這麼做：

他們只有一種決定死期的方式，做法如下：當一個男人已垂垂老矣，所有親戚會舉辦宴會，在一般的牛獻祭儀式時將他當作獻祭品，用水滾燙遺體並且吃掉，這就是他們認為最好的死法。因病逝世的人不會被吃掉，而是埋葬；無法活到當獻祭品的那天，在他們的認知裡就是一種不幸。

至於其他亞族，會持續四十天用馬車輪流將死者送到親戚家，將死者製成宴席的主要擺飾品，最後才焚燒。結束後親戚會用三角帳篷支柱、一塊布料，和一盤與灼紅石頭一起滾沸的大麻，舉辦能讓他們淨化身體的三溫暖。「斯基泰人會享受到開心嚎叫，」希羅多德說，「這是他們取代一般沐浴的方法，而他們平時不會沐浴。」女性會在身上塗抹乳香、柏樹和雪松製成的香膏，讓肌膚變得「潔淨、發亮而芬芳」。

現在，我們對斯基泰人的認識更深了，不只是從他們的遺址認識

他們（第四章會深入探討），亦從阿卡德語的文字記載得知。阿卡德語是新亞述帝國時期（西元前九一一～前六一二年）美索不達米亞主要民族使用的楔形文字。

斯基泰人在七世紀初出現於中亞，趕跑他們的前輩西米里人。亞述、（土耳其的）里底亞和埃及都有他們與西米里人抗戰的記錄。最終西米里人遭到擊潰，從此消失在歷史洪流，把這一片乾草原留給斯基泰人。斯基泰人曾經建立三大朝代，前後歷時一千年，分別為：

一、黑海東北部的庫班河流域（西元前七○○～前五五○年）。
二、頓河和聶伯河之間的流域，這一群就是希羅多德所知的斯基泰人，他提到十幾位統治者的名字，記載斯基泰人與希臘城鎮居地的諸多互動（西元前五五○年～前三世紀）。
三、克里米亞（西元前一七○年～三世紀）。

希臘人和他們的交流密切，但以商業居多。征服之路難行，在希羅多德時代的一個世紀前，西元前五三○年，波斯王居魯士二世特別有感而發，他的頭號剋星是亞馬遜人，但亞馬遜不過是一個虛名。

居魯士二世建立了自己的帝國後，前進東方和北方，來到斯基泰人的國度。其中一個部族（可能是一個聯邦）正是馬薩蓋特人。希臘人灌輸的信念是，他們過著猶如亞馬遜國度的生活方式。這群喝馬奶酒的民族最為人所知的特質就是性別平等，對男性主導的希臘人和波斯人而言，簡直難以置信。馬薩蓋特人不分男女，皆騎在馬背上高舉戰斧和弓箭征戰。而當時他們的領袖是一個名為托米麗斯（Tomyris）

的女王。

希羅多德描述，居魯士二世是怎麼付出慘痛代價。他發現擊敗馬背神射手般的遊牧民族有多麼不可行，於是決定用詭計。他舉辦一場酒席，這對飲用奶酒的遊牧民族相當罕見。波斯人先是撤離，遊牧民族進攻後發現了酒席，便大吃大喝，酩酊大醉。波斯人趁機歸來，殺他們個幾乎片甲不留，並把托米麗斯不省人事的兒子當人質帶走。他醒來後悔恨自盡，托米麗斯揚言復仇。「現在就滾出我的國家，」她說，「否則我讓你有喝不完的鮮血。」下一場戰役中，這群遊牧民族痛宰波斯人、屠殺居魯士二世。托米麗斯找到國王遺體後，取一只皮囊容器，倒滿鮮血，再砍下他的頭顱。「雖然我沒有死，甚至戰勝了你，」她說，「可是你用狡猾詭計害死我兒子，毀了我的一生。現在我要讓你嚐嚐我先前的威脅，讓你有喝不完的鮮血。」語畢，她就把居魯士二世的頭顱扔進裝滿鮮血的容器。

亞馬遜人在西元前三三〇年以國家身分再次現身，這是居魯士二世死後的兩個世紀，故事攸關亞歷山大大帝。當時亞歷山大大帝剛征服波斯，正在往東的路上，在現代伊朗一處名為希爾卡尼亞的裏海南岸地區，殲滅了幾個小國。本故事最古早的版本現已失傳，記錄者是亞歷山大大帝的助手，後來流出不少版本（普魯塔克說光是他知道的就有十四個版本），而最早的「倖存」版本可追溯回西元前一世紀，也就是事件發生的兩百年後。在這兩百年間，故事幾經加油添醋，增添不少細節。以下是西元一世紀的作家柯體士（Curtius Rufus）的版本，加上我個人的評論，交叉陳述：

希爾卡尼亞的鄰國亞馬遜族，生活在特爾莫東河附近的新米奇亞平原。這個國家的女王塔勒斯里斯，統治著高加索山脈和菲希斯河中間一帶的居民。而探訪國王的強烈想法，帶她跨過王國邊境，翩然降臨。

特爾莫東河和菲希斯河（正是今日座落於喬治亞的里奧尼河）畫分出當時假設的原始亞馬遜邊境，這個說法可以說忽視了他們遷移至亞洲內陸、組成邵羅馬特亞族的觀點。該區域距離希爾卡尼亞有一千五百公里，並非咫尺之遙。亞馬遜人可能要花上數週的快馬奔馳，才能抵達亞歷山大大帝的位置，意思是她們可能要在他抵達前就出發，這點似乎說不過去。

距離不遠時，她派出差使通知對方：有位女王風塵僕僕前來，想見亞歷山大大帝一面，結交為友，並且即刻獲准進入該國。她下令其餘隨扈止步，在三百名女性陪同下進入該國，不多久國王出現在她眼前，她從馬背上一躍而下，右手還握著兩支長矛。

柯體士在某題材上添加些許情色細節，關於這點我們下一章會回頭探討：

亞馬遜人的衣袍並未完整覆蓋身軀，左邊赤裸開到胸脯位置，其餘身體部位遮蔽起來，打結後形成的衣袍皺褶卻遮掩不住膝蓋下方的胴體。一邊乳房完好無缺，用意是為了哺乳，右側則燒焦而萎縮，目

的是讓她們能更輕易伸手取得弓箭、拋出矛。塔勒斯里斯注視國王，臉上毫無畏懼之色，她仔細打量他，亞歷山大大帝貌不驚人，怎麼看都不符合他的彪炳戰名⋯⋯

亞歷山大大帝明顯個頭嬌小，根據普魯塔克的說法，他「喜愛飲酒，性情易怒，在他身上幾乎不見肉體歡愉的跡象，這方面他向來適可而止，他的企圖心讓他的精神嚴肅而崇高。」也不見結實肌肉，「與運動家完全相反」，而強悍、馬術了得、單乳的亞馬遜女王，想必就屬於運動家類型。但塔勒斯里斯並不厭惡他⋯⋯

⋯⋯所有野蠻人對傑出非凡的人物敬畏不已，因為她們相信大自然吝嗇賦予美貌的人，才是真正能完成偉大壯舉的人。

被問到她是否有何要求時，她毫不猶豫坦承，她此趟目的就是和國王孕育子嗣，國王的身分崇高，配得上和她傳宗接代，為他的王國添後，她會留下女嬰，男嬰則交由父親。

亞歷山大大帝詢問她是否願意與他出征，塔勒斯里斯卻搬出藉口，說她是在沒有侍衛的情況下離開國家，要他切勿為了她執意離開而失望。

這名女子對愛情的熱忱超越國王，這股熱情令他數日足不出戶。為了滿足欲望，她共留了十三天，才返回自己的母國。

後來再也沒人有她或孩子的消息。

這是怎麼一回事？第一個描述事件的作者是亞歷山大大帝在亞洲

征戰的隨行人員，奧尼希克里圖斯，他為這次亞洲征戰寫了篇冗長歷史，所以這是當時的記錄，可能甚至是目擊證詞。但既然沒有亞馬遜王國，這個記錄又怎麼可能是真的？

奧尼希克里圖斯的文字提供的只是一種解析。以他的身分來說，他當然需要精確報告；亞歷山大大帝想聯絡印度哲學家時，奧尼希克里圖斯就是中間人，據傳他也是船長，亞歷山大大帝曾讓奧尼希克里圖斯掌管帶他下印度河回波斯的船艦，但這也很可能只是奧尼西里克圖斯的一面之詞。他很懂得加油添醋、拉抬自己，後來奧尼希克里圖斯繼續留在宮裡，服侍亞歷山大大帝的繼任者，利西馬科斯。但他描寫的亞洲遠征記卻被後代作家嘲笑是誇大不實，有些人說奧尼希克里圖斯並不若他所吹噓，從未當過船艦將軍，只在河上當過舵手。

兩個世紀後，普魯塔克講述了一個反駁他的故事：「奧尼希克里圖斯向國王利西馬科斯大聲朗讀他寫的第四本歷史書籍，講到亞馬遜族的故事時，利西馬科斯面帶淺淺笑意，問：『請問這時我人在哪裡？』」原因是當時他和亞歷山大大帝都在場，所以知道奧尼希克里圖斯只是誇大其辭。不過我們何必毀了一個好故事？把斯基泰公主解釋成急著和亞歷山大大帝生孩子的亞馬遜女王，不是更合大家的胃口？

以下是可能的解釋。亞歷山大遇見的是一組斯基泰代表團，部分人員為女性。她們來自鄰近的乾草原，其中一名女性明顯是掌管全局的大姐頭。在傳統悠久的希臘英雄裡，亞歷山大早就是英勇的征服者，而包括海克力士和提修斯在內的英雄，人人都見過亞馬遜人——這正是大家過去「知道」亞馬遜人真實存在的原因，以下就是她們依

然真實存在的證明。身為現代版海克力士的亞歷山大，碰上亞馬遜人，本來是天經地義之事。他們之間存在著語言障礙，沒人聽得懂亞馬遜人想要什麼，但亞馬遜人並未顯露敵意。她們在當地盤桓數日，亞歷山大想到居魯士二世慘死托米麗斯手中的悲劇命運，只得恪盡地主之誼。斯基泰「女王」偶爾到亞歷山大的帳篷與他獨處，之後斯基泰人便銷聲匿跡，重返大草原。所以說到底，這只不過是奧尼希克里圖斯將斯基泰人造訪一事，說成能提升亞歷山大身分和他個人形象的一個小動作罷了。

第三章

關於胸部的概述

　　關於亞馬遜族，人人皆「知」一件事，那就是為了毫無阻礙地開弓射箭，她們切下自己的右乳。每當告訴別人我正在著手一本有關亞馬遜族的書時，對方都會提出這個疑問：真的切除了嗎？不，她們沒有，全是一派胡言、胡說八道、胡言亂語、以訛傳訛、道聽塗說，不論從哪方面來看，這個說法都愚蠢至極。然而即使到了現代，大家照樣買單，因此有必要特別提出解釋和駁斥。

　　這個說法大致是從西元前五世紀開始，當時亞馬遜神話已經家喻戶曉，成為了希臘人自我認同的流行傳奇故事。這讓人不禁想問：為何叫「亞馬遜」？這名字是從哪來的？關於這點眾說紛紜。有個女王名叫亞美森（Amezan），這名字可能有各種不同語言來源，但真相無人知曉。荷馬稱呼她們「亞馬遜尼亞人」（Amazones），字尾的 es 不見得一定指女性，不過他補充一個詞：antianeirai，意指「男性的勁敵」。亞馬遜可能本來是一個男女平等的部族，所謂平等或許是指能力不相上下，也或許是地位相當，而這個亞族長期遭到世人遺忘。

　　人在試著理解一件人人皆「知」為真相的事時，通常會填滿尚待補足的空缺。類似情況下，這樣的空缺通常會以百分之百偽造的解釋填補——在通俗語源裡，類推和迷信皆勝過真相。菊芋（Jerusalem artichoke）的英文之所以有「耶路撒冷」（Jerusalem）這個名詞，是因為英國人不知道菊芋的義大利語 girasole 有「朝太陽移動」的意

思，因此取發音相近的英文字稱呼。有些人寧可相信「橘子果醬」（marmalade）起源於廚師特地為生重病的瑪麗皇后準備的一道食譜，食譜的法文名字就叫「病懨懨瑪麗」（Marie est malade，音近marmalade）；而這個解釋比起明顯正確卻相對無趣的葡萄牙語詞根marmelada（榲桲果醬）有意思的多。「小罪」（peccadillo）這個字在西班牙語意思是「小過錯」，卻被傳成是一種由野豬（peccary）和犰狳（armadillo）兩種動物混種而成的稀有亞馬遜叢林動物，這種動物最後因西班牙殖民者濫捕而絕種，牠的名字才引申為「小罪過」，這個說法是否讓人覺得有趣多了？不知何故，希臘人都堅信「亞馬遜」的意思是「不具一邊乳房」，取自代表「無」的 a-，例如「無道德感」（a-moral）或「無性的」（a-sexual），再加上胸部 mastos，例如「乳房切除術」（mastectomy）。當然這根本說不通：a-mastos 和 a-mazon 二字不一樣，她們也並未「缺乏」哪個身體部位，但或許另有諸多聯想，像是缺少乳水、缺少穀物。或許是因為乾草原上的女騎士穿戴皮革盔甲，遮蔽女性形體──可是盔甲壓抑下的是一對女性乳房，而不是單乳，所以也說不過去。無論如何，目前沒有較好的解釋，更不用說西元前五世紀了。

「缺乏一邊乳房」的說法相當盛行，經年累月下來，很明顯把一個本來毫無道理的想法講得言之有理。割除一個女孩乳房的想法著實驚悚，若真要除去一邊胸部，小時候就燒掉是不是比較好？這就是希

臘人口耳相傳的說法，許多作家也重述這個「事實」，彷彿這是全世界都知道的事。

例如：西元前四〇〇年左右，經常被封為醫學鼻祖的希波克拉底在著作《空氣、水及場域論》（*On Airs, Waters, Places*）中，把疾病和形形色色的外在因素相提並論，更利用這點大談亞馬遜人和斯基泰人通婚時組成的族群：與其他種族大相逕庭的邵羅馬特亞族（你不會忘記的）。

邵羅馬特亞族女性騎馬射箭，擲出投槍，只要保持處女之身便能參與戰役……母親會在她們還小時燒灼特製鐵塊（或「銅器」，譯法各異），烙上她們的胸部，因此她們沒有右乳。此舉能抑制胸部成長，將所有力氣和能量導入右臂和右肩。

當然照理說希臘女性都是家庭主婦，不是神射手或投槍高手，所以他可能無法從自家取證。但他不應該那麼天真，稍微研究便可證實這個說法謬誤。同一時期，希羅多德以個人經驗書寫，雖然記錄了某些頗為驚悚的斯基泰儀式，卻完全沒提及這個習俗。

然而這個概念傳遞下來，變得根深蒂固。例如，西元二世紀的查士丁重述這個廣受眾人採納的「真相」時，描述：

她們（亞馬遜人）用武力保住和平，繼續傳承發展，為了不滅族，她們和鄰國男性通婚。若生下男嬰，她們會殺了孩子；若是女嬰，就會以她們的生活模式拉拔孩子長大，不讓她們安逸閒適或編織毛線，

而是訓練她們使用兵器、照顧馬兒、狩獵。女嬰右乳在幼兒時期經過燒灼，以便拉弓時不受到阻礙。

但希臘藝術家和雕刻家從未認真看待這個想法，還是把亞馬遜人刻畫成乳房完好無缺的模樣。這就是重點：亞馬遜人是英姿勃發的戰士，卻是身形完整的女性，甚至是美人。她們通常被描繪成露出一邊乳房，另一側乳房亦明顯尚在，若非如此，她們的美就會有缺陷。

可能出於這個理由，少一側乳房的想法也跟著退流行。藝術家會避免畫出缺乳，作家也極少提及，但還是有人信以為真。其中一位就是十七世紀後期的法國作家皮耶・普提（Pierre Petit），他在著作《論亞馬遜》（*A Dissertation on Amazons*）提到，他確信亞馬遜人的傳說是應該採信的真實事蹟，單純因為這個傳說挑戰了許多人認為錯誤的信仰。話雖如此，他還是不禁納悶，她們為何如此獨特？他的答案不外乎是寒冷氣候、飲食、教育、體能訓練。既然她們真實存在，那她們切掉右乳的說法肯定是真的。她們為何要這麼做？並非可以強化她們的右臂，這想法太荒謬，而是因為這麼做能強化她們全身的力道。她們是怎麼辦到的？很明顯切除乳房無法達到效果，畢竟荒謬而且危險性太高。她們肯定是運用某種唯有她們知道的藥物，否則怎麼沒有其他人照做？為了證明他的論點正確，他盡其所能搜羅古典世界的單乳圖像。然而他完全無法理解，所謂「證據」只是傳奇故事和非真實的假象層層疊加而成，他是只能聽見一個聲音的死忠粉絲，憑自己的執著剖析全局。沒人在意他的說法，只有一、兩個人曾經引用，當作可「證明」兩千年反覆重述的假象弄假成真的「證據」。

但單乳的觀念依然沒有消逝，滑鼠點擊幾下便可見真章。Greeka.com 的說法應該具有可信度才對吧？該網站卻說：「割除女孩右乳雖然奇特，但從亞馬遜人的觀點來看或許可以理解。她們自幼就會使用灼熱的銅製工具燒灼移除右乳，這是因為亞馬遜人認為切除和致殘所有可能妨礙擲矛或拉弓的障礙，屬於必要之惡。」這個概念是心理學家的素材，因為明顯前後矛盾。亞馬遜人的身體「顯然外放卻內斂，在口傳文化和美學標竿上，既教人振奮亦令人沮喪，她們的身體被定義成孕育生命的場所，同時具備奪命的侵略本質。只擁有一側乳房讓人脆弱無力，但缺乏乳房讓她們變得更強悍[1]。」依照「長期居住在亞馬遜區域的整形醫師觀點」所寫的論文指出，割除乳房「主要目的是能有效拉弓，另一個解釋是，亞馬遜人是出於醫療因素才致殘乳房，例如預防乳房疼痛、腫塊生長或癌症。還有一個主張宗教和社會因素的學派，認為傷殘乳房對女戰士而言是種榮耀象徵。」就連未經驗證的古老詞源都不斷重複：「希臘文的胸部是 *mazos*（所以才會有亞馬遜這個名字，或「缺乏乳房」的意思）……。[2]」

　　真是一派胡言。好吧，從歷史觀點出發，女孩確實長久以來逃脫不了類似乳房割除的疼痛，有兩個常見例子，許多非洲、中東和印尼地區女性進行生殖器割禮，中國則是直到一九四九年都施行纏足。但無論過去或現在，這幾個社會的女孩都飽受物化，被當作私有物品

---

1 Gail Kern Paster, *The Body Embarrassed: Drama and the Disciplines of Shame in Early Modern England*, Cornell, 1993, p. 238.

2 Simon Richter, *Missing the Breast: Gender, Fantasy and the Body in the German Enlightenment*, University of Washington, 2006, p. 35.

般對待。說回亞馬遜人，無論是傳說或真實世界的亞馬遜人都呵護自己的女兒，因此先別管我們無法眼見為憑的證據，也別管辭典裡的定義，思考實際情況就好。她們必須在幾歲的時候接受這類肉體傷殘？亞馬遜母親真的會執行這種大型手術？多少女孩死於手術？為何要冒風險殘害國家未來的猛將？

　　總而言之，這個手術並不能實際證明什麼。拉弓射箭或投槍對女性本來就不成問題，光是看二〇一六年的奧運比賽就很明顯了，乳房並未阻礙女性弓箭手和投槍選手的行動，騎射選手也是。如果切除乳房有益於表現，那麼企圖心強烈的運動員肯定早就切除了。眼睛閉著都顯而易見，切除或燒灼乳房並無法增強臂力或肩膀力道，更別說是全身力量。

　　反向思考過後的結論才是真相，這就是從來沒有人這麼做的原因，也是單乳想法不具絲毫真理的理由。

第四章
骨骸和黃金寶藏

　　希羅多德形容的邵羅馬特亞人完全正中紅心。他說在斯基泰人消失後出現的邵羅馬特亞人，正是亞馬遜人和斯基泰人的下一代，而她們保留的「古老傳統」，指的就是斯基泰傳統。想要認識亞馬遜人，就得仔細鑽研斯基泰人，**真正**的斯基泰人。西元前五世紀，由於尚缺優秀的資料來源，沒有人比希羅多德更瞭解他們：畢竟當時既無文字記述，也沒有歷史記載。希羅多德記下幾個部族名稱和幾位神祇，像是塔比提（Tabiti）、帕伊歐斯（Papaeus）、雅碧[1]（Api），可是幫助不大。多虧他們留下了掩埋領袖、遺體和物品的墓塚，我們現在對斯基泰人的認識才能多於希羅多德。

　　總共有多少墓塚？沒人數過。想當然至少幾萬座，甚至幾十萬座，它們從黑海北方穿越現代的俄羅斯和哈薩克南部，綿延至蒙古和西伯利亞南部。不少墓塚都是裝有寶物的藏寶箱，據推測，寶物同葬是為了來世能夠維持榮華富貴、享受有權有勢的生活，所以幾個世紀以來，墓塚可以說是盜墓者的金礦。

　　十八世紀初，在彼得大帝的一聲令下，俄羅斯朝東方的西伯利亞、南方的烏克蘭地帶及中亞五國大陣仗拓展勢力。總共幾十萬座墓塚，俄羅斯殖民者和探險家怎麼可能錯過？俄羅斯人稱這些墓塚為 kurgan（墳塚），他們發現盜墓者並未竊取全部寶物。一七一六

---

1 三名神祇分別為希臘神話裡的赫絲西雅（爐灶女神）、宙斯，和蓋亞。（譯者註）

年，彼得大帝收到六十件物品，成為他在聖彼得堡隱士廬博物館（Hermitage Museum）黃金大廳裡展示、扎到觀光客睜不開雙眼的斯基泰黃金館藏之濫觴。十九世紀下半葉，考古學家開始認真研究黑海墳塚，挖出大量骨骸、黃金飾板、碩大大釜。同時，歷史學家也以質疑眼光看待希羅多德，因為他從未踏上他描寫的遙遠國度，資料來源含糊籠統，他們懷疑那些都是剽竊得來的資料。然而查證之後，他的誠實和勤勉從此備受尊敬。一名希羅多德的傳記作家約翰·邁爾斯爵士（Sir John Myres）在一九五三年寫道：「如今看在聰慧和觀察力敏銳的人眼底……他提供的資訊或許可合理採納為真實記載。」考古學家也表示贊同，他們在甚至更遙遠的地區挖掘數百個墳塚，經過一番記錄、推敲、爭辯，揭露出學者所謂的斯基泰世界。

每年都有新發現，目前已經挖出超過一千座墓塚，關於斯基泰和相關地點與人種的真相也越來越清晰、複雜，比希羅多德想像的不野蠻許多。例如，斯基泰女性的身分地位比男性為尊的雅典女性高，他們之中有些是貨真價實的亞馬遜人，有些人的身分還高過女戰士。

「斯基泰」不是國家，沒有首都和中央政府，沒有成吉思汗的中央控管內陸帝國，也沒有驛馬快遞連結東西部。斯基泰是各種橫越黑海和蒙古的中亞文化總和，幾個主要的共同重點特徵包括：墓塚、馬、武器和他們對動物風格藝術的熱愛，藝術主題為部分真實、部分神話的迴旋狀動物。不同斯基泰部族和文化彼此熟悉，並會和鄰居貿

易、通婚、征戰。雖然進度緩慢，幾個世紀下來思想傳播，習俗變異，不同部族擴張、戰鬥、遷徙、融合。希羅多德列舉出幾個部族：阿里瑪斯波伊人（Arimaspian）、伊賽多涅斯人（Issedonian）、馬薩蓋特人、塞人（Sacae）。至今「塞人」一詞仍在哈薩克沿用，他們就稱古斯基泰人為塞克人（Saka）。在神話的渲染下，還有「守護黃金的獅身鷹首獸」和傳奇的「極北淨土子民」海帕伯尼亞人（Hyperborean）。獅身鷹首獸是一種獅子和老鷹混種的神話動物，是斯基泰藝術裡常見的意象。

其他文化的幾份碑文和題字，在在暗示斯基泰語的種類繁多，希羅多德聽說黑海的斯基泰人前去和遙遠異族阿爾吉帕人經商貿易時，沿途需要七名口譯員[2]。學者同意的結論是，這幾種語言都是廣大印歐家族的一部分，尤其是伊朗語（其實是東伊朗語），其中一個倖存語言奧塞提亞語（Ossetian），至今仍在俄羅斯和喬治亞邊境使用（之後會再深究）。雖要視當地條件而定，但一般橫貫大陸的連結很強烈：除了墳塚，黑海北邊是找不到黃金的，因此黃金都沿著貿易路線，從西伯利亞南部和蒙古西部的阿爾泰山進口。「阿爾泰」在蒙古語意指黃金（altan），足以解釋為何這些山脈是獅身鷹首獸傳說中的家鄉。若幾個蒙古西部的斯基泰人奇蹟似地翻山越嶺四千公里，來到黑海北部的斯基泰人手裡，只要他們找得到優秀翻譯，就不怕適應不良。

十九世紀後期，在烏克蘭中部的聶伯河支流佳斯明河左岸的墳塚，發現了一名斯基泰女性的西元前四世紀墳墓。她腳邊躺著一個

---

2 這裡提出的說法只是謠傳。據聞阿爾吉帕人禿頭，生活在櫻桃樹下，熱愛和平，「某種特殊的神聖力量會保護他們」。

年約十八歲的年輕男子遺骸，推估應是僕人。她身旁有兩把鐵製長矛尖、一個裝有四十七根三羽箭頭的木製箭袋，以及兩把銅刀，一看就知道她的身分是戰士。鄰近烏克蘭的比爾戈羅德—德尼斯特羅夫西基港口，這裡的墳塚則挖出另一名女戰士。這裡曾是希臘殖民地提拉斯，後來在土耳其人統治時期更名為阿克曼，一只與她同葬的沉甸甸箭袋裡，裝有二十支箭、四把長矛、一條包覆鐵條的厚重戰鬥腰帶。

這群女人的身分最早被歸類為妻子、女兒和母親，不過是男戰士的附屬品，不知何因和武器葬在一起。但這些女性骨骸上可見傷痕，第二個女性的頭顱有鈍傷，膝蓋上鑲嵌著一根青銅箭頭，死因是暴力致死。這些女性本身就是戰士，在沙場上運用武器，苦苦吞下死亡後果。

自那時起答案便逐漸明朗，這兩名女性並非罕見個案。女性遺體經常比照男性儀式埋葬，多瑙河和頓河之間發現的女性墳墓（一九九一年時已發現一百一十二座，數字陸續新增），有七成屬於十六至二十歲的女性[3]。在某些地區，百分之三十七的墳墓亡者是**全副武裝**的女性，一九八○和九○年代的調查顯示，約兩成與武器同葬的亡者為女性，而這些都不是上流社會人士的墳墓，只是一般女性。

在西伯利亞南部的大型墓塚裡，斯基泰女性一生征戰的證據歷歷可考。你可以說她們是亞馬遜人，畢竟對希臘人來說她們確實是。米努辛斯克山谷就是其中之一，在這片範圍長達兩百公里的牧地裡，山谷和周遭領域共有一千五百年來（西元前一○○○年～西元五○○年）興建的三萬座墳塚。最大規模的大薩比克墳塚（Great Salbyk

---

3 摘自瓦勒麗・古里耶夫（Valeri Guliaev）。請見參考書目表。

Kurgan，西元前四世紀）圍繞著二十三顆巨石，重達四十噸，每塊
石頭都經過切割，從採石場拖行運送六十公里。另一個主要遺址位在
東南邊兩百公里處的圖瓦（Tuva）。

　　一個多世紀前，圖瓦還屬於中國領土，當時的中國統治蒙古國和
其他小國。圖瓦逃離中國手掌心後，曾經是獨立小國，後來融入蘇聯
一部分，現在則是俄羅斯的半自治區。他們講圖瓦語（一種突厥語，
蒙古人來臨前突厥人曾經統治過這塊領地），放牧和騎馴鹿是他們最
為人津津樂道的技能，他們是佛教徒，擁有高明的喉唱歌者（和他們
的蒙古鄰居一樣）。三十萬名左右的圖瓦人共同享有廣大森林、高山、
草原空間，這裡就是斯基泰人在遷移西部前的原始腹地。圖瓦氣候極
端（低溫可下探至零下五十度，高溫則可上看四十度），距離大海千
里之遙[4]。大家通常形容這塊地帶「偏遠」，但對圖瓦人而言絕非如
此，他們覺得自己的家園位處宇宙中心，因此說圖瓦人牽動著歐亞中
部生活方式的演進、影響至深，實在不為過。

　　最早期的斯基泰傳統證據來自兩座龐大墳塚，分別是名為阿爾贊
（Arzhan）一號和二號的墓葬。阿爾贊是鄰近烏尤河河谷的村莊，
是片優美溫和的牧草地，冬季降雪量不多，在這片嚴峻地帶算是非常
罕見的綠地，也是幾世紀以來斯基泰遊牧民族的主要放牧地；他們夏
季在山脈牧草地生活，冬季則遷徙至烏尤河沿岸的牧草地。河谷是片
適宜的三角形草地，五十公里長，底部三十公里寬，周圍山脈環繞，
共有約三百座墳塚，數量多到人們稱之為帝王谷。

---

4 這個距離海岸線最遙遠的難抵極（polar of inaccessibility），其實位在中國西南部
七百公里的位置。

這些所謂烏尤文化的斯基泰人不單單是遊牧民族，只憑放牧動物為生。不少遺址顯示他們有自己的帳篷，他們也吃淡水魚、種植小米、建蓋木屋、製作圓頂石墳。他們採銅和鐵，這項作業需要專業礦工、工具，以及對該地地質情況的透徹瞭解。雕刻著螺旋狀、圓花飾、圓圈的石柱，象徵他們對太陽的崇拜。他們相信來世，確保族長能為來世做好萬全準備，無論在哪裡過世都能立刻防腐保存他們的遺體，再帶回祖墳安葬。他們把金屬磨成動物形狀，例如身子蜷曲的雪豹和猛禽，這可能是出自對某些動物的強勁力量、敏捷、警覺力的敬佩。

多半墓塚明顯不屬於皇室成員，較類似集中埋葬的家族墳墓，一地會有好幾個墓葬。考古學家從這些墓葬搜集了盜墓者沒偷走的物品，發現女性很在乎自己的容貌，死後也照樣愛美。他們從墳墓挖出了耳環、胸飾、珠子項鍊、戒指、青銅線和黃金製成的頸飾、動物形狀的皮帶扣、掛在腰帶上的皮革小袋裡的青銅鏡，鐵製或木製梳子、鐵、青銅或骨頭製成的胸針、動物角製成的小型圓筒形和圓錐形盒子，以及許多切割成動物形狀、內容物可能也是動物形狀的化妝品。還有五花八門的馬具——韁繩、馬勒、馬鈴、徽章，以及一些陶器，雖然陶器不是他們的強項，他們偏好使用木製杯盤，或在特殊場合使用敵人頭骨盛裝食物。

皇家墓地的精緻繁複程度更上一層樓，但這不是我們要談的重點，因為（不同於她們傳奇故事裡的亞馬遜姊妹）統治階級的女性並不是戰士。不過這兩個阿爾贊葬墓揭露了該文化上流階層的富裕，而這個文化則誕生了真正的亞馬遜人。

光是帝王谷的阿爾贊一號葬墓就不枉虛名，其年代約為西元前

七五〇年，當時荷馬正在寫《伊利亞德》和《奧德賽》，因此可說是目前所知最古老的墳塚。這裡曾是寬達一百一十公尺的大型平台，有一面環繞四周的牆和高達四公尺的圓頂。幾乎所有墳塚都是土木製造，唯獨這座很特殊，是以石頭蓋成，因此墳塚變成一個巨大冰箱。經年累月下來，盜墓者努力破壞葬墓，當地人則在此慶祝他們的七月節慶。一九六〇年代，蘇聯以推土機將乾草原夷為農地。即便如此，一九七一年考古學家抵達時，仍發現一個不可思議的現象：這是蓋成輪子形狀、擁有七十間互通墓室的建築群（部分已被推土機夷平），墓室環繞著一個中央墓穴，墓穴裡有一座長寬四公尺的落葉松木墳墓，兩具棺材裝著首領——看要怎麼稱呼，也可說是統治者或國王，還有一個女人，推測應是他的妻子。（或者女性才是主導的一方，她才是「女王」？不論是男性抑或女性，這人是否為了陪葬而死？我們不得而知。）墳墓四周有八間鑿空的木屋，裡面有侍從的骨骸，為了陪伴男女主人進入來世，犧牲小命。附近擺放著以黃金奢華裝飾的六匹馬骨骼，這點可從尚未遭盜取的物品發現。

以上都和希羅多德的描述相符：國王被運送各地，讓外圍地區的人致哀（這是他聽聞的），然後葬在一個有頂墳坑裡。「碩大方形墳坑的某些部分，可以看見許多國王家庭成員都跟著他一同埋葬……所有人都是遭到勒斃，馬和黃金杯……和其他幾件國王寶物也跟著陪葬。」

他們豪奢闊氣，絲毫不手軟：賜給侍從的貂皮和四色羊毛衣、雪豹和野豬形狀的青銅和黃金馬飾，甚至是遙遠黑海鄰國文化裡常見的動物風格捲曲黃金黑豹（令人想起一千年前的鹿石設計）。周遭房間

裡有一百六十具馬骨骸，幾乎全是介於十二至十五歲的種馬，還有幾名「馬伕」，外加無數把匕首、箭頭、金屬飾環（穿戴於頸部的半圓形黃金薄片）、鑲嵌綠松石的黃金耳環和垂飾。沒人知道在盜墓者掠奪前，這裡本來有多少物件。這些墓塚動用一千兩百至一千五百人，以為期不到一週的浩瀚工程完成：剝除六千株成熟落葉松木樹皮後，簡略搭蓋成七十間有通道相連的墓室。經過裁切、搜集、堆砌，幾千塊重達五十公斤的石板，最後在墓塚周圍砌起二‧五公尺高的石牆。儀式圓滿落幕，人們在牆外舉辦一場盛大宴席，但這也有可能是每年都會舉辦的盛會。總而言之，墓塚共留下三百匹馬和數不盡的牛、綿羊和山羊骨骸。

比阿爾贊一號晚一個世紀搭建的阿爾贊二號更是不得了，不只內容物驚人，物件更幾乎原封不動[5]。這回建築師學聰明了——開挖團隊在二〇〇〇至二〇〇四年挖掘時，特別有感而發。兩座中央墓穴都是假墳，瞞天過海騙過了盜墓者，真正的主要墓葬距離中央位置約二十公尺。率領當地勞動小組的俄羅斯人帕維爾‧盧斯（Pavel Leus）向下挖掘四公尺時，發現一層松葉木板[6]。他掀開一塊木頭，隱約瞥見陰暗處有兩具遺骨和黃光閃現，立刻呼叫隊長：「各位，出問題了，我們需要報警。」

聖彼得堡隱士盧博物館兼本趟遠征隊的領導人康斯坦丁‧庫古諾夫（Konstantin Cugunov）爬進坑洞和盧斯碰面，後面跟著他的隊

---

5 發現物品都鉅細靡遺記載在一本赫爾曼‧帕爾青格特地從德國寄給我的五百頁精采好書裡。更多詳情請見參考書目的庫古諾夫、帕爾青格、納格勒。
6 細節請見〈黃金大師〉一文，《國家地理雜誌》，2003 年 6 月號。

友，正是來自柏林德國考古學研究所的赫爾曼·帕爾青格（Hermann Parzinger）和安納托利·納格勒（Anatoli Nagler）。他證實：是的，挖到了沒錯。在接下來嚴密看守的三週，考古學家和他們的一百位工人不僅發現皇室夫妻檔，還有十六名遭到謀殺的陪從，以及後來埋葬、很可能是突厥人的二十三具骨骸。墳墓總數為二十九座，女性埋在西邊，男性在東邊，**真正**的寶藏如下：總數九千三百個物件，其中有五千七百件為黃金製品，共達二十公斤，數字刷新了西伯利亞墳墓的記錄。年齡介於五十至五十五歲的國王，頸部掛著黃金飾環，外衫上的兩千五百件黑豹小雕像裝飾全是黃金打造，褲裝也縫有黃金珠飾，腳上踩著黃金翻邊靴，腰帶繫著黃金封套的雙刃匕首。女性約比國王年輕二十歲，一身紅袍亦鋪滿了兩千五百隻黃金黑豹小雕像，她也有一把鍍金刀柄的鐵製匕首、一把黃金梳，以及一把有著黃金握柄的木杓。她戴的髮飾是一頂黃金尖帽，以兩隻黃金馬、一隻黑豹、一隻猛禽綴飾。這對夫妻葬在一起，說明兩人身分相當。她是為了陪伴丈夫到來世再續前緣，才遭到殺害嗎？或者情況相反？還是他其實是父親，她是女兒？他們周遭有成千上萬顆珠飾，其中四百三十一個為琥珀製品，是從波羅的海跨越歐亞大陸的貿易運輸商品。

阿爾贊墳墓是皇室墓地，至於我們可能稱為亞馬遜人的族群是一般女戰士，西南方一百公里處才有她們的消息。阿邁爾格利（Aymyrlyg）墓地位於葉尼塞河的支流旁，綿延十公里，這是一片起伏山丘和高原牧草地，山脈巍峨立於地平線上，如今葉尼塞河下游的水力發電大壩淹沒了前景，使之全都浸泡在水面下。斯基泰人和他

們的後代在這裡蓋了一座祖墳，主要是西元前三、二世紀間埋葬的八百具遺體，橫跨斯基泰人開始讓位給──或被同化、發展成──所謂的「匈奴─薩爾馬提亞人」（Hunno-Sarmatian）的年代，也就是薩爾馬提亞人和匈奴人的混血人種（當地人稱之為匈人或匈奴人，至於匈人是否為匈奴王阿提拉〔Attila〕的祖先，並無定論）。

兩百年共蓋了八百座墓葬，等於平均一年四座，似乎不多。也或許一般用木塊或石板蓋成的墓葬沒有固定建造期，通常是經歷重大戰役後，需要安葬大批遺體才會大興土木。有些墳墓裡多達十五座遺體，與遺體同葬的包括武器、動物風格製品、工具、別針、梳子、鏡子、青銅釦腰帶、馬具，淨是些斯基泰墳墓裡常見的物件。一般來說，弓無法保存太久，但其中一把弓的印痕清楚說明，弓的長度約為一‧五公尺長。

一九六八至一九八四年，在水庫水位上升前，從兩百座墳墓蒐集到並送至聖彼得堡的六百具遺骸，簡直是一本斯基泰人的病痛損傷百科全書。隨著生物考古學和古病理學的學科進展，現代學者也能從這些骨骸讀出故事。頭骨形狀顯示他們較接近歐洲人種，而非蒙古人種。牙齒的凹槽和皺褶說明了他們的飲食習慣，眼窩的機能障礙指出他們患有維他命缺乏症（順帶一提，對某些乾草原遊牧民族來說，營養不足仍是一大問題），骨骼的化學和次元子結構暗示著氣候和植被的變化。童年時期的疾病和營養不良，導致他們發育牙齒的琺瑯質長得較薄（發育不全）。機械應力導致他們的肌肉和肌肉連結點不平均（自幼開始接受特訓的中世紀英格蘭王國長弓兵，背部和肩膀亦有嚴重變形的現象）。從骨骼觀察，死因一目瞭然：謀殺、家庭暴力、處

決、儀式獻祭、戰鬥、意外。骨頭也讓我們發現長遠下來的武器變化跡象：斯基泰時期主要為戰斧傷口，後期的匈奴─薩爾馬提亞時期則較常見到劍傷。

彼得大帝在聖彼得堡開設了人類學與民族學博物館（Museum of Anthropology and Ethnography），而貝爾法斯特女王大學的艾琳·墨菲（Eileen Murphy）對該收藏室的骨骼有一番深入研究。她從未到訪圖瓦，但多虧當初蒐集、記錄這些骨骸的俄羅斯考古學家[7]，世上沒人比她清楚古斯基泰牧人和騎射手日常遭遇的困境。她共分析逾三千具遺骨，並於〈歐亞鐵器時代人類的大量骨骸軀體……第一份鉅細靡遺的古病理學分析〉中，發表研究結果，直接證實了希羅多德的說法正確：幾具頭骨顯示出頭皮撕裂的痕跡，有幾具遺骨的頭顱遭到剖開，腦漿可能被取出，「這是戰鬥結束後，當作戰爭儀式一環的挑釁舉動。」此外墨菲說：「阿邁爾格利的開挖工作讓我們真正理解到這些『普通』半遊牧社會成員的人生和生活方式。」不少人顯露出各種疾病和畸形現象，例如有個男人有先天性髖關節脫臼，另一個則有「近端股骨畸形」，以致走路時嚴重瘸腳。另外還有臉部畸形、眼部缺陷、頭骨變形，簡直是一籮筐的醫學災難。有個女人患有神經纖維瘤，腫瘤長在神經系統，病況難以忍受。

不管在哪個社會，患有嚴重先天性缺陷的人日子都不會多好過，更別提在仰賴放牧、騎馬、狩獵為生的艱辛社會。希羅多德說，這個社會並不擅長照顧老人，你可能會認為，他們想必不能忍受任何型

---

7 墨菲在鉅細靡遺的兩百四十二頁專題論文中一一列出人名。我在其他著作曾概括列出她的發現。

態的畸形，會像斯巴達人一樣讓孱弱孩子自生自滅。這個想法顯然錯誤。也許正因為受傷和傷患太尋常，他們反而能包容畸形，甚至可能提供援助系統，不管是哪個症狀的瘸子，活著的時候皆可扮演他們適得其所的角色，死後與他們健康強壯的同伴葬在一起。

墨菲思忖這些悲慘案例，認為可能就是某些遙遠中亞地區的神話起源：

> 對於一名來自希臘世界的旅客，這些有著肢體畸形障礙的斯基泰人看來或許可憎又不可思議，尤其要是這樣的人出現在希臘社會，早在一出生就被滅除或者放逐。因此我們可以說，有關斯基泰人是不正常人種的各種奇妙故事……可能是來自於真實存在、肢體外觀不尋常的人，但他們仍可自由自在和其他人共存。

希羅多德本人提到，「寓言故事（我是不大買帳）描述山間住著一群長有山羊蹄的種族。往更北邊走，會有一群每年沉睡六個月的男人，我簡直完全不敢相信。」他們是否可能把冬眠的熊誤認為男人？棍棒支撐的腳看起來可能像羊蹄？先天性畸形是否能解釋「獨眼族」阿里瑪斯波伊人？或者逮到奧德修斯的獨眼巨人可能只是患有高登哈氏症候群或猴型頭畸形的人？而（倘若病患存活下來）上述疾病可能導致一隻眼睛不見，甚至單獨一顆眼睛長在臉中央的情況。只要有一、兩個人擁有諸如此類的缺陷，都足以讓人動筆，寫下誇大驚悚的怪獸故事。

以馬為主的文化對誰來說都很辛苦。當然人們一天到晚都會從馬

背上摔落，雖然大多數毫髮無傷，但癒合傷口顯示，若你摔落馬背，跌斷骨頭的機率可能落在百分之一至二，男性跌斷身體部位的機率高於女性兩倍。有個年齡介於三十五至四十五歲的女性右肩和前臂骨折，右手的第四根指頭也嚴重斷裂，後來手指硬化成爪子狀（關節癒合），她的傷口可能全是險惡落馬的後果。

你或許會想，這在一個騎馬為生的社會可想而知，但在其他方面，女性甚至更慘，這點從她們的腰部清楚可見。她們的腰部更常發現絲狀骨折，這種病狀又稱為脊椎崩解症，也是一種叫作「脊椎棘突斷裂」的骨折，這種病狀和現代世界的粗重體力活大有關聯。現代的年輕男性運動員（平均年齡二十歲）要是進行太多單側動作，例如打網球、投槍、跳高、划船，就可能成為該疾病的好發族群。百分之五的現代人有這種狀況，斯基泰女性患有此病的比例則是高達兩倍。正如墨菲指出，這一點「與斯基泰女性的相關歷史說法相左，她們並未整天坐在馬車裡，而是進行粗工體力活。」

（基於某些理由，隨著時間推移，她們的工作也變得較輕鬆：後來的女性骨骸較少出現脊椎崩解症的跡象，想像一位老婆婆用斯基泰語叨叨不休：現在的年輕人身在福中不知福啊。我在她們這個年紀時，白天要抬馬車車輪，晚上要搬裝有馬奶酒的大釜，還要進行騎射和劍術練習，真不曉得我哪來閒工夫生小孩呢。）

很顯然，這種艱辛的生活偶爾會牽扯內部爭執：仇殺、家暴、血氣方剛的青少年吵架，最後發生致命攻擊。有些人的頭骨遭到棍棒痛毆，但數字並不龐大，兩百年來僅有十幾件，其中四分之一為女性，其餘各有半數為男性和青少年男女。多半骨折都發生在「額骨或顱頭

骨左側……在赤手空拳的鬥毆中，這些通常是慣用右手的對手會襲擊的部位。」面部和下顎骨折在後期變得常見，意味著「匈奴─薩爾馬提亞時期的人只用拳頭攻擊對方」，而非使用棍棒。或許真的是吧，又或者不是，因為其他由鬥毆產生的骨折，不管是頭部骨折、前臂骨折、手指的「第五拳骨骨折」，「都在在證明斯基泰和匈奴─薩爾馬提亞時期的人民存在私人恩怨，團體內部發生紛爭。」正如你所預期，受害者多半是男性，但有個斯基泰女性身上出現多處骨折，包括前臂斷裂、右手指骨頭斷裂、肋骨骨折，意思是她曾經狠狠教訓對方，對方也狠狠還擊。

當然還有戰爭造成的傷口──不致命的箭頭傷口、劍傷和戰斧劈砍的頭骨凹洞。出現這類傷口的共有二十人，其中十六人並無癒合跡象：全是致命攻擊。當然，絕大多數受害者都是男性，只有兩名是女性。受害者亦包括孩子，可能是在帳篷或馬車裡遭到攻擊遇害。「然而，這不能證明女性和近成午的青少年不會主動參加戰事。」有幾名女性左手臂骨頭損傷，看來像是想高舉手臂擋下攻擊的結果。

五名匈奴─薩爾馬提亞人遭到斬首，其中一位是年約三十五至四十五歲的女性，大腿有一處傷口，她的頭部被「極為鋒利」的劍一刀砍落，明顯從後方遭到攻擊，可能是在馬背上遇襲。她連閃躲的機會都沒有，襲擊她的人顯然也沒有。「劍落下的角度……顯示，這一刀很可能是從左側往右切入，襲擊者的位置在受害者後方。由於頭顱和屍體同葬，頭顱明顯沒被當作戰利品帶走。」墨菲推敲，也許是因為屍首並未完整分離，攻擊者沒有時間完全砍落人頭，或許有人插手阻止攻擊的人。另一個女人的肩膀上有一處劍傷，她左耳上方的傷痕

就是她魂斷刀下的致命傷。或許她懷裡抱著一歲大的孩子，劍則一股作氣砍向她的頭部。可以明顯看出，幾個世紀下來劍的設計變得更加精良。

一般斯基泰女性參戰，同時也是戰爭受害者，證據不勝枚舉，墨菲的總結是：「既然阿邁爾格利女性也會加入男性和青年，保衛宗族和個人所有物品，決戰時沒理由不負傷累累。」猶如法醫報告的冰冷科學語言，激起了戰爭的熱血沸騰、狂奔馬蹄、刀光劍影、激情吶喊、一決生死。

骨骸留下的訊息會說話：如希臘人想像，斯基泰女性和她們的後代都是亞馬遜人，但她們只是零星個體，不是一整座捏造出來的女人國，她們都不過是斯基泰社會的老百姓。

現在我們踏進圖瓦西南方一千五百公里，邁向哈薩克主要大城阿拉木圖（不是首都阿斯塔納）的東部山脈。從天山北邊山巒蜿蜒流動的河川，將溫暖山谷化為優美牧草地——現在這裡已成農地。哈薩克的墳塚上千座，其中約有四十座位在伊塞克湖（Issyk，哈薩克語拼法為 Esik）附近的美麗山谷。跨過邊境、座落南方的吉爾吉斯也有一座大型淡水湖叫作伊塞克湖，但兩座湖毫無關聯。

一九六九年夏天，有位農夫在六公尺高墳塚附近的農田耕作，農事進行到一半，他發現身後剛翻好的黑色土壤裡有個東西閃閃發光。他走了下去，用腳撥了一下土，發現一小塊帶有圖騰的黃金。令人訝異的是他並未占為己有，而是通報消息。哈薩克學會派了一組團隊前來展開調查，率領調查的是赫赫有名的蘇聯考古學家凱末爾·阿奇謝

夫（Kemal Akishev）。他的研究加上他在二次世界大戰的成績，讓他在蘇聯享有盛名。戰後，他的工作還包括了成吉思汗一二一九年侵略伊斯蘭世界的大門，也就是塵封已久的城市訛答剌（Otrar）挖掘工程。後來阿奇謝夫成為德高望重的哈薩克考古學之父，地位崇高，一直到二〇〇三年七十九歲壽終正寢那年。他到伊塞克湖進行的工作更讓他跨出蘇聯，享譽國際。

農夫發現黃金飾片的這座墳塚相當罕見，尚未淪落盜墓者之手。事實上，這座墳塚早已遭盜，寬四公尺、長六公尺的整齊墳墓木塊早已崩落，盜賊卻錯過旁邊的小墓。這座墓裡，躺在成堆土壤下的是一具碎裂骨骸，尺寸頗小，卻是讓這則故事帶有亞馬遜色彩的主因。骨骸周遭堆放著寶藏，四千塊小型黃金飾片和裝飾品，狀態彷若全新。

美國考古學家真奈恩‧戴維斯—坎伯爾（Jeannine Davis-Kimball）描述後來發生的事件。但容我先介紹一下這號人物。戴維斯—坎伯爾不是從年輕氣盛之時就勇闖亞洲內陸，而是六十五歲才開始考古生涯。她經歷過三段婚姻、生下六個孩子，當過護士、醫院行政人員、在玻利維亞教過英語、當畜牧場主人，最後才拿到藝術史大學學歷。她因為碩士課程幫洛杉磯郡立博物館編撰近東藝術目錄，才開始對該博物館的兩百塊青銅飾片和動物小雕像好奇：網狀鹿角的鹿、攻擊一匹馬的老虎，歐亞遊牧民族的世界令她心馳神往——它的規模、它在長達兩千年馬文化所占有的歷史地位，都讓她著迷不已。以色列的開挖作業給了她考古學的實戰經驗，也讓她有了嶄新目標，她決定專心研究遊牧民族社會的女性角色。

這意思是她必須前往俄羅斯工作，而在冷戰末期這件事並不好安

排。一場哈薩克藝術展覽讓她拿到聯絡人資料，她探訪哈薩克，前蘇聯國家安全委員會探員提出令人緊繃的質問，讓這趟火車之旅並不輕鬆，但這次遠行哈薩克，卻激勵她成立研究機構的想法，這個機構就是現在的歐亞遊牧民族研究中心（Center for the Study of Eurasian Nomads）。只要踏出俄羅斯，便幾乎無人知曉關於這塊土地和這類主題的事。一九九一年，她受邀到不久後劃分成俄羅斯和哈薩克邊境的墳塚進行挖掘工作，幸運扭轉了現代西方人的刻板印象，讓他們知道遊牧民族並非都是「髮色黝黑如玉、黑色狹長雙眼的殘酷軍閥，騎著小馬燒殺擄掠……攻城掠地，滅口男性，擄走女性。」

第六章會深究戴維斯—坎伯爾的俄羅斯墳塚初體驗。以下是剛發掘出伊塞克墓地時發生的事，三十年後阿奇謝夫的團隊領導人貝肯・努拉披索夫（Beken Nurapiesov）帶她前往該遺址，同時分享了這則故事：

「遺骸已經清理完畢，所有墓穴裡的黃金飾片都清楚擺在眼前。夜幕降臨，該怎麼辦？我們沒時間完成記錄，趕在天黑前挖出幾千樣物件後，總不能把遺骨和黃金留在那兒一整晚吧，於是我們僱請兩名當地人擔任警衛。」貝肯停頓半晌，撥了撥前額的厚重白髮。「你知道團隊人員離開後發生什麼事嗎？哎啊，」他哀戚一笑，「夜晚寒冷，這兩個警衛不打算在沒有酒精提振士氣的情況下守在開放墓地旁，於是進市區買了一、兩瓶伏特加。有人趁他們離開時闖進墓塚，拔走靴子上的黃金飾片，甚至偷走兩隻腳和一隻小腿的骨骸。」回想這一段，他悔恨萬分搖著頭。「當然小偷早已熔掉黃金，金飾片再也尋不回來了[8]。」

故事疑點重重，為何竊賊不多偷一點黃金，反而偷骨骸？警衛在夜色漆黑中精疲力竭地回來後，是怎麼發現竊盜案的？他們怎麼處理？有沒有可能其實是警衛監守自盜，然後想出合理解釋，把罪推給無名無姓的竊賊？

無論真相為何，這些損失只是九牛一毫，留下的全是最優秀的塞克發現。除了骨骸，他們還從西元前五世紀的葬墓裡挖出：一件具有兩千四百個箭形金飾件的外衫，其邊緣鑲嵌著更多風格化獅形的金飾件（靴子上消失不見的金飾件甚至更多）；一條飾有十三顆黃金鹿頭的腰帶，另三條腰帶則有馴鹿和長著獅身鷹首獸頭部的鹿裝飾；掛在頸部周遭、有著雪豹釦子的金屬飾環；黃金纏繞而成的鞭柄；刻有無法辨識文字語言的銀杯（後面會加以探討）；一把匕首和一公尺長的劍，刀鋒上有黃金動物浮雕，搭配黃金鞘；還有耳環、珠飾、鍍金青銅鏡、將奶水攪打成馬奶酒的攪拌器。重頭戲來了，最後還有一頂六十三公分高、覆蓋絨毛的木頭圓錐頭飾。

這頂頭飾就是傑作，在塞克—斯基泰文化中，高聳頭飾象徵崇高地位，在鄰國眼裡，他們是「頭戴尖帽的民族」或「長兜帽人」，但除了身分地位的象徵外還有其他涵義。這頂頭飾有一片可以覆蓋雙耳和頸部的帽邊，野山羊、雪豹、馬和鳥形的黃金飾件點綴著帽邊，四根金箔「箭」或幾乎與頭飾等高的小型矛繫在頭飾上，固定於一對馬和野山羊角上方的金箔羽毛。阿奇謝夫拿這頂頭飾和塞克人（阿契美

---

8 《女戰士》（*Warrior Women*），101 頁。請見參考書目。

尼德帝國〔Achaemenid〕諸多民族之一）的波斯肖像進行比對，這幅肖像是西元前六世紀大流士一世（Darius the Great）設計的波斯波利斯會客殿堂裡的擺飾，最後他成功重建了頭飾。

體質人類學家歐拉薩克‧伊斯馬古洛夫（Orazak Ismagulov）發現，遺體頭骨受損嚴重到難辨性別，但劍和匕首毫無疑問。阿奇謝夫為這個發現命名「黃金男」，替他套上皮革褲裝公開亮相。哈薩克從一九九〇年代的蘇聯廢墟浴火重生時，黃金男搖身一變，成為哈薩克的嶄新國家象徵，大為出名。

雖說是黃金男，怎麼說也只是一種假設。在當時這個假設很合理，但某些方面黃金男並不符合男性特徵，這些疑點開始困擾著近距離研究該發現的戴維斯—坎伯爾。一來，前幾頁我們才講到它「尺寸頗小」。阿奇謝夫說他的黃金男是年輕頭目，可能甚至尚未成年。骨骸顯示它身高一百六十公分，比斯基泰女性的平均身高矮了七‧五公分。頭飾的「箭」（有兩個倒鉤，不是正常的三個）可能不是箭或小型矛，而是某種花，有可能是生殖能力的象徵。耳環和珠飾都是女性物件，男性墓葬裡前所未見，鏡子也和女祭司有關聯，幾樣物件都是其他遺址裡常見的薩滿象徵——包括一枚戒指，上面刻著萬丈光芒或是羽毛的頭部，以及妝點著頭飾底部、停歇樹上的鳥（這個造型經常稱為生命之樹）。此外，我們並不能說明這些物件只屬於薩滿教男性，尤其人形顯然還是青年，另外還有薩滿教女性特質的馬奶酒攪拌器，可能是女性改革力量的象徵。

就連在墓地開挖當下，這頂頭飾都讓哈薩克考古學家聯想到當地婚禮上新娘戴的高帽，這種世代傳承下來的高帽被當作嫁妝，綴著小

黃金與銀片[9]。另一個重大發現「烏卡克公主」（Ukok Princess，下一章會講述她的故事）則有一頂高帽、短外衣、形體彎曲的動物紋身。劍本身並不足以證明下葬的人是男性，畢竟許多女性也與劍同葬。諸多製品都和其他女性墳墓裡找到的物件類似，雷同到戴維斯—坎伯爾覺得有必要公諸於世，於是她在一九九七年秋季號的《考古學》（Archaeology）雜誌公開發表一篇文章。

戴維斯—坎伯爾的結論如下：到頭來，黃金男並非男性，「實際上是個年輕女人……是一名位高權重的女戰士祭司。」遺骨重建修復時可以考慮把皮革褲裝換成裙子，這麼一來她的裝束就和其他塞克族女性如出一轍。若希羅多德的斯基泰線人目睹這個結局，想必會毫不質疑一口咬定：她就是亞馬遜女王。

雜誌出版後，戴維斯—坎伯爾免不得憂心忡忡。俄羅斯的同僚是否會把她當成專門來攪局的？是一位挑戰「男性權威主導的蘇聯考古系統」的女性主義者？但雜誌出版並未形成後座力，清楚的人都知道，她的觀點並不太具爭議性。黃金男的謠言已是甚囂塵上，就連檢查過它頭骨的體質人類學家歐拉薩克·伊斯馬古洛夫都在電話裡告訴她：「骨頭非常小巧，很可能是女性骨骼。」

雖然沒有後座力，不過她還是一頭撞上了官方噤聲的高牆。在一九九七年，我們已可透過科技採樣一小份骨頭，利用年代久遠的基因判定性別。戴維斯—坎伯爾要求採樣，但當時黃金男正以國家象徵

---

9 現代人仍會戴這種傳統高帽。在蒙古，這種帽子叫作 bocht，製作方式類似伊塞克這頂帽子，木框飾以絨毛。忽必烈的妻子察必皇后就在十三世紀的一幅肖像中戴著這種帽子，七百年過去，並未出現太大變化。

斯基泰皇室的黃金墳墓物件：
西元前七世紀至四世紀烏克蘭墳墩的精選物件

一把以斯基泰戰爭場面雕刻裝飾的梳子。

一隻雄鹿，鹿角化為背脊的特殊設計，
側腹還有其他動物裝飾。

公羊頭形狀的馬鞍裝飾品。

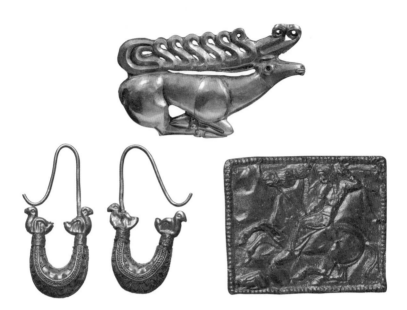

擁有變形鹿角的雄鹿、耳環、描繪獵人追逐野兔的飾片。

一把以狼頭和交纏野獸裝飾的劍和劍鞘。

占滿了類似本頁上方的雄鹿飾片，或許具宗教儀式意義，或者用於表示身分。

身分展覽，哈薩克的鐵腕，納札爾巴耶夫（Nursultan Nazarbayev）宣稱自己是黃金男的頭號粉絲。古代帝王一夕變性絕不會有什麼好處，所以你猜怎麼著？幾天後戴維斯—坎伯爾致電時，伊斯馬古洛夫的女兒告訴她，自從實驗室搬遷後，「怎樣也找不到伊塞克骨骼的原料」。自那刻起骨骸便人間蒸發，骨骸發生什麼事也完全沒有記錄。重新修復、複製、反覆印在觀光海報上的人形，是個平胸褲裝的年輕人，而這個形象可能永遠不會再改變。

在圖瓦從事考古學最大的難處，就是這裡天氣太和煦宜人。在遼闊山谷海拔一千公尺的所在地，凡是埋葬的遺體肉身、植物殘骸、物料和皮革都能在一眨眼間腐化，以地質學的角度來看，只剩下金屬和其他礦物質原料的東西。然而往西南方前進四百公里，再攀登阿爾泰山一千公尺，這個難題便不復在，因為這個環境裡，要是條件恰到好處，墳墓便得以冰封，為墳地、遺體和考古學家帶來深廣研究成果。

從地緣政治學來看，這塊領域很敏感。蒙古、中國、俄羅斯和哈薩克比鄰而居，彼此之間僅有一條長達四十公里、區隔俄羅斯與中國、又險惡難攀的峰巒。兩千五百年前，當地的斯基泰人除了山谷，就沒有屬於他們的邊境。在墾谷和茂盛松樹林庇護下，他們不像圖瓦鄰居一樣需要時常遷徙，斯基泰人生活在帳篷和木屋裡，馬車毫無用武之地，馬只是他們的運輸、誘捕、狩獵和突襲工具。他們生活打仗，死後就埋於古墳，軀體和個人物品也跟著冰封，直到被現代考古學家發現為止。

十九世紀末，俄羅斯殖民者前腳踩上這片領土，科學家後腳也

跟著駕到。最先抵達的是一位德國名字叫威廉·拉德洛夫（Wilhelm Radloff）、俄羅斯名字叫瓦西里·拉德羅夫（Vasily Radlov）的德裔俄羅斯人，這兩個名字都通用，全要看他當下講的是哪國語言。拉德洛夫開封第一座冰凍墳地，並在墓地上方點火融化冰霜。他最有名的接班人謝蓋爾·魯金科（Sergei Rudenko）於一九二四年抵達，從悠長的五指湖，捷列茨科耶湖逆行而上，沿著大烏拉干河向左拐，便來到當地人稱巴澤雷克（Pazyryk）的乾谷地。早已不復在的冰河將谷地切割成一個 U 形，世世代代的斯基泰人都將這裡當作他們的墓地。當地總共有十四座墳塚，其中五座屬於大型墓塚，全是冰封的木製墓室，明顯是一個謎團。周遭土壤並非長年結凍，也不是永凍土，那這些墳墓是怎麼淹沒冰封的？

　　以滾燙熱水將冰霜融成雪泥的魯金科，於一九四七至一九四九年間開挖墓地時找到了解答[10]。堆石地標打造出條件優良的地底微氣候，夏天時水滲進墓地，墳墓上方的石頭則悶住水氣，避免蒸發。冬季時水氣結冰，由於石頭的冰寒程度更勝周圍土壤，便能利用它們彷如冰箱的功能保持冰塊長年不融。冰霜逐年下探蔓延，圓形墓塚較為溫暖的邊緣逐漸失溫，最後冰凍土壤形成一片四、五公尺深的圓弧鏡面，以冰爪覆蓋著墓地和遺體。只要鑿得開這層冰殼，就能輕而易舉掘開墳墓。

　　他們耗費數日苦工敲破這層冰。盜墓者是否曾在冰霜結凍前闖進墓穴？顯然沒有，有些遺體經過移動，有些已經腐敗，有些則在盜墓

---

10 摘自他的經典著作《西伯利亞的冰凍墓地》（*Frozen Tombs of Siberia*），俄文版於一九五三年上市，英文版於一九七〇年出版。

葬於圖瓦和西伯利亞的亞馬遜女性

比鄰蒙古國界的俄羅斯阿爾泰共和國，巴澤雷克墓地。

俄羅斯和德國考古學家開挖圖瓦阿爾贊二號的大型斯基泰墳塚。

清理阿爾贊二號的馬群墓葬地遺骸。

是黃金男，還是黃金女？

阿爾贊二號的「皇家夫婦」肖像，他們穿戴黃金裝飾的頭飾、披肩、男性緊身短上衣、匕首和靴子。請注意女性的尖帽，這是許多中亞種族常見的一項特色。

哈薩克隨處可見黃金男的身影，他成了國家象徵，但黃金男體格瘦小，極可能是女性，高聳頭飾也是中亞各地貴族女性時常穿戴的裝飾品。

者試圖拔除黃金的過程中遭殘，有些則無。又是一個謎團，對此魯金科提出另一個答案：

很明顯，兩、三人組成的小團隊好整以暇，在光天化日之下盜墓。諸如巨大開放坑洞和成堆挖出的東西這類明顯的盜墓痕跡無法掩蓋，所以要是死者親戚在不遠處，這種事絕不可能發生。一定是建造巴澤雷克古墳的部族出於某因素離開該區域，後來的人才有機會盜墓。

盜墓者有大把時間。巴澤雷克墓塚的歷史可追溯回西元前五至三世紀初；而最新研究指出，五個主要墓塚可追到西元前三〇〇至二四〇年的這六十年間。

希羅多德又說對了，以下就是證據。某些遺體遭到剃髮，其中一個遺體明顯有頭皮剝除的痕跡：「額上皮膚沿著額髮從左耳割開至右耳位置，接著向後撕扯，頭顱至頸子部位都空無頭皮。」希羅多德說這是對敵人展開的報復行為，但他也說過，至少一個斯基泰族群會殺害並吃下族裡老人，也就是瑪薩蓋特人，所以剝除頭皮也可能是對自己人做的事。男性戴著附有耳罩的皮帽，女性戴著九十公分高的頭飾，甚至高過伊塞克黃金人的頭飾。

遺體抹上香膏，這又讓人想起希羅多德形容他們遭到開腸破肚、填滿香草一事。魯金科描述肚皮、四肢和臀部看得見好幾道割痕，目的是移除內臟和肌肉，接著遺體再以筋肌（男性）和黑馬鬃（女性）縫合。「為了保存女性頸部和胸部的自然曲線，他們塞入馬鬃墊。」然後以大頭錘和鑿子切開骨板，打開頭顱，移除腦漿，空心頭顱裡填

入土壤、松針和落葉松果實，「再將骨板放回原本位置，以繞捲的黑馬鬃線固定並縫合皮膚。」

眾多遺留下來的製品中，包括馬具、皮革裁縫裝飾、壁氈、地毯、馬鞍座氈，而最令人大吃一驚的就是製作精美的四輪馬車。重新組回四顆輪子後，他們發現每顆輪子都是一·六公尺寬，具有三十四個精緻輪輻。這座馬車具有可供四匹馬拉行的設計，那四匹馬則埋在不遠處，每一匹都戴著動物面具，彷彿到了來世牠們可以自然而然變成鹿、野山羊、獅身鷹首獸似的。在顛簸陡峭的山谷裡，四輪馬車毫無用武之地，顯然馬車不屬於斯基泰人。其中一個解釋是，馬車主人是一名來自中國的新娘，馬車是用來陪葬的，帶她前往來世。埋在同一座墳墓的絲製品可以支持這個論點。西元前二二一年，秦始皇統一中國後曾實施宗室通婚政策，將公主送給「野蠻人」首領當山寨夫人，利用這點穩定和平關係，順便散播中國文明的優點，若所言不假，那這座馬車就是該傳統的首要證據。

另一個驚喜是埋在這裡的某些人有紋身。有個男子被認為是紋身首領，他的雙臂一路紋上了動物和動物部位——馬、鳥禽、蛇、公羊、鹿、某種帶著羽翼的野獸腿部、尾巴和軀體，一條魚則占滿他的小腿肚，另有四頭山羊包圍著魚。他的心臟上方有一隻尾巴捲曲的獅子（或獅身鷹首獸）。這些絕美的圖騰設計可能是用煤灰和針一點一點刺上的。魯金科記錄道，這些很可能是在該男性年輕力壯時刺上的，而他過世時已年邁發福：「我們現在看到的是一個肥胖男人，已經長出肥厚的脂肪組織。」

他身旁躺著一個年約四十的女性。二〇〇三年的紅外線分析顯示

她也有紋身：一個肩頭刺有旋繞型態的雄鹿，另一個肩頭則是一頭肢體扭曲的山綿羊。另一個墓塚裡（五號墓塚），一個年約五十的女性和一名五十五歲的男性也有紋身，圖案布滿女性的胳膊和雙手，設計精美的兩頭老虎和一頭渾身斑點的雪豹，正在攻擊兩頭有著碩大鹿角的鹿。

這些都為最戲劇化的巴澤雷克發現提供了理解背景，讓我們以煥然一新的觀點來探討亞馬遜人。到頭來，女戰士的真相，甚至是戰士公主，只說對了一半。我們追蹤的重點不應該是武器，而是紋身。

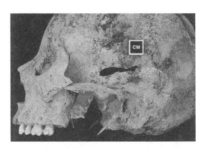

阿邁爾格利發現的女性頭骨上，可從劍傷看出死因為暴力所致。

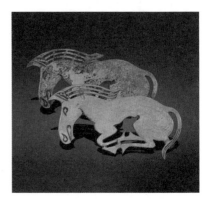

阿爾贊二號的女性頭飾上發現的鍍金馬。

第五章
冰封少女

　　南方兩百公里處，更顯巍峨、乾燥、嚴峻的烏卡克高原幾乎挨著中國邊境，我們繼續向前攀爬五百公尺，踩踏著猶如波濤海浪的低矮青草，朝那蜿蜒曲折的小溪、零星散布的湖水前進。陡立雪山從四面八方封鎖地平線，舉目不見一棵樹木。這裡美得教人屏息，然而風起雲布，時而火傘高張，卻也嚴峻難耐；到了冬季更是一片酷寒。這裡是文明世界的天涯海角，但兩千五百年前，這塊土地卻深受巴澤雷克文化的斯基泰半遊牧民族愛戴。夏季牧草地肥沃豐美，即使到了冬季也很豐沛，因為刺骨寒風吹散了本就不多的冬雪。

　　一九九〇年，新西伯利亞考古學暨民族誌研究院的俄羅斯考古學家娜塔莉亞‧普羅斯馬克（Natalia Polosmak）開始研究高原墓塚。就行政和政治層面來看，這段時期特別有意思。當時蘇聯勢力漸趨式微，當地民族主義抬頭，逐漸邁向三年後的阿爾泰共和國，成為獨立自主卻極為敏感的新俄羅斯國家（雷同於他們的鄰居圖瓦）。阿爾泰的自主和敏感對接下來的發展相當關鍵。

　　第一季的挖掘成果亮眼，一座冰封墳塚掘出兩具遺體，一個四十歲男性和一名十六歲少女，兩人都是配有戰斧刀弓的戰士。女孩高䠷體壯，肌肉發達，很可能是這名男性的劍僮，也可能本身就是亞馬遜人。之後兩季並無石破天驚的斬獲，接著在一九九三年五月晚春結束之際，普羅斯馬克和她的團隊駕著卡車來到俄羅斯邊界的鐵網柵欄，就在墓塚不遠處。再往前走就是八公里的無人地帶，緊臨著中國邊

境。深夜，冰寒未退，但春陽暖和了湖水，雪花蓮和高山火絨草點綴著青草。隨著夏季來臨，紫菀、仙客來、雛菊和紫嬌花齊步綻放。

這組六人團隊共花了兩週才撬開石罩和土壤，表面凹槽顯示這座墓塚曾經遭盜，但較晚埋藏的墓葬，也就是較靠近地表的男性墳墓，已讓盜墓者心滿意足；原始墓地埋得更深層，落葉松棺蓋結凍，原封不動，未遭洗劫。裡頭冰霜完整無損，團隊拿水桶到附近的湖裡打水，煮沸後再澆上熱氣騰騰的水，慢慢融化冰塊，與魯金科近五十年前在巴澤雷克採用的招式如出一轍。融化雪水間隱約露出陪葬品的一小角：挽具、馬鞍的局部、整桌來不及腐敗便已結凍的肥美羊肉餐——經過兩千年的歲月洗禮，這桌美食開始在春季暖陽下散發惡臭。六匹馬現形，額頭上明顯有劊子手穿出的洞孔；牠們的最後一餐在肚裡仍未消化，死期和墓葬同時在春天發生。

最後，弧形落葉松棺木表面的冰霜逐漸融化，但撬開棺木要保留到特殊場合——在學院院長、《國家地理》雜誌記者和攝影師、某比利時電視公司的面前。

翌日是開棺日。撬起四根十五公分長的青銅釘後，他們掀起棺蓋，除了露出更多土壤、混濁不透明的冰以外，什麼也看不見。這是好現象，代表無論裡面裝的是什麼，都保持原始狀態。光是融冰就用了數日，當時正值七月，火傘高張，每天上午團隊隊員都得澆上好幾桶熱水，以及用手推車裝運好幾桶融化的雪水。蚊蟲肆虐，六匹死馬臭氣沖天，普羅斯馬克就快耐心盡失，裡頭到底是什麼——是骨骸、遺體、或是木乃伊？

七月十九日星期一，冰層裡隱約透出一塊頜骨，然後露出紫貂

皮。普羅斯馬克揭開貂皮，沒瞥見骨頭，反而看見肉體，是一片肩膀和「英姿煥發的青藍色獅身鷹首獸紋身」。在冰霜裡慢慢現形的是一具保存良好的木乃伊，皮膚多半毫髮無傷，腦漿遭到移除，肌肉也被刮除，身體其餘部位則塗抹上混合香草、青草和羊毛製成的香膏。次日，一頂長達整具棺木三分之一的頭飾亮相。那一刻普羅斯馬克才恍然大悟，這是具女性遺體，後來冠名冰封少女，或烏卡克公主，普羅斯馬克單純稱她為「少女德瓦奇卡[1]」。

紫貂皮一點一滴透出，最後顯露了一件袍子：

袍子修長飄逸，還有一條白色與栗色橫紋裝飾的羊毛裙，一件黃色絲質上衣，很可能是中國製品……夫人的膝蓋彎折處擺放著一只紅布盒，裡頭裝著一面金屬拋光的手拿小鏡，鏡子的木製背部雕有一頭鹿。她的手腕纏繞著珠飾，手腕和拇指上亦有紋身裝飾。她很高，約一六七公分，無疑是騎馬高手，墓地裡的馬都是她的。在我們開挖同時，包裹著夫人四肢的布料逐漸甦醒，軟化了她的大腿輪廓、鼓起的臀形。在那一瞬間，遺骸變回一個人，她斜躺在那兒，猶如睡得香甜的孩子，貴族般修長健美的雙手交疊於胸前。

媒體的旋風式報導奇蹟般奏效了，剎那間冰封少女成為狂熱民族主義的源頭和焦點。阿爾泰政府聲明烏卡克是他們的保護特區，

---

[1] 部分故事細節摘自挖掘工作結束不久後刊登的《國家地理》雜誌文章，雖然文章掛名普羅斯馬克本人，但她的英語能力有限，這篇文章明顯是《國家地理》雜誌編輯撰寫。英語是較受歡迎的讀者語言，但英語時常渲染情感，尤其是美國雜誌。這篇文章中，普羅斯馬克平易近人的少女德瓦奇卡，變成了德高望重的「夫人」。

一九九八年，烏卡克被納入世界文化遺產。冰封少女被飛機運至新西伯利亞，執行更深入的調查和保存作業，她在世界各地遠近馳名，先後被帶去日本和韓國，接著才送回新西伯利亞。阿爾泰人得知後發出反彈聲浪，雖然他們是嶄新崛起的共和國，卻已擁有悠久歷史，他國必須尊重——冰封少女就是一個完美象徵。首都戈爾諾─阿爾泰斯克（Gorno Altaisk）的阿爾泰博物館主任莉瑪‧艾爾基諾娃（Rimma Erkinova）說：「本地人的觀點是，烏卡克公主象徵著歷史最悠久的女性祖先，也是阿爾泰人的古代守護者。」無論如何都不該將她從土裡掘出，在薩滿巫師仍具有影響力的阿爾泰，普遍認為活人不該打擾亡者，否則祂們可能會奪取活人靈魂。「她遭受無禮對待，」艾爾基諾娃繼續道，講得彷彿普羅斯馬克殘忍折磨冰封少女，「尤其被迫離開自己的出生地，即使在今日，一想到還是令人錐心刺痛。」

新西伯利亞的俄羅斯學界代表著理性與科學聲音，對此說法他們的回應是：胡說八道。冰封少女和現代阿爾泰人之間並無基因關係，不管她的斯基泰子民是哪個宗族，都早在兩千年前遷徙至西方，就好比曼哈頓印地安人不是現代紐約人的祖先，斯基泰人也不是現代阿爾泰人的祖先。

阿爾泰人聽不進這套說法。她在阿爾泰的聖土出生，當然是阿爾泰人，遺傳學和歷史與這件事八竿子打不著關係。

二〇〇三年九月，阿爾泰發生一連串地震。當地人立刻下定論：他們的祖國阿爾泰震怒了。平民百姓紛紛發起請願與訴求，把地震怪罪於十年前冰封少女的挖掘作業，並要求把她運回。二〇〇四年二月，最嚴重災區的領袖心繫選票，於是動筆寫了封公開信給阿爾泰政

府。他說，沒有冰封少女的話：

國土無法恢復平靜。地震日漸增強，國人認為事發起因是烏卡克高原的考古挖掘。烏卡克高原是突厥人的聖地，逕自移走公主和王子遺體便是導致地震的主因（王子就是後來葬在冰封少女上方的那具遺體）……公主與王子遺體的後續保存，甚至是藉由展示他們裸露遺體而獲利，皆有違人類價值。這不是迷信，也不是一時興起的念頭，而是幾世紀傳承下來的古老智慧。

新西伯利亞數度提出科學事實佐證，卻徒勞無功。戈爾諾—阿爾泰斯克博物館於二〇一二年八月備齊設備後，便將冰封少女送回祖

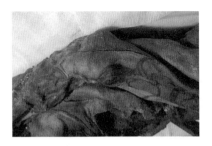

阿爾泰的冰封少女，或稱烏卡克公主，皮膚上的紋身。

展現紋身位置和動物風格主題紋身的圖畫。

國，如今的她就在冷氣房裡安息。

冰封少女可能永遠遺世獨立。儘管幾乎可以確定地說，永凍土層裡還有其他類似冰封少女的寶藏；又儘管科學家抗議不開放挖掘等於剝奪世界獲得重要知識，烏卡克依舊堅稱不再讓考古學家進駐。

即使如此，他們還是交出不少成績，更多有關冰封少女的知識出土了。

冰封少女是個謎樣女子，年約二十五，其他女性都與男性同葬，唯獨她是獨葬，這是出於何因？顯然她的身分特殊。為什麼？她是女祭司、降落凡間的女神、子民的代表人物嗎？她是怎麼死的？死因為何？毫無線索。可以確定的是：她不是戰士，因為沒有與武器同葬，至於她的身分，從飄逸衣袍和紋身可見一斑，後面我們還會提及另一個有關冰封少女的驚喜。

第一，她的紋身。當普羅斯馬克揭開覆蓋少女左肩的衣料時，瞥見的「獅身鷹首獸」是形象扭曲的神獸：那是一頭尾部呈現斯基泰歪曲動物風格的鹿，有著獅身鷹首獸的喙，還有鹿角從不知是獸頭還是花朵的圖案竄出，這個圖案在這隻動物背部反覆出現。沿著她的手臂往下移動，會看見一頭有著長尾和頭的雪豹，正在攻擊或吞噬一隻身軀兩端皆有腿的綿羊。

紋身猶如其他的民族誌謎團一樣詭異，教人困惑卻又美麗：例如納斯卡沙漠的壯觀描線，與牛津郡奧芬頓白馬圖的優雅白堊溝渠。難道是獵人與獵物這兩個相互衝突的世界，藉由大自然串連起來？或這只是一種表明身分和世系的方式？無論具有何種意義，圖樣都只是紋上身體的藝術形式，而且肯定經過好幾世紀的改良。圖像會說話，只

是用我們無法理解的語言傾訴罷了。

普羅斯馬克推測：「紋身是一種表明個人身分的方式，你可以把紋身想成是現代人的護照。巴澤雷克人也相信紋身在來世會有幫助，讓同一個家族和文化的人到了來世更容易覓得彼此。」她猜測，紋身可用來「定義一個人在社會和世界上的地位，身上的紋身越多，代表這個人活得越長久，地位也越崇高」。這或許能夠解釋為何魯金科的年邁族長身上有這麼多紋身。「這位年輕姑娘，我們的公主只有兩隻手臂有紋身，說明了她的年齡與地位。」

她很重視自己的外貌。擺在左臀邊的袋子不只放了面鏡子，還是個化妝包，包括一把馬鬃粉撲，還有一小截藍鐵礦製的「眼線筆」——這是一種可為膚色增添藍綠光澤的鐵磷酸鹽；另外還有某種顯然用來塗在臉部的藍鐵礦粉末。

後來他們發現，她的服裝比乍看之下還要精緻。裙子搭配三條橫槓，每條都是一一手繪上去的。最上面那條槓是緋紅色，中間那條是粉中帶黃的色彩，第三條則是濃郁的酒紅色。裙子附有一條羊毛編織腰帶，可以繫在腰間，也可以往上調整，固定在胸部下緣附近，以此改變裙長。裙子外面還搭了一件幾乎及膝的輕薄圓領長衫，以紅色蕾絲和鑲邊綴飾。長衫材質為絲質，類似現代中國新疆省綠洲墓葬發現的風格，不過絲綢來自更遙遠的國度，很可能是阿薩姆。

「巴澤雷克服飾運用的是山間民族想不到的布料材質。」普羅斯馬克說。這種布料很不便利，容易磨損，需要經常縫補。這些人為了時尚和身分地位，竟能容忍這種不便，只因為這是舶來品。從哪裡進口？染料已經道出解答。緋紅色染料是從狀似小型犰狳的多鱗小昆

蟲「紅蚧」身上取得，這種昆蟲僅能靠飲用地中海一帶的橡樹樹液維生。酒紅色染料是用染色茜草茜素製成的玫瑰紅，染色茜草是一種歐洲原生的小黃花叢。普羅斯馬克也想到了來自中國的絲綢和青銅鏡，於是指出少女烏卡克公主即是當代橋梁，牽繫起古代世界的偉人遙遠文化。

最後一個驚喜，是他們在普羅斯馬克的新西伯利亞實驗室裡近距離檢驗才察覺到的細節。烏卡克公主的頭髮剃光，已是光頭，所以說那頂頭髮並非真髮，而是用兩層女性頭髮織入毛氈底下的假髮，再將鋪上金箔的木頭鹿別在前髮。假髮頂端架著一塊六十八·五公分的尖毛氈頭飾，有一塊木製梳棉當作核心支撐，頭飾上面有十五隻皮革製的鳥，猶如漸層般越縮越小。對鑽研其他斯基泰墓地動物風格藝術的考古學家而言，這個設計圖樣很熟悉，這就是他們所謂的生命之樹——即薩滿教的健康與地位象徵，在伊塞克的黃金男／女身上也能見到。

隨著新研究透露，冰封少女越來越像女祭司，純潔而簡單，除了她擁有的力量以外，絲毫不具亞馬遜女戰士的形象。我們無法推敲她的真實身分，但她是最接近亞馬遜女王的角色，從當時人們為她墓葬所下的功夫便可略知一二，她的死對整個社群來說肯定是場悲劇，喪失這個象徵他們生命的人，猶如一塊遭到撕裂的布，他們的生活也裂成碎片。

當世界一端正在建蓋冰封少女葬墓時，斯基泰人已前進世界另一端的西方。西元前六一二年，他們攻打亞述帝國，侵略波斯。舊約聖經裡的先知耶利米擔心最可怕的事迫在眉睫：「瞧那來自北方的

人……他們手握弓矛，冷血殘酷，從不手下留情：他們的聲音猶如大海咆哮，騎馬降臨。」（耶利米書 50: 41-2）遷徙也是因為受東方鄰國脅迫，也就是饒勇善戰的薩爾馬提亞人，而他們更有可能是原始亞馬遜族的起源。

新發現猶如浪濤般湧現。冰封少女出土的十三年後，東南方一百公里處，有一群西班牙、法國、蒙古考古學家組成的八人團隊，來到另一群巴澤雷克墳墓開挖。兩千五百年前，這兩個遺址屬於同一個世界，騎士經常在這兩地間定期來回，但現在卻分屬兩個不同國度——俄羅斯和蒙古。當地沒有道路建設，唯一路徑分岔成兩個不同方向，一條往北跨入阿爾泰和西伯利亞；另一條往東，攀越一百一十二公里的山巒、牧草地、河川、湖泊，來到巴彥烏列蓋省，即使從當地首府出發，也得搭乘數個鐘頭的飛機，方可抵達烏蘭巴托。該遺址是蒙古境內第一個斯基泰墓葬，座落於小河圖爾根河畔，該地地名也是以該河川命名。小圖爾根河的蒙古語是 *Baga Turgen Gol*，因此考古學家簡稱 BTG。

BTG 對考古學家很重要，因為這是西班牙考古學家夏維耶・喬丹那（Xavier Jordana）和團隊在二〇〇七年夏季發現的大規模墓葬地帶一部分。挖掘作業十分艱辛，他們必須坐在貨車及烏克蘭 UAZ 四驅錦標賽等級的越野車裡，上山下海，顛簸半日。這些越野車就是蒙古鄉間的勞役馬。考古團隊在墓地旁搭起帳篷及蒙古包（蒙古語是 *ger*），那裡共有十四座墳塚、排成圓圈的石頭、雕刻粗糙的小型雕像，以及猶如碎裂牙齒般佇立的石板，清冽的圖爾根河則是泉水兼廁

浴。到了他們四周，零散矗立的冷杉全變成了野草茂盛或鋪有灰岩屑堆的山陵，山頭則依舊白雪斑斑。在這種環境下，你只能祈禱自己千萬別生病。但他們並不孤單：臉龐被嚴峻氣候磨得發亮、頭戴無邊帽的當地哈薩克人，會騎馬過來與他們分享馬奶酒及熟羊肉，並且看守他們。

喬丹那和隊友從 BTG 和其他三處墓葬遺址挖出十九具人骨遺骸：十六具成人，三具小孩。遺骨的基因分析教人詫異。幾個世紀以來，峰峰相連的阿爾泰山脈一直是兩個種族的天然邊界，西邊住著斯基泰人，東邊則是突厥蒙古人，卻在西元前五世紀左右出現變化。這群人的祖先不再是同一個人種：而是東西方的混血，到了西元前二世紀，東方人逐漸取代西方人。

再回來聚焦 BTG 遺址。兩個月後岩石遭到移除，露出四座墳墓和十三具骨骸：兩個孩子，十一個成年人，其中兩名成年人為女性，也就是人稱的亞馬遜人，畢竟她們擅長馬術與弓箭，其他七名為男性，最後兩名性別不詳。每個成人都配有一匹馬、幾小塊黃金、箭頭、戰斧、匕首。

這裡曾發生慘絕人寰的悲劇。該團隊刊登在《考古科學期刊》（*Journal of Archaeological Science*）的論文鉅細靡遺記錄下臨床細節：

男性，三十五至四十五歲，尖銳物品正面切入頭骨，有多處與剝除頭皮相符的短割痕；男性，四十至五十歲，頭骨骨骼缺陷的形狀符合斯基泰箭頭的橫切面；女性，二十五至三十歲，右胸廓出現兩道 V 形切痕，切痕形狀符合斯基泰匕首；孩童，年約八至九歲，第一薦椎

左前側有十五毫米的歪斜銳器穿刺傷；另兩人的骨盆傷顯示致命的血容積過少性休克，傷口與斯基泰匕首吻合。整體來說有大量急性創傷：六個人承受的十二處傷口極可能是瞬間的極度暴力所致……傷口分布的模式隨機，（意指）衝突是與保護公共財產有關，抑或突襲，或者出其不意的進攻。

這些人或許是死於不同年分，不過傷口、「近成年的青少年」、年輕女性，在在指出這是某單一事件。或許某個家庭，或小型宗族，帶著他們的綿羊和馬來到這個適合夏天的放牧地點。就算是女性和她的九歲兒子，都絕對有照顧好自己的能力，他們沒料到會遭遇麻煩，親戚也在不遠處。他們可能曾經樹敵，或許是對方覬覦他們的動物，抑或這名女性的青年女兒拒絕了某位追求者。剎那間，底下山谷冒出幾匹馬，他們還來不及躍上馬背，整群人便在空曠草地被逮個正著。一支箭先射中一人，接著劍和戰斧紛紛朝他們的頭部襲擊而去，男孩背部遭砍，青少女被捉，拋上那位追求者的馬背上。幾分鐘不到，進攻者已帶著他們的動物揚長而去，留下零落四散的屍首和武器。

幾天後，宗族其他成員發現他們時已經死去，於是收拾殘骸，掘了一座淺墓，在遺體上擺放幾樣珍貴物品，再翻土掩蓋，以石塊鬆散地搭成圓頂，封好墳墓。兩千五百年後，夏維耶團隊挖出他們，娓娓道出他們的故事。

第六章

薩爾馬提亞人：傳奇根源

　　若要找到希羅多德描述的亞馬遜人，就不能侷限於斯基泰人。希羅多德的斯基泰線人說，亞馬遜人和斯基泰人通婚，組成一個全新部族——邵羅馬特亞人。他用斯基泰語稱呼他們「歐俄洛巴達」（Oeoropata），並說這個名詞在斯基泰語有「男性殺手」的意思。或許吧：由於沒有關於斯基泰語的記載，我們無從查證。

　　總而言之，斯基泰人大有畏懼邵羅馬特亞人的理由，因為他們是東方新崛起的威脅。他們的名字略微令人困惑，西元一世紀的作者稱他們為薩爾馬提亞人，俄羅斯考古學家曾提出爭議，探討薩爾馬提亞人和邵羅馬特亞人是否屬於不同族群。現代普遍觀點認為這兩個名字指的是同一人種。有些古典作家指出，「邵羅馬特亞」源自於 sauros，意思是蜥蜴，和恐龍（dinosaur）的字根相同（恐龍的意思是「雷霆蜥蜴」），這是因為邵羅馬特亞人穿戴角蹄製成、狀似鱗片的盔甲。但多數學者嗤之以鼻，認為這只是俗民的詞源解釋。到了今天，這兩個專有名詞考古學家都會使用：邵羅馬特亞人用來指較早期的人（西元前六至前五世紀），薩爾馬提亞人則是後期的人（西元前五世紀直至西元二世紀）。我們就別管學術用語，一概統稱薩爾馬提亞人比較簡單。

　　薩爾馬提亞人的歷史最早可追溯回西元前七○○年左右，他們是居住於裏海東部的小族群，就位在綿延至阿姆河的稀疏草原[1]。這裡即是現代的哈薩克，擁有稀奇古怪的地形和半沙漠，當時氣候雖然較

溫和，卻沒有溫和到讓薩爾馬提亞人留下來。兩百年後，他們遷徙至頓河和伏爾加河之間的草原，與斯基泰人為鄰。亞馬遜人只是神話人物，不可能和斯基泰人通婚，但薩爾馬提亞人可以。在希羅多德歷歷如繪的慣常風格與文字描述之下，薩爾馬提亞人在當時人們眼裡還不具危險性，甚至完全相反。

西元前六世紀後期，大流士率領波斯帝國朝斯基泰進攻、擴張版圖，斯基泰國王伊丹圖蘇斯（Idanthyrsus）央求薩爾馬提亞人和其他部族幫忙對抗波斯人。「我們乞求你們切莫在這場戰爭保持中立，」外交使者說，「這場侵略雖然針對我們，同時也瞄準你們，等到我們被納入他們的版圖，波斯人絕不會心滿意足地放你們毫髮無傷。」大多數部族拒絕加入，並對斯基泰人撂下狠話：也不想想當初是誰挑釁波斯人。然而薩爾馬提亞人和其他兩族卻願意挺身相助。

在斯基泰人斯帕克西司（Scopasis）的麾下，斯基泰人與薩爾馬提亞人開始和大流士玩起貓捉老鼠。他們先送走牧群和滿載婦孺的馬車，接著搶在波斯人前面，走同一條路線撤退，並沿途焚燒焦土，引領波斯軍隊一步步深入貧瘠地帶。聯軍跨過頓河，亦即斯基泰的東部

---

1 雖然備受爭議，但柯里斯托夫‧鮑默爾（Christoph Baumer）在著作《中亞史》（*History of Central Asia*）第一冊中放了一張圖片，圖片裡的雕像身著薩爾馬提亞風格的 *akinates*（劍與盾），佇立在探入裏海的曼格斯拉克半島。

邊界，波斯人也跟上腳步，通過薩爾馬提亞人的領地，穿越遼闊歐亞乾草原的東北方，邁進布迪尼人（Budini）草木繁盛的地帶，最後到達伏爾加河。大流士本來以為最後會與他們正面交鋒，於是築起八座大型堡壘。就在此刻，斯基泰人和薩爾馬提亞人騎馬狂奔進入這片荒蕪空地，當波斯人開始猛烈追逐，他們就兜回自己的領土。

同樣狀況延續數週，大流士認為實在太過分，於是捎信給伊丹圖蘇斯：「怪人，你究竟為何一直逃跑？……你應該親手將水土贈予國王，表示你的忠心臣服，並且前來會談。」

「波斯人，」斯基泰國王回信：

我這一生從不曾逃跑……我目前的所作所為都很正常：這就是我一直以來的生活方式，太平盛世亦然。若你想知道我為何不打仗，讓我告訴你：失去或眼見自己的城鎮農田遭受掠奪的恐懼，確實可能燃起我們的鬥志，可惜的是我們國家沒有城鎮或田地……至於你自稱吾王，我只有一個簡單的答覆——受死吧！

就在這時，斯基泰人和薩爾馬提亞人改變戰術，包抄襲擊波斯人，用小批牛群誘拐他們踏進陷阱。就在兩軍準備開戰時，一隻野兔跳躍至他們之間，這就是壓垮駱駝的最後一根稻草。斯基泰騎兵在那一刻開始追捕野兔，彷彿波斯軍隊讓他們索然無趣，驚愕的大流士深感挫敗。「這群人還真沒把我們當一回事，」他說，「該是時候思考要怎麼離開這個國家了。」他真的離開了，帶著毫髮無傷的軍隊無功而返。

那時薩爾馬提亞人已經開枝散葉，擴大為二十幾支部族，實行架構鬆散的聯邦統治，一如先前的斯基泰人。希臘人是間接認識他們的，而我們則是從他們遺留的證據直接瞭解。

真奈恩・戴維斯—坎伯爾對薩爾馬提亞人留下的證據瞭解頗深。一九九二至一九九六年，蘇聯瓦解後不久，身為隊長之一的她率領十五人團隊顛簸三日，挺進距離莫斯科一千公里的哈薩克邊境，最後終於抵達塵土飛揚、僅有一條泥土路的村莊，波克洛夫卡（Pokrovka）外圍，展開薩爾馬提亞墳塚的開挖作業。此行同事包括俄羅斯科學院（Russian Academy of Sciences）的傑出考古學家，雷尼德・葉伯隆斯基（Leonid Yablonsky）。她生動敘述開挖過程，鮮明描繪他們是怎麼經歷炙熱高溫、漫天塵土、陰雨綿綿、不辭日夜的辛勞、吹毛求疵的專業，最終發現「一籮筐骨骸和古代製品，而這些物件足以顛覆人們對古代遊牧社會女性地位的既定觀點」。一如她的著作名稱《女戰士》，她們很可能就是被古希臘人當作亞馬遜人的女性，前提是希臘人真的遇過她們。雖然毫無根據，但他們確實有一絲見過亞馬遜人的可能，因為西元前三二〇年，最遙遠的亞歷山大大帝版圖往北三百公里，就是波克洛夫卡，而波克洛夫卡也在他傳承延續兩個世紀之久的希臘殖民地範圍內。

俄羅斯考古學家暗示，薩爾馬提亞社會不符合人們對草原遊牧民族的傳統觀點，他們不僅是殘暴掠奪者，身分甚至更錯綜複雜，而女性扮演的角色相當重要。這些發現則賦予戴維斯—坎伯爾、葉伯隆斯基及他們率領的美俄志工一個發掘真相的機會。葉伯隆斯基體型矮

壯，蓄著灰白交雜的濃密鬍子，他曾在偏遠地帶和嚴峻環境裡進行為期數年的開挖、除塵、升吊、分類工作；戴維斯—坎伯爾正需要像他這樣的同僚。

經過四年的挖掘，覆蓋著沙土、飽經腐蝕和犁掘的波克洛夫卡墓塚，最後動用一部鏟土機打開。志工挖掘坑洞，露出人骨，再使用勺子、刀刷小心翼翼清理。這裡雖然不是保護肉體不受腐敗的永凍土山谷，但人骨在鹼土裡倒是保存良好，挖出的遺骨體格健美，男性平均身高近一七八公分，女性平均一六五公分。

土壤並未對黃金造成影響，對銀製和青銅物件的影響亦不大。覆著一層金箔的青銅線耳環狀態如新，雖然鐵製箭頭、匕首、劍和盔甲都受到嚴重腐蝕，但其他珍貴物品保留完好：化石貝殼、寶石、珊瑚、琥珀、全都是身分地位的象徵。戴維斯—坎伯爾稱作祭壇的石頭和黏土盤碟，很可能是女祭司用來研磨有色礦石、製作身體顏料的工具，到了來世也跟武器、服飾和珠寶一樣大有作用。其他發現則包括三百塊黃金小圓盤，以及一條表面塗覆著金箔和動物風格飾片的腰帶。

在這些發現中，女性的重要性絲毫不輸男性，甚至超越男性：百分之七十二的上流階級中央墓穴都是女性，男性幾乎全是戰士，這一點從他們的箭頭、劍和匕首可見一斑，但女性物件範圍更廣，有家用品、藝術品、化妝品和武器。依此看來，薩爾馬提亞男性專門從武，女性則身兼數職。

她們對珠飾情有獨鍾，都是縫上布料、猶如種籽般迷你、中央鑽有孔洞的圓盤。衣服早已腐化，唯獨珠飾留存下來。珠飾是薩爾馬提亞遍布廣闊的證據：並非他們的製品，而是由玻璃、紅玉髓、土耳其

玉製成，如果不是來自中國就是伊朗，甚至更遙遠的西方，例如化石樹液製成的琥珀珠飾來自波羅的海。歐亞大陸兩端的珠飾製者皆是專家，他們研磨小型石柱或玻璃柱，切割成圓盤般的薄片，再使用青銅小鑽頭穿出小孔。

有些製造者擁有紡輪，也就是具有孔洞的小型石塊，把羊毛線纏繞在紡錘上扭成股。（一旦開始運轉，紡輪就會拉轉織布用的紗線。幾乎所有懂得將材料織成毛線的文化，都發明出屬於自己的紡輪。）很明顯，紡輪象徵著女性的紡織和編織技能，想要製造能保暖過冬的衣服，這種技能可是相當必要，畢竟在零下四十度的低溫，身體只需暴露幾分鐘便會生出凍瘡。和男性一樣，女性用自己獨有的方式掌握人們的生死大權。

奇特的是，有些女性擁有白堊製成的「假紡輪」，這種紡輪過於脆弱，不好使用，假紡輪的存在教人摸不著頭緒，以下是一種可能解釋：假紡輪讓人想到西安附近秦始皇兵馬俑的石甲冑，由於過重且脆弱，石甲冑不堪一般使用，但用在具有捍衛象徵意義的兵馬俑上卻恰到好處[2]。或許假紡輪象徵的是一種靈性力量，意思就好比基督教牧師手持的聖餐杯。

---

2 稍微解釋一下石甲冑，光是幾十套石甲冑就得用到十萬片石灰岩塊。而在戰場上石甲冑猶如陶瓷，弱不禁風，那麼石甲冑的作用到底為何？秦始皇想把最好的東西都給他的陰間軍隊，冥界戰爭結束後，他們需要換上新甲冑。皮革撐不久，石灰岩卻能永世不摧。經過採石、搬運、雕刻的石灰岩製石甲冑，其散播的一種想法就是，即使到了來世，石頭仍可提供保護。（詳情請見我的著作《赤陶軍》〔Terracotta Army〕第十三章）。

一九九四年，某個熾熱難耐的七月天，戴維斯—坎伯爾正在觀看一名俄羅斯同僚清理人骨，人骨擱在地下墓穴，而墓穴屋頂不足一公尺高。人骨不大，胸前擺了一件綠色物品，右腿邊有一把鐵製匕首，一把應該是青銅箭頭的綠色物品擱在左腿邊。「看來很可能是女性遺骸。」她對一位美國同事說。經過幾番清理後，葉伯隆斯基升吊起人骨，細細打量它的骨盤。「是年輕女性，」他說，「大概十三、十四歲。」

後來才發現這女孩的地位崇高。她的頸子周遭掛著一個護身符，也就是上述的綠色物品，應是從青銅箭頭取下，附近還有四十個箭頭及一個箭袋。她腳邊有另一只護身符，是碩大的野豬獠牙，可能本來掛在腰際，象徵她的狩獵技能。周圍有兩個牡蠣殼和一塊形狀如杯的粉色石，裡頭裝有乾燥膏狀物，或許是她用於身體或服飾的顏料。牡蠣殼、石頭和膏狀物可能是今生與來世的宗教儀式用品。看來她既是戰士，也是女祭司，或者死前仍在接受這兩種專業訓練，年代大約落在西元前三○○年。

其他女性骨骸周圍也發現類似物品。挖出武器的四十座墓裡有七座屬於女性，配有箭袋、青銅箭頭、匕首、劍，其中一名女性擁有長達一公尺的劍。有幾個人呈雙腿彎曲姿勢埋葬，彷彿預備騎馬進入來世。幾乎每一位都很年輕，意味著她們從青少年時期就接受特訓，並以戰士身分參戰，但結婚生子後便卸下戰士職務。雖然木製弓箭早已不復在，箭頭也不失為很好的證據，證明這群女孩都是騎射高手，高超技巧不輸給男性（關於這點，下一章會詳述）。一般來說，男性較為強壯，都是劍客，但也許上述這位配有劍的女孩亦展現出罕見的精

湛技能與力氣。他們努力保護牲畜與家人，不受野狼和人類掠奪者的傷害。至於這群青少年是怎麼過世的，我們毫無線索，畢竟頭骨和四肢並未展現出劍傷或棍棒擊碎的痕跡。

從這個證據判斷，薩爾馬提亞宗教似乎很接近塞克和其他斯基泰風格文化的宗教，牽涉多神、祖先和大自然的敬拜。或許他們和斯基泰人一樣敬拜女神塔比提，將她視為最重要的神祇。無論如何，主要宗教角色幾乎清一色是女性，古希臘人稱她們為亞馬遜女祭司。百分之七的波克洛夫卡女性是祭司，與祭壇、化石貝殼、骨製杓子、動物風格護身符和鏡子同葬。其中幾具遺體是中年和老年人，說明她們的職務是一輩子，並非結了婚就可卸任。將綿羊肩骨烤到爆裂再解讀圖案，為戰爭、結盟和遷移牧草地提供忠告的就是這群女祭司；舉行獻祭，在小祭壇上供應牲品、凝乳、馬奶酒的也是她們。

薩爾馬提亞人遭遇了什麼？無非是遷徙、演進、融合。他們和後來的突厥人類似，也歷經了無數世紀的遷徙。約在西元前三〇〇年，他們稱霸俄羅斯南部，使斯基泰人陷入難以生存的境地；在圖瓦當地，他們則變成了蒙古人，以及中國人所說的匈奴（西元前二世紀至西元二世紀）。

在一場往西的遷徙中，薩爾馬提亞人成了阿蘭人（Alan），他們是勢力遼闊的附屬聯邦國，波斯人稱之為「阿人」。（源自他們的名稱，順帶一提，亞利安人（Aryan）也是從這裡衍生而來，在某些伊朗語言裡，l變成r；所以追根究柢，希特勒景仰的部族不是日耳曼民族。）西元一世紀的羅馬作者曾經提及他們。毒舌派機智詩人大

師馬提爾斯（Martial）編了一篇故事，講述一位名叫凱莉亞的女孩，性好雜交。他平鋪直述地問，怎會有一個羅馬女孩來者不拒，包括「行過割禮的猶太人」和「帶著薩爾馬提亞馬匹的阿蘭人」，卻無法從跟他一樣的「普通羅馬人身上體會到歡愉」。

後來，阿蘭人往南突襲，邁向土耳其東北部。二世紀時，希臘歷史學家兼將軍阿里安（Arrian）曾與他們交戰，他注意到假裝撤退是阿蘭騎兵一貫採用的戰術（兩千年來，包括斯基泰人和蒙古人在內的遊牧民族全使用這招，而且幾乎屢試不爽）。阿里安向他們開出慷慨條件，吸引不少人加入他的騎兵隊。但也有許多騎兵選擇不加入，而是留下來並使用謹慎攻勢夾攻羅馬帝國。在圖拉真大帝於西元一一三年豎立的圓柱上，阿蘭人被描繪成征服對象，後來擊潰阿蘭人的馬可奧里略皇帝甚至自稱「薩爾馬提亞征服者」。薩爾馬提亞人被迫供出八千名士兵給馬可奧里略皇帝，其中五千五百人被派到不列顛島。於是，原本來自蒙古草原的部族後代，最後居然跑到哈德良長城從事防禦工作。

阿蘭人最終成了人種大爆發的一塊碎片，德語 Volkerwanderung 形容的「部族大遷徙」瓦解了羅馬帝國。阿蘭人懂得不迷失自我，在遊牧民族混合的泥漿裡，阿蘭人形同砂礫，儘管廣泛融入大團體，卻始終沒有被他人吸收埋沒，永遠保持他們的堅韌本性。留在高加索的阿蘭人民，最後演化成俄羅斯南部和喬治亞的奧塞提亞人（Ossetian）：這個名詞的前兩個音節，讓人不禁聯想到阿蘭人的波斯稱號：As-，以及蒙古風格的複數型：-ut（因此現代俄羅斯的小飛地北奧塞提亞—阿蘭共和國〔North Ossetia-Alania〕，國名雙倍強

調了他們的字根）。

　　阿蘭帝國邁向終點，人民變成雲遊四海的傭兵，加入羅馬人的陣容，也就是行軍挺進西班牙的哥德人；有人推估加泰隆尼亞（Catalonia）一名是取自哥德和阿蘭這兩個名詞。阿蘭人也和汪達爾人（Vandal）融合，在四二○年隨之進駐北非；此外他們亦與匈人融合。於是別名阿蘭人、被古希臘人視為亞馬遜人的薩爾馬提亞女性，其實最初源自中亞之心。他們協助抵禦及攻打羅馬帝國，最終遭到同化，融入萬花筒般的種族熔爐，並在未來幾個世紀，組成無數個歐洲單一民族國家。

第七章

騎射手的歸來

　　既然我們在斯基泰年輕女性的墓裡發現弓，就表示她們肯定從小接受弓箭訓練，學習該怎麼在馬背上奔馳，同時拉弓射箭，並且適應長距離騎馬，如同今日的蒙古小孩（一年一度約二十五公里的那達慕競技上，孩子個個都是騎師。之所以找小孩來當騎師，是因為他們的體重較成人輕，馬跑得比較快）。

　　弓箭是戰士的表現關鍵。男性較適合用劍和長矛，因為這兩者需要強健肌肉，但騎射講求的終究是技術。當然如果是遠距離射箭，男性臂膀的力道很重要，這就是現代人所說的射遠。利用骨頭和木頭製成的小型反曲弓可以進行遠距離射箭，蒙古第一個文字記錄是一塊石頭，上面記載一二二五年成吉思汗姪兒伊笙吉的射擊過程，描述他的弓是如何射出四百五十公尺，並擊中某個不明目標。但若是需要從奔馳馬背上射殺野狼或逼近敵人，射遠技巧就毫無用武之地。在這種情況下，女射手的技能與男性不分軒輊，兩千年來皆然。

　　然而十四世紀起，火藥將射手轟出了歷史框架。一轉眼，本來定義滿州乃至俄羅斯乾草原的遊牧戰士技能已經失傳，記憶磨滅殆盡。騎射手並未留下教學手冊，他們從歐洲和中亞銷聲匿跡後，沒人曉得該怎麼邊坐在奔馳馬背上，邊從箭袋裡抽出箭，反覆拉弓射擊。沒人嘗試過[1]。

---

1 日本騎射「流鏑馬」雖然得以流傳，卻只是一種儀式，不用於戰役。

直至近代，騎射才以體育運動的形式回來，讓人們重新理解了為何戰士地位如此至高無上。在這項運動中，女性的技巧與男性並駕齊驅，她們和男性一樣都是優秀戰士。

　　這項運動的復甦幾乎全有賴於一名幕後推手：拉約什・卡薩（Lajos Kassai）。我懷疑他是自一二四二年蒙古人撤離後，第一位貨真價實的歐洲騎射手。當初蒙古人是從匈牙利撤離歐洲，因此卡薩是匈牙利人，再合理不過。

　　我之所以會聽說卡薩，是因為每一個知道騎射的人都會提到他的名字。我曾為了研究匈人和他碰面，但我研究的也可能其實是斯基泰人、薩爾馬提亞人或蒙古人。

　　我和口譯員安德莉雅・思哲基迪（Andrea Szegedi）在布達佩斯找到他，當時他正準備在多瑙河畔瑪格麗特島的展示會表演。卡薩身穿一襲簡單遊牧風格裹袍，三名助理在場販售他個人品牌的弓。可以借一步說話嗎？他頷首，連一抹微笑都省略。休息帳篷內，他面無表情，那對炙熱堅定的藍色眼珠卻鎖定我，令我忐忑不安，我試著提出能引起他精采應答的問題，心裡更是七上八下。

　　例如，是什麼點燃他對騎射的興趣？

　　「我內心有個聲音。」他用遲疑不定的英語回覆，熱烈目光緊瞅著我。我重述這道問題，他目光轉向安德莉雅，繼續用匈牙利語回答，

答案同樣唐突。「來自我內心深處，我知道必須去做這件事，就這麼簡單。」

「我聽說很多人逐漸對騎射產生興趣？」

「有從世界各地過來學騎射的人，像是美國、加拿大。」

「為什麼有這麼多人喜歡這項活動？」

「要是我都不能告訴你我為何喜歡騎射，要怎麼回答他們喜歡的理由？」

面對我這種外行人，他耐心盡失，畢竟我提出的問題很沒營養，他又得全神貫注，但不是專注在我身上——他接下來要做的事需要嚴格的身心條件。我猜這就像在溫布頓網球冠軍賽前攔下安迪·莫瑞（Andy Murray），試圖從他嘴裡套出有關網球的深奧答覆吧。再說我還有很多事要忙，要忙著拍照和錄影，根本沒空留意其他事。安德莉雅是醫學院學生：留著一頭俏麗短髮的騎馬高手，身材高䠷，體態猶如良種馬般輕盈，專業到家，幸好她在訪談結束後才和我坦誠卡薩給人的印象。

「沒錯，他給人的印象或許可怕，不過他的情緒瞬息萬變，笑起來好看極了，而且他很幽默，會罵髒話，例如他會說我們也愛講的『夭壽讚』。但有時他看人的模樣……」她正在一條筆直平坦的道路開車，通過匈牙利大草原，思緒卻不在草原上。「匈牙利語有個形容詞，描述某人看你的模樣，似乎可看穿你的骨頭。就是這種感受，他能看穿我的骨頭，光是凝視我的雙眼，他就知道了。」她頓了下，「很厲害，真的。」

我在卡薩的地盤和他相會，多聊了一會兒，認真觀察後才理解她

的意思。騎射是他的畢生志業，他在個人著作《騎射術》（*Horseback Archery*）裡如此解釋。即便如此，書本也只解說了一半的故事，另外一半顯現在他的行動、他的教學，以及其他人對他的支持裡。

他的人生完美符合了受命運召喚的說法。卡薩就像一名僧侶，受到感召後採取行動，並且完成他的目標。但和僧侶不同的是，他不是透過教學、組織，或碩士學位找到方向、達成目標。儘管這些他無一缺乏，但都是用了二十多年發明開創的成果。

卡薩在集體農夫、城市居民、工廠員工的世界長大。為了逃避共產主義的單調乏味，小卡薩躲進自己的想像世界。一本講述匈人的小說──迦多尼（Geza Gardonyi）的《隱形人》（*The Invisible Man*）激發他的靈感，內容描寫色雷斯的奴隸澤塔（Zeta）千里迢迢來到阿提拉皇帝的宮殿，為皇帝出征的故事。這是一本節奏明快、描繪鮮明的好書，很適合孩子閱讀，自一九〇二年出版後便不曾停止發行。「沒錯，我們的匈人祖先是世界最偉大騎射手，」卡薩說，「我想像著狂野奔馳，馬兒嘴角噴出飛沫，那拉起的弓，簡直教人熱血沸騰！我也想和他們一樣，成為一名頂尖無畏的戰士。」

第一步就是要成為射手。他在小時候和成年不久後，曾住在卡波斯瓦（Kaposvar）附近的巴拉頓湖南方四十公里處，利用木頭、動物角和肌腱進行實驗，自製十幾把弓，試驗肌腱在弓背上的反彈延展、角在弓腹上的抵抗力道；接著實驗箭的重量和硬度、箭頭的穿透性。他越來越拿手，肌肉和肌腱都化成鋼鐵，右手三指因長時間握弓弦而紅腫擦傷，導致長繭（雖然他的手指有纏繞保護用的膠布）。

這時他還不會騎馬，身旁沒有可以教他像遊牧民族一樣騎馬馳騁

的人，他只好靠自己。二十多歲他開始自學，接受一匹叫作小淘氣的靈獸協助，牠用火為他受洗，在他衝過矮樹枝底下時摔倒他，從馬鐙扯下他，讓他摔落泥巴。

有一天，一陣狂奔帶他進入一個沒有出口的山谷，小淘氣停下了動作。在毫無預警的萬籟俱寂裡，卡薩環顧四周，那一瞬間他感覺自己總算找到他在世界的立足點，一個能讓他「接受他所選擇的甜美孤寂，可以自我放逐、退出喧嚷世紀，將騎射發展至完美境界的所在」。

蔥蔥鬱鬱的山谷裡，開闊空間長滿了雜草，最低矮的區域裡泥巴和蘆葦叢生。這座山谷是一間國家農場的土地，他租下十五公頃，改建成適合騎射的場地。這是個漫長遲緩的過程，諸如此般的山谷是大自然的主場，需要絕對的尊敬。他研究風、水、植物、動物和人類的動作、季節更迭時牧草地散發的氣味、每座山巔和每片沼澤地的感受，這一切共耗費他四年光陰。

終於到了騎射的那天。這項失傳的古老技藝必須從頭探索。這塊地供應卡薩長達九十公尺的天然跑道，他在沿途置放目標靶。接著他買下第二匹馬，貝拉，在悉心照料下，這匹本來孱弱可憐的小動物，短短幾個月便毛色光亮、性格溫和而敏銳。貝拉不需要韁繩便學會腳步穩健地奔馳，也慢慢適應弓弦聲、箭劃破空氣的聲音，並從騎士雙腿的小動作和重量轉移，捉到要牠轉彎或變換步調的感受。

卡薩的首個目標靶是一大捆乾草，即便僅距離兩、三公尺遠，每次奔馳過去他都只能射出一箭，而且每每都錯失目標。他發現幾乎不可能做出騎射手最知名的動作，也就是扭腰轉身回射的「帕提亞回馬射」，該名源自帕提亞人（Parthian，亦作「安息人」），傳著傳

著就變成「回馬槍」（parting shot）。他勤練數週，每天騎馬練習十五至二十趟，卻始終零進度。速度、回彈、馬蹄衝擊、不聽使喚搖晃的手臂，似乎都成了無法克服的因素。重演騎射的想法終歸是一場美夢。

有個他摸不透的東西，而這肯定是自古以來騎射手自幼學習的技術。為了突破這道充滿挫折和障礙的迷霧，他轉而嘗試禪宗箭術。這種箭術需要和諧心靈，「放鬆而專注」，運動員可利用這個方法，達成得來全不費功夫的記錄。

他又回到根本：馬和騎士。他捨棄馬鞍，在裸馬背上騎乘，感受馬的肌肉、汗水和呼吸。疼痛成了生活的一部分，摔落馬背更是家常便飯。經過幾週的重創，甚至連尿液都帶血，他明白了痛楚和受苦是兩碼子事，而這並不是受苦，因為一旦選擇了剛毛襯衣和自笞，就等於選擇了僧侶之路，他在靈性奉獻裡尋獲自由。

最後總算有了進展。他學會上下半身分離，馬快步走時，即使手持一杯水，他依舊穩如泰山。卡薩買下更多匹馬，利用不同馬在最惡劣的情況下練習，舉凡大雨、泥濘、雪地、結冰地面都要練習，他把自己變成了希臘神話裡的半人半馬。

他將連射技術練得臻至完美，這不是隨便一個非騎射手都辦得到的事，因此他一樣要從零開始。箭的尾端都有架上弓弦的箭尾槽，但從我青少年時期學習箭術的業餘經驗來看，搭好一支箭需要數秒時間和繁複動作：收弓擺平，手伸向箭袋取出一支箭，把箭對準正確方位，「鉛製羽毛」要面朝與弦相反的方向，箭尾槽上裝弦，三指指尖扣在弦上，把箭扣在第一和第二根手指之間，對好弓的位置，舉弓

拉弦,視線重新聚焦遠方的目標,瞄準,放箭。以上動作恐怕就需要三十秒,差不多就是讀完上述內容所需的時間。

卡薩用幾個月實驗,找出更快速射箭的方法。就先別管箭袋了,那只是用來裝箭的工具,裝的都不是你準備發射的箭,若是需要把手伸向腰際或肩頭上的箭袋取箭,重新裝上箭,這個動作會無可救藥地拖慢速度。

最有效率的做法如下:握弓的左手先備好一把箭,如同撲克牌般呈傘狀均勻散開,空出羽毛那端,手伸向弓與弦之間的位置,兩截手指彎曲扣住箭,在兩側形成穩固支撐,將拇指放在上面,往後拉箭,好讓弓弦順著大拇指裝上箭尾槽,拉弓的同時高舉弓,一系列動作必須連貫流暢。

一年後——

——他可以在六秒內射出三箭。

以上這句話快速大聲朗讀三遍:這就是他搭好並射出三箭的速度。

現在是他用上新技能的時候了。他開始邊騎馬邊裝箭拉弓,連續瞄準三個方位,前面、側邊、後面。他的夢想終於實現了:他驅馬奔馳經過乾草捆,連發三箭,但一如既往屢試屢敗,直到有天三支箭都射中乾草為止。

這只是開端,全新發現尚未降臨。一般站立的弓箭手會將弓拉至顴骨或下巴的位置,嘴唇通常會碰到弦,視線沿著箭的方向瞄準。但對騎射來說,這根本是不可能辦到的事。拉弓加上馬背震動全身的張力,騎士要怎麼選對放箭時機?

答案是先拉弓,不是拉到下巴處而是胸口的心臟位置,感受情緒的所在,接著下意識選擇放箭的正確時機。射箭是有適當時機點的,馬的四蹄同時離地,那一瞬間就是你找到平靜的時刻:「那個當下,馬蹄再次接觸地面前,我們飄過半空。」但大腦沒時間讓這一刻進入意識狀態,這種情況只能維持毫秒,不再有思緒,不再有分析,僅有純粹的動作。

那你是怎麼瞄準的?不用瞄準,不可能的,因為根本沒時間。拋開思緒,以純粹的感受回應,就像和靈魂的漫漫黑夜進行一場中世紀神祕搏鬥,他昇華到了某種天國境地:

黎明時分我騎著馬,在露珠鋪蓋的水晶地毯上奔馳,朝我的目標射出沾有清晨薄霧而濡濕的箭,潮濕箭身噴灑的水氣在空中幾乎畫出一條線。那一瞬間,我注意到烈陽將我的臉龐燒得赤紅,周遭的一切都被乾燥熱氣炙烤到乾裂,鄰村響起的正午鐘聲在黃澄澄山坡上陣陣迴盪。

我在夢境裡清醒,我清醒地做著夢。光陰猶如甜美蜂蜜在早茶裡化開,這種感受我尋尋覓覓了千百回!像一個想在花團錦簇的草地捕捉蝴蝶的小男孩,瘋狂追逐著。這隻迷人昆蟲像是一張被風吹得高高的紙,在空中左搖右擺,直到落在一朵芬芳花朵上。孩子追上前去,氣喘吁吁伸出笨拙的手,想用食指和大拇指逮住牠,蝴蝶卻啪啪振翅飛掠,男孩追趕著,再一次腳步跟蹌。

我手裡握著蝴蝶,兩手呵護包覆著,小心翼翼不去折壞牠那脆弱翅膀。

下一個挑戰就是為他熱愛的活動尋求資金，開創一門生意，也就是投資新運動、打造運動規則。這座山谷給了他方向。九十公尺長的跑道，三個目標靶，每個都是九十公分，每支靶必須射出三箭——前面、側邊、後面；騎馬奔馳全程的時間不得超過十六秒，專業騎師則是八、九秒。為了開創這項新運動，卡薩必須先成名，用個人專業證明他的能力。

　　對於成名，他有個構想，那就是在他建蓋的跑道上接力騎馬（這時他已有十一匹馬），並連續十二小時不斷射箭。他閉關山谷，阻隔好奇人士的關注，舉凡「不忠實夥伴、頑強敵人、雙面情人」都擋在門外，在在暗示這個高要求的狂熱分子不大好相處。接著卡薩展開瘋狂的六個月特訓。「我沒有一天不想像自己站上沙場。儘管孤獨一人，卻一刻都不感到孤寂，我的想像力讓這裡充斥了滿坑滿谷全副武裝的戰友和危險敵人。」

　　接著就是讓世界知道騎射復甦的時刻。金氏世界記錄、電視報章媒體接獲消息，他的助手和朋友也在他的號召下趕來，幫忙顧馬收箭。在某個六月天的清晨五點，好戲登場，首先派上場的是動作較慢的馬，他在馬兒跑完全程的十至十二秒內發射五箭，隨著時間過去，氣溫升高，他換成快馬，不用七秒即完成一程，每次都在經過目標靶時射出三箭。到了午後五點，神經緊繃、精疲力竭的他，已經跑完兩百八十六程，射出逾一千發箭。

　　十五年過去了，卡薩的表現已琢磨至近乎完美的境界。騎射運動使用了他發明的計分系統，創立與發展皆很成功。自一九九〇年代初

期，幾百名男男女女練習這項折騰人的技藝，每年都有越來越多人參與。起初只在匈牙利，後來騎射的勢力擴展至德國、奧地利、美國，有些騎射能手甚至希望這項運動加入奧運盛會。

但對卡薩的學生來說，騎射不只是一項運動。來自亞利桑納州的陶德・戴爾（Todd Delle）認為，騎射是一種身心結合，像鏡子般反映出身心，更是面對人生成敗時的基本心態，讓人明白「不經一番寒徹骨，焉得梅花撲鼻香」。騎射也攸關團隊精神，需要互相鼓舞，這是競賽型運動裡相當罕見的合作精神。有些人自稱騎射老師，戴爾卻解釋：「卡薩與眾不同，他的教學不是死板教你怎麼在奔馳的馬背上射箭，他傳授的是如何培養出一名戰士的心與靈。」

卡薩的山谷如今不僅是騎射基地，也變成一種信仰，一種生活方式，一門自立自謀的事業。

卡薩的房子座落在山谷的蜿蜒彎角——圓弧形的簡樸木造房屋，家具由樹樁雕刻而成，有一間乾草香氣撲鼻、供養二十幾匹馬的馬廄，以及一個有頂蓬的騎馬學校和場地、兩條騎射訓練跑道和兩間箭術靶場，山坡上還有一間哈薩克風格的圓頂帳篷，當地孩童會前來上課，身歷其境認識歷史。沼澤已變成一座湖泊，附近城鎮有專門製作弓箭和馬鞍的工作坊，幾百名學徒和他們對器材的需求支撐著整體產業。學徒多半為匈牙利人，偶爾也會遇到德國和奧地利人，以及零星幾個英美人士。

每月第一個週六是教學觀摩日。那天我也在場，共來了三十五名學生，其中十一名為女性，從接近大師等級乃至六歲男童初學者都有，卡薩則猶如傳授武術的大師般掌控他的世界。一百名觀眾待在該

場地兩側觀摩，在薩滿鼓的打擊聲中，活力充沛的演練為這一天揭開了序幕，最後再以卡薩示範的驚人絕活閉幕。三個男人站在場上，每人都抱著一根頂著九十公分圓形目標靶的杆子，卡薩則騎馬飛越場地，每次他一經過，男人便將目標靶高舉於頭頂一公尺處，拔腿狂奔。卡薩只用了六秒就經過第一個奔馳的男人，射出三發箭。接著經過另一個男人面前，射出三發，然後又是三發。他在十八秒內射出九箭，每一箭都伴隨著威猛的「喝！」，發發必中。接著的安可表演同樣是卡薩騎馬奔馳，同樣是這三個男人，但這次每人舉著兩個不受固定的目標靶。卡薩騎馬經過奔跑的男人身邊時，他們要把靶扔投過肩，六個目標靶拋入空中時，卡薩射出六箭，每一箭和跑者之間都距離不到一公尺，百發百中。最後一名跑者摔跤，雙膝落地，彷彿謝天謝地自己還活著。最後所有人排成一列，接受眾人掌聲。

如今這門運動已脫離卡薩當初打造的根源，德國、奧地利、俄羅斯、英國和美國共有六個左右的騎射俱樂部，合計有幾百名實力相當的男女成員。很可能，女性人數還超越男性，可見亞馬遜精神尚存，甚至逐年增長。

卡薩的頂尖女畢業生佩德拉・安格蘭德（Pettra Engelander）是其中一人，目前她在法蘭克福東北方一百公里的開闊鄉間經營自己的騎射學校——獨立歐洲騎射學校（Independent European Horse Archery School[2]，她偏好英文校名）。佩德拉還是青少女時，就熱愛騎馬，也喜歡箭術，因此結合這兩樣運動對她來說是天經地義的事。

---

2 官方網站：http://www.horsebackarchery.de

「過著古老遊牧民族的生活，與大自然和諧共存。」她知道這說法聽起來太浪漫唯美，但她也清楚乾草原生活並不輕鬆。佩德拉曾在圓頂帳篷裡生活三年，並在蒙古鄉野和一家人共度幾週。她親自求證草原生活能帶來自由和力量，對於女性更尤其是。力量和自由：這幾個字不斷在我們的對話裡出現。

後來，她內心燃起另一股企圖心：散播世界，傳授她從卡薩那裡學到的騎射好處，並使之成為不光是高度表演的運動技能。「我覺得騎射缺少某樣東西，導致它不夠真實。畢竟弓是一種遠距操作的武器，不是即刻進入正面對決。單純掛名競賽的運動，總讓我覺得哪裡不對勁。」於是她把騎射當成武術，開始在巡迴德國和鄰近國家的馬戲團裡表演《樂馬》（Apassionata），以不同品種的馬和技藝等聲光效果，演繹後期的亞馬遜人。她的教學不分男女，但女性的位置更為重要，因為騎射體驗能改變女性許多。話說回來，騎射的核心體驗還是騎士與馬產生默契的那一刻，不需要韁繩便能駕馭馳騁，射出一發接一發的箭，是一種對自我、馬和武器的完全掌控。

珊娜・卡森斯─格林伍德（Zana Cousins-Greenwood）在倫敦近郊的赫默爾亨普斯特德（Hemel Hempstead）經營馬術戰鬥中心（Centre of Horseback Combat），她就是個好例子，說明騎射會像病毒一樣擴散。馬術深深吸引她，讓她不禁起而行，展開騎射教學事業，組織一切，並盡可能將病毒傳染給他人。

她從小就開始不曾間斷的騎馬生涯，並在她和先生卡爾位於薩默塞特的家裡策劃表演。觀賞過歷史劇表演的她，覺得嘗試騎射或許很有意思，卻不曉得這門運動確實存在。某日她在收聽地方廣播節目

時，得知有名男子就在自家後院教人騎射，一位朋友回道：「對啊，是尼爾·潘恩（Neil Payne），他就住在三公里外。」她找到潘恩，並寫信給他：「嗨，我想學騎射，煩請電話聯繫。」他回電，珊娜就這麼開始了第一堂課。但對她而言，這個經驗超越一堂課的意義，她就是在那時染上病毒的。「我心想這太棒了！我非做不可！騎射可說是我這輩子做過最刺激的事，在馬背上拉弓射箭……」一股熱血突然湧上心頭，她開懷大笑，差點想不起要說什麼。「反正——反正就是——很有異國風味啦！後來發現騎射是一項運動時，我當下的反應是：『真的可以騎馬射箭？這個運動真的存在？』」

她當然可以，但不是在後院，而是必須確實執行。經過兩次挫敗後（分別在倫敦南方和威爾斯），她和卡爾回應了一則刊登在《馬與獵犬》（Horse & Hound）的廣告。登廣告的是一個住在赫特福德郡的家庭，主角則是一座美麗卻未充分利用的十八世紀莊園——甘德斯敦（Gaddesden Place）。這家人需要專人打理馬廄，雖然騎射沒有明確在腦海浮現，他們還是放手一搏。珊娜和卡爾在二〇一二年二月帶著十匹馬抵達，那時雪深至靴，距離開業只剩三週，他們勇敢接手這棟自珍·奧斯汀的年代起就（看似）蛛網塵封的房屋和馬廄。珊娜用亞馬遜人的能量驅動自己、卡爾和他們的幫手，順利按計畫開業。

經過四年，接了一千五百名客人後，我在十八世紀的包裝室和她進行訪談，現在這裡已成為他們的總部，裝備包括十八匹馬、幾間老舊馬廄（曾是氣派宅邸的馬車停靠間）、幾英畝地、二十把弓、足以供應整組斯基泰軍隊的箭，和一個騎射跑道。

她估算，女性人數多於男性。怎麼會呢？「這門運動很男性化，

不是嗎？畢竟要動用武器。但女性也喜歡武器，而且是真心喜歡，她們也不想被排除在外。來到這裡的女性不會被拒於門外，畢竟騎射界裡男女絕對平等，不會有差別待遇。」事實上男女有別：男性較不擅長聆聽，胡亂把箭裝上弓就喊著：「讓我射箭！讓我射箭！」男性比較容易氣餒，不想花時間紮實學好正確技巧。騎射需要冷靜放鬆，多運用靈性，這方面女性就強多了。

　　二〇一六年二月，身為英國代表的珊娜和卡爾受俄羅斯的特技馬術聯合會（Dzhigitovka Federation）邀約，前往莫斯科。該組織宗旨是推廣武術馬術技藝，例如哥薩克騎兵特技馬術，亦即利用長矛和劍進行的表演。俄羅斯人希望加入騎射這項活動，因此需要進軍國際競賽的顧問。他們在現場準備了示範演出，騎射並不突出，只有一個目標靶，僅射一箭，而且只有男性騎士。女性上哪兒去了？嗯，女性確實也從事特技馬術，但男性有六組特技動作，女性只有四組。那麼騎射呢？噢，不。他們告訴她：女性不從事騎射。珊娜十分震驚：「我們回道，等一等，如果你們有意開放國際賽事，這一點女性是絕對不能接受的，你們不能在二〇一六年舉辦國際運動賽事，卻規定女生不許參加。沒人可以接受這個做法。」因此他們改變規定，同年七月，珊娜和男性平等參與 dzhigitovka，也就是項目包羅萬象的特技馬術。多虧有她，現在這項運動不只對男性開放。最後，珊娜在騎射項目獲得一面銀牌。

　　現在整個領域對外開放，某些採納的是卡薩的傳統，有些則套用其他標準。國際騎射聯盟（International Horseback Archery Alliance）聯手十九國，蒙古尚未加入。在成吉思汗率領下，騎射技

向卡薩學習騎射的佩德拉‧安格蘭德。目前她在德國法蘭克福東北方一百公里處，經營自己的騎射中心。

術精湛的蒙古人，後來深受佛教和中國儒家思想影響，變得性情溫儒，近年來才剛開始復甦這項傳統。而說到美國，美國騎射組織（Mounted Archery Association of the Americas，簡稱 MA3）擁有七個分部，分別位於奧勒岡州、內華達州、猶他州、亞利桑納州、德州，華盛頓州則有兩個分部。華盛頓州阿靈頓的凱蒂‧史特恩斯（Katie Stearns）在西雅圖北方開設飛行女爵牧場（Flying Duchess Ranch），她說自己見識過女性光在一個週末，就「搖身一變為女戰神」，那是因為「騎射是一種均衡器，賦予女性與男性勢均力敵的力量」。在韓國、土耳其和日本，騎射形式五花八門，人們也還在爭論風格、技巧和設備。箭一定要像卡薩教的那樣和弓一起握著嗎？有人聲稱從箭袋取箭的做法比較正統。箭必須有三隻羽毛才飛得穩嗎？抑或兩隻羽毛才是正規規格？你應該

運用地中海的三指拉弓，還是大拇指拉弓，或者使用扳指？是否該像韓國人那樣快速奔馳，或是應該像卡薩沉著穩重？要採取適用於射擊地面目標物的轉頭射箭法？還是欠身壓在馬的後頸，直接射向八公尺杆子的頂端？計分時，將參與人數納入考量是比較好的做法；若算入競爭對手和戰鬥規則，就不是那麼好。

為了複製她們傳奇姊妹精神所具備的體能和獨立，她們投入一項未來可能在奧運嶄露頭角的運動，而這就是現代亞馬遜人必須踏進的世界。但前提是，要先有辦法搞定該按照誰的規定。

振興並普及騎射運動的匈牙利人，拉約仆‧卡薩。他教過無數歐洲和美國女性，帶給她們力量並振奮人心。

倫敦西邊的赫默爾亨普斯特德馬術戰鬥中心的共同創辦人，珊娜‧卡森斯—格林伍德。

第八章

亞馬遜尼亞：
從夢境走進嶄新的真實世界

　　亞馬遜人和亞馬遜網站有何關聯？其實有脈絡可循。為了找到兩者之間的聯繫，我們必須踏進前因後果的迷宮，跟著潘特西麗娥和她戰士姊妹的圖像，進入歐洲中世紀思想，跳躍出來再跨過大西洋，前進神話裡的加利福尼亞，挺進東南方，來到世界最壯觀的雨林。時間快轉，再朝北邊走，來到二十世紀末真實存在的加利福尼亞。這趟旅程共耗時八百年，曲折離奇，但若想瞭解亞馬遜族的神話如何影響現代世界和所有人類，這就是我們的必經旅程。

　　自十三世紀開始，人們對古典文學和藝術的興趣逐漸甦醒，接著慢慢演變成文藝復興運動，在那個年代，亞馬遜人依舊是廣受歡迎的主題。女戰士是個既吸睛又充滿反差的創造物：身為處女（這是好事），卻不需要男人（這是壞事），而且性情通常殘暴（這點非常糟糕）。對十四世紀詩人喬凡尼・薄伽丘而言，亞馬遜人三點兼具。

　　薄伽丘的《艾蜜莉亞婚禮史詩》是一首描寫戰爭與宮廷愛情的長篇史詩，故事主線是提修斯征服底比斯，愛情故事則講述兩名王子想方設法贏得艾蜜莉亞的芳心（所以才有這個詩名）。故事具有三層意義：首先，這是薄伽丘獻給愛慕對象菲婭美達（Fiammetta）的詩；而故事實際上是虛構的，為他不用拉丁文而以義大利文來撰寫提供了正當理由——因大多女性教育程度不高，讀不懂拉丁文，套一句他說的：「再說女性也不太聰明。」宮廷情人一般自命不凡，總想以表達仰慕之情來博取對方屈從。薄伽丘說菲婭美達比大多女性聰明，一開

始就被她一腳踹開的他，決心用詩詞贏得美人芳心。詩詞亦拿亞馬遜人當借鏡，告訴她女性應遵守三從四德，才不會落得亞馬遜人的恐怖下場。

在女王希波呂忒的率領下，這群「野蠻殘酷」的女人殺了她們的男性族人，自立統治，驅逐任何擅闖的男性，並向希臘船艦課稅。想要報復她們種種「罪狀」的提修斯，組織起軍隊，並攻擊亞馬遜人，但他低估了亞馬遜族的戰術和精神。提修斯的部隊節節敗退，他重新鼓舞，振作隊友：「現在帶著榮耀承受死亡痛楚，好過羞愧撤退，默許女人家對我們任意進攻。」這下「女人家」撤回城牆後，希波呂忒嘗試動用情緒勒索，向敵方放話，說對女性開戰可恥至極。提修斯卻態度堅定：「我們倒想挫挫你們的銳氣。」那一瞬間希波呂忒領悟：最好投降吧，畢竟「被這麼優異的男人征服，我們沒什麼好羞愧。」兩人碰面並且成親，雙方人馬也紛紛效法，並承諾「永遠不再做傻事」。

這招果然奏效：薄伽丘詩詞和寓言裡的警世訊息讓菲婭美達驚豔，她愛上了他。其他方面也奏效了，這部史詩還有其餘十一冊，但描述亞馬遜故事的第一冊最受歡迎。何謂「受歡迎」？其實不好衡量，可要記得這是古騰堡發明活字印刷前一個世紀的事，受歡迎的程度要以手稿和借書次數判斷。即便如此，他的亞馬遜寓言也是紅到足以成為佛羅倫斯富裕家族嫁女兒時，嫁妝箱匣側邊常見的繪圖。這些箱匣

就是現代哈洛德百貨公司的婚禮禮品清單，滿載禮物，從新娘家一路扛到夫家。所以說，提修斯和亞馬遜人的故事是由無數世代的佛羅倫斯人傳承下來，新娘會聽見父母和丈夫這麼說：眼睛擦亮點，小姑娘，什麼該做，什麼不該做，你都看見了。

這個故事會在英格蘭出名，是因喬叟曾旅行至義大利。他可能見過薄伽丘本人，並把這首史詩當作《坎特伯里故事集》（*Canterbury Tales*）第一篇章〈騎士故事〉的根基。在〈騎士故事〉裡，我們讀到了提修斯和斯基泰女王希波呂忒，然而雅典人和亞馬遜人的戰鬥情節卻遭刪減，否則（喬叟說）故事過於冗長。

但我跳得太快，其實還有其他作家記述亞馬遜神話，但多半和他們的作品一樣沉悶。不過，克里斯蒂・德・皮桑[1]（Christine de Pizan，約一三六三～一四三一年）倒是一點也不沉悶，她是該年代最傑出女性之一，有人甚至說她是最傑出的作家。要是她習劍，肯定是不同凡響的亞馬遜人。但事實上，她的筆比任何劍都要來得鋒利：她用振飛的筆捍衛她的社會地位，以此養家，並拯救亞馬遜人不落入索然無味的境地。

她出生於威尼斯，在父親成為查理五世的占星家和醫師後，隨之來到法國。由於查理五世是才智兼具的文人，對優良政體滿腔熱血，因此素有「智慧之王」的美稱。她得以自由進出查理五世壯觀的圖書館，也就是當時甫擴增一千兩百冊藏書的羅浮宮。皮桑閱讀亞里斯多德及其他經典文學的新譯本，貪得無厭吸收文藝復興初期的精神。

---

1 法語拼字為 Pisan。Pizan 是義大利語，她的家人來自波隆那的比薩諾（Pizzano）。

十五歲那年，她嫁給國王祕書埃蒂昂・德・卡斯特爾，育有三子。原本以為她會就這麼繼續過著傳統的宮廷生活，然而丈夫卻無預警過世。他的遺產出了問題，當時她二十五歲，尚有一母、一名姪女、兩個存活下來的孩子要養，於是皮桑將她最寶貴的資產派上用場：她的才智、教育背景、人際關係，以及鋼鐵般的意志力。

一開始皮桑從情詩下手，接受有錢顧客的委託工作。後來，她轉而探討流行詩詞寓言《玫瑰傳奇》（*The Romance of the Rose*）的價值爭議。文中的玫瑰既是人名，也是女性性慾的象徵。這是一部描寫宮廷愛情的諷刺文學，將女性刻寫成魅惑男性的角色，通篇圍繞著性這個主題。一名年輕男子逃離各種邪惡的掌控：憎恨、暴力、貪婪、貪財等，而安逸帶領他步入了一扇愛情花園的小門，他在試圖奪取玫瑰的過程中，體驗到無數歡愉和挑戰。故事的象徵寓意一目瞭然，再運用些許想像力，便略帶情色文學的況味。這部作品備受愛戴，皮桑卻嗤之以鼻，痛批文字粗俗，玷汙了性和女性——她畢生都捍衛這兩者不受男性攻擊。

後來她寫了一本女性史、一本給女性的忠告、一本查理五世的傳記、一本聖女貞德的傳記、一本特洛伊戰爭史，在在強調和推崇女性優勢。她在半自傳《命運的無常》（*Le Livre de la mutacion de fortune*）中，描述她的寡婦經歷將自己磨練成一個男人。當然她並不是真的變成男人，這只是譬喻，不過寡婦身分卻讓她迎頭趕上她的母親，皮桑形容母親「堅強、自由，比潘特西麗娥可敬」。

皮桑熱愛亞馬遜族。在三本不同著作裡，她重頭講起居魯士、海克力士、提修斯和希波呂忒的故事，偶爾融貫穿插劇情，以展示亞馬

遜人強壯、美麗、性感、高標準、具有美德的一面。不管是哪方面，她們都值得人們尊敬，但在當時她們只被當作男性戰士的犧牲品，或者完全不具性魅力。即便如此（她不加批評地即興改寫古老神話），她們的亞馬遜國度不是依然延續了八百年，成為史上最悠久文明之一？在皮桑的一則寓言裡，世界最明豔動人的女子潘特西麗娥深愛著象徵男子氣概的赫克托。他死後，潘特西麗娥誓言為他報復，對抗皮洛士並使之重傷；備受羞辱的皮洛士要人拿下她，並掏光她的腦漿。克里斯蒂‧德‧皮桑意有所指：男人唯獨憑藉蠻力和不光彩的詭計，方可打敗亞馬遜人。

將近一個世紀後，一系列騎士文學持續讓亞馬遜人在文壇歷久不衰。作者是西班牙人賈爾西‧蒙塔佛（Garci de Montalvo），這些文學作品是他在西元一五○○年前後的創作。嚴格講起，他的著作只是將流傳幾十年或幾世紀的故事重新改寫，這些故事原本是法語和（或是）葡萄牙語，而真正將故事發揚光大的人是蒙塔佛。《高盧的阿瑪迪斯》（*Amadis de Gaula*，並非真正的高盧或威爾斯，而是某個童話世界的鄉間）系列作品是騎士歷險，描寫阿瑪迪斯周遊列國，對抗象徵邪惡勢力的騎士、巫師和巨龍。

一五一○年發行的第五冊《艾斯普蘭迪安歷險記》（*The Exploits of Esplandian*）中，蒙塔佛發想出一個女戰士族，她們在女王卡利菲亞（Califia）[2] 的統治下，生活在加利福尼亞王國[3]。加利福尼亞是個

---

2 可能是「哈里發」（Caliph）的變異體，西班牙當時剛逃出伊斯蘭統治。

3 這個名字不是他發明的，截至當時已有逾三百年歷史。十二世紀初完成的《羅蘭之歌》（*The Song of Roland*）裡，帝王查爾斯在為羅蘭哀悼時（第二○九節），列出可能的叛徒名單，包括「那些加利福尼亞人」，經推測是指西班牙等某個哈里發的國度。

島國，距新世界（指美洲）的西班牙新殖民地不遠。撰寫故事的年代大概是一五〇〇年，當時哥倫布堅稱自己曾踏上遠東，這正是他稱這些國家為印度群島的原因，也是他自認差點就找到伊甸園或人間天堂的理由，因為他當真以為自己幾乎繞過地球一圈。有一段時間，大家都不明所以地把西方當作東方，因此蒙塔佛的亞馬遜島國從原本君士坦丁堡一帶，變成了新世界。多虧西班牙人對黃金的著迷，才激起他們的帝國美夢。以下為原始西班牙文的翻譯：

要曉得在印度群島的右手邊（或群島右側），非常接近人間天國的那端，有座名為加利福尼亞的島嶼，島上住著肌膚黝黑的女人，那裡沒有男人，她們過著亞馬遜族般的生活。這群女性擁有迷人健美的體魄，英勇強悍，她們的小島是世上最堅實的國土，擁有斷崖和岩岸，而武器與平時馴服騎乘的野獸挽具皆是黃金製成，因為那座島上除了黃金，沒有其他金屬。

卡利菲亞女王（或卡拉菲亞〔Calafia〕，名字拼法各異）是中世紀版本的《冰與火之歌：權力遊戲》「龍后」丹妮莉絲・坦格利安。女王擁有五百隻嗜吃人肉的獅身鷹首獸，並曾在進攻君士坦丁堡時放出這批野獸。

事實上，拿《冰與火之歌》來比較很恰當。蒙塔佛的著作都是暢銷書，第五冊更是大賣，古騰堡印刷術傳遍全歐洲後尤其熱賣。《艾斯普蘭迪安歷險記》以西班牙語反覆新刷，成了不同語言作者寫的眾多續集或「續編」的其中一部，包括西班牙文（十二部）、義大利文

（二十八部）、德文（二十一部）、法文和英文。這是早在大眾市場成形之前就橫掃歐洲的出版狂潮，讀者無人不知亞馬遜族。這股風潮為日後更高品質的小說鋪好了前路，也就是塞萬提斯鼎鼎有名的《唐吉訶德》，而《唐吉訶德》也是模仿蒙塔佛自命不凡騎士風範的混合作品。

《阿瑪迪斯》系列小說曾是幾間國家圖書館的稀有作品，不過現在你能在網路上找到數位版本。我有一本一五五〇年發行的《艾斯普蘭迪安歷險記》法文版，書封介紹這本是翻譯版，但實際上是給法

加利福尼亞：新世界亞馬遜人的神祕島嶼

十六世紀初，這套歐洲小說闡述了卡利菲亞女王和她的亞馬遜戰士居住在某座新世界島嶼，初次探索美洲西岸的西班牙人深受此作品影響，以女王名字為島嶼命名，叫作加利福尼亞，並且猜測下加利福尼亞半島——即現今部分屬於墨西哥的地區——就是她的島嶼。我們能從這張一六七六年的地圖看出，人們深信不疑的這個想法延續了一個世紀以上。

國讀者的改編版本。當時已有不少讀者知道加利福尼亞，也曉得那裡根本沒有亞馬遜王國，於是譯者尼古拉斯‧德‧埃斯伯雷（Nicolas de Herberay）改寫劇情，去蕪存菁，將原本的一百八十四章濃縮成五十六章，絕口不提印度群島（可能因為那裡沒有法國人，只有西班牙人）。這會兒亞馬遜人的家鄉不再是小島，而是一個「國家」，而且與君士坦丁堡僅有咫尺之遙，因為書裡有一段基督教騎士和土耳其人的戰爭場面。

若想知道熱賣的《阿瑪迪斯》有多麼歷久彌新，只消點擊滑鼠，就能找到根據前一世紀法文改編版的一六六四年英文翻譯本。這本翻譯相當精確，只有幾個顯著改變，例如當時沒人相信卡拉菲亞和她的加利福尼亞國真實存在，於是名字被改成卡拉芙莉和加利福林恩[4]。這個國家呢：

土壤最肥沃、氣候最宜人……我現在所說的這個國家，曾幾何時（過去）住著優秀騎士和各行各業的男人，但邪惡女人設下詭計，將男性殺個片甲不留，建立屬於自己的王法，此後她們會為國家拔擢一名女王和皇后，猶如過去的亞馬遜人般自治國家。在那裡，每年在未經准許的時刻與男性相伴一、兩回以上，等於是觸犯法律……女嬰留下活口，日後灼燒右胸，但男嬰不得苟活，一出世便得除掉。

---

4 「早期英語叢書線上文字創作合夥」（Early English Books Online Text Creation Partnership）提供的一六六四年版本裡，這些名稱和諸多其他名稱都是現代字體印刷，而非原始的哥德字體，意味著該版本是由某個不具名的版本修改而成。

在這些版本中，卡利菲亞／卡拉菲亞／卡拉芙莉只有五十頭獅身鷹首獸，但對竄改劇情的法文譯者來說，五十頭似乎綽綽有餘了。容我在此引述一六六四年英文版本的內容：「嗚呼哀哉，瞧那士兵、國民、騎士、婦孺幼童，以及牠們利爪勾得住的東西，無一不被捉到半空中，畫面教人沉痛惋惜，有時牠們把人捉到半空中後，便放手令他們跌落岩石，死狀淒慘詭異。」

當然，基督徒最終勢必戰勝。卡拉菲亞改信基督，放棄自己的王國，亞馬遜人再一次輸給文明勢力，而這次的文明勢力是基督教。

亞馬遜寓言並不甘只在歐洲流傳，西班牙和葡萄牙探險家對世界打開歐洲統治的大門時，也把故事書收進他們的行囊，哥倫布的兒子狄耶戈就隨身攜帶《艾斯普蘭迪安歷險記》（目前為瓦拉多利德的哥倫布圖書館館藏）。一名墨西哥征服者，貝爾納爾‧迪亞斯‧德‧卡斯提亞（Bernal Diaz del Castillo），回憶他看見的阿茲提克城時，寫道：「我們深感不可思議，嚷著這簡直就是《阿瑪迪斯》傳奇裡形容的魔法。」

西班牙和葡萄牙兩國的角逐競爭為探險和帝國寫下新頁。十五世紀末，無人知曉大西洋另一端是什麼，兩國急欲找出答案，其他歐洲人根本不是對手，而他們最終的獎賞就是遠東財富：東南亞的香料島嶼和中國。身為一個放眼國際的海岸國度，葡萄牙人搶先一步，跨越非洲南端和印度的東方、南方。至於西班牙人，多虧哥倫布和他的見解，聲稱航向另一個方向，跨過大西洋前往中國，很可能就是繞行世界一周的捷徑，因此西班牙放眼西邊。當時的歐洲人完全不知道美洲

存在，而美洲正好就在這條路徑上，這就是哥倫布在一四九二年登陸時的驚喜發現。他一口咬定自己抵達的就是東方，可能正是「印度群島」。只能說西班牙人運氣好，居民不是中國人，而是掠奪土地都不用擔心會遭到反抗的「印地安人」（Indian，即「印度人」）。

被擴增版圖沖昏頭的那幾年，西班牙和葡萄牙沾沾自喜，以為全世界都任他們瓜分。一四九四年，兩國在小鎮托爾德西里亞斯（Tordesillas）簽署一份條款，協定兩大半球的歸屬：以一條南北縱線為分界線，貫穿葡萄牙最西邊的屬地維德角島，以及哥倫布指名的西班牙某領土。最後西班牙收下整個西方，葡萄牙則獲得東方疆域——當時的東方是從非洲穿越至亞洲的整條路徑。哥倫布離開之後，西班牙迅速動員其他探險家挺進西方，這次遠征隊發現一條大河的淡水河口。一五〇〇年，團隊中的文森特·亞涅斯·平松（Vicente Yanez Pinzon）朝上游航行一百五十公里，並為這條河命名 *Mar Dulce*（字面為甜海，意思是「淡水海」）。

幾年後，托爾德西里亞斯條款出現意外進展。一名為葡萄牙效命的義大利人亞美利哥·維斯普奇（Amerigo Vespucci）沿著巴西海岸朝南航行，一五〇二年返國後，他宣稱哥倫布的「中國」其實是新世界（至少對歐洲人是）。這個發現意義深遠，因此第一個將這塊大陸畫上地圖的人，為它取了一個音近亞美利哥的名字；由於陸地（terra）的文法屬性為雌性，字尾遂變成雌性的 a，於是新世界名為「亞美利加」（America，即美洲）。亞美利哥探勘的這塊土地，由於東邊突出托爾德西里亞斯條款約定的分隔線，因此納入葡萄牙疆土，這也是巴西人說葡萄牙語的原因。

但平松發現的淡水海稍微偏向托爾德西里亞斯條款分界線的西方，於是成為西班牙的領地。然而，海岸的驚濤駭浪和凶悍的當地部落卻讓其他西班牙探險家遲遲不敢上岸。

除此之外，多虧西班牙人對黃金和亞馬遜人的迷戀，他們在美洲大陸另一端亦不得閒，墨西哥人更為這股痴迷火上加油。一五二四年，西班牙人赫南·克爾特茲（Hernan Cortes）行盡絞死、焚燒、射殺之能事，登上墨西哥霸主寶座，並致信西國國王查理斯五世，信誓旦旦帶回更多金銀財寶。據他所言，他曾耳聞某座僅有女性的小島，來自大陸的男性只能在約定日期登門造訪。生下孩子後，「她們會留下女嬰……男嬰棄置不顧」。想當然了，這座小島「富藏黃金珠寶」。

但這座小島在哪裡？赫南·克爾特茲要他的兄長法蘭西斯科前往墨西哥西岸，再朝北走，或許就能找到「古代歷史」所記載能發現亞馬遜人的地點。看來他和許多人一樣，都相信《阿瑪迪斯》的故事是真的：跨越地平線的所在，真的有「一個名叫加利福尼亞的小島」，那裡的「女人過著亞馬遜人的生活」。於是一五四二年，在瓜地馬拉和宏都拉斯挖金礦致富的胡安·羅德里格斯·卡布里歐（Juan Rodriguez Cabrillo）航向西岸，為這塊土地取名「加利福尼亞」，於是這個名號沿用至今。再說，那裡是真的有一座「小島」，至少西班牙探險家這麼相信著，但其實那是下加利福尼亞半島。「那裡肯定就是亞馬遜人的家鄉。」這個假想讓下加利福尼亞半島在下一個三十年仍被視作一座小島。

只要往下一條南方河域或山脈前進，就一定找得到亞馬遜人和黃

金，征服者帶著這種想法，步步逼近統治現代厄瓜多、祕魯和智利的印加帝國。路上他們耳聞黃金城有個黃金人的傳言，這名統治者每年有一天會全身塗滿黃金，浸入湖水。雖然這個傳聞所言不假，卻非完全正確：哥倫比亞穆伊斯卡人（Muisca）的領袖會在身上灑金粉，然後在瓜塔維塔湖（Lake Guatavita）洗滌身體。這個真實小故事似乎應證了傳說：從前從前，有一個等著侵略者上門掠奪的黃金帝國。西班牙人也急著想找到肉桂，也就是照理說生長在安地斯山脈東邊坡面的樹皮。若此事為真，這個發現就能讓西班牙人向特地從遠東帶回昂貴肉桂香料的商人說再見。

為了找到上述的神話地域，一五四一年二月，貢薩洛·皮薩羅（Gonzalo Pizarro）率領四千名手鐐腳銬加身的印第安腳夫、五千頭豬，與三百四十位騎馬攜槍、配十字弓的西班牙人，離開厄瓜多氣候溫和的高海拔首都基多（Quito），攀越安地斯山的東邊山脈，下山來到悶熱雨林。換作現代，只消幾分鐘就能從天空飛越這一帶，或是用幾個鐘頭驚險萬分地駕車、繞過懸崖，聽見腳底下咆哮怒吼的河川，白雪覆頂的壯闊火山在森林上方隱約露臉。但當時唯一的選擇只有歷經數週的攀山越嶺，通過唯一一條路徑，在森林與矮樹叢間披荊斬棘，塹谷上方建蓋橋梁，最後卻只落得病倒、飢餓疲憊不堪死去的命運。日日夜夜陰雨霏霏，沒有肉桂，只有零散佇立的樹木[5]——皮薩羅在他的日記裡說，這種樹的花苞叫作肉桂。他們完全沒發現黃金城的蹤跡，等到這年歲末之際，豬隻已全數下肚，馬匹就快死光，腳夫也和馬一樣下場。

---

5 學名為 *Nectandra cinamomoides*。

在科卡河河岸紮營的皮薩羅下定決心，要造一艘別具規模的船，探尋下流河域，深入五百公尺寬的納波河外一帶，「直到我出了北海（大西洋）為止」，並對這片未知領域宣示西班牙主權。他的人手利用已死馬匹的馬蹄鐵鑄造出造船鐵釘，兩天步行了兩百五十公里，沿著河岸帶領尚存的馬前進，穿越支流和泥沼；他們找不到村莊，沒有可以買賣交易的商人，也沒有食物。

事實上，只要有高超的獵捕技巧和經驗，食物唾手可得，這是我和一群印地安部落一塊兒生活後的發現。他們曾在這片森林裡狩獵，他們過去叫作奧卡族[6]，現在自稱瓦拉尼人（Waorani，這是英語拼法），或華歐拉尼人（Huaorani，此為西班牙語，因為西班牙語不使用 w）。當初西班牙人經過時，他們可能還沒抵達當地，因為接著兩個世紀，歐洲人從東西兩方展開侵略，引發亞馬遜盆地的連鎖遷徙反應。不過對於具有絕佳技能的人來說，雨林永遠都是值得開採的資源地，像是猴子、鳥、貘、豬、魚、（當季）果實和偶然採集的幾坨蜂蜜，前提是要忍受得了蜜蜂咬你幾下（沒錯，牠們會咬人。或許也有會叮人的蜜蜂，但我沒撞見）。想要活下來，更別談好好活著，你必須有驚人的專業經驗。雖然雨林資源豐富，但真正的資產主要位在樹冠，叢林地面很難覓得食物。瓦拉尼人的故土和威爾斯一樣大，卻僅有六百個半遊牧人口，他們為了捍衛家園領土，會拿矛刺殺他們撞見的外人。瓦拉尼人需要的設備包括棕縛吊床、火把、矛、魚毒、吹箭筒、標槍（或是弓箭，視文化需求而定），以及標槍和箭頭所使用的毒（南美毒藤濃縮汁液，或各種毒蛙分泌的毒素）。謀生技巧需要

---

6 奧卡族（Auca）：在鄰近地區的蓋楚瓦語（Quechuas）裡意指「野人」。

幾世紀的傳承與演化；至於認識素材、蒐集並使用，則需數年經驗累積。西班牙人和他們的高地僕人不僅缺乏這些知識，也不懂得當地語言，和部落對外人的態度。有些部落可與人經商貿易，其他則抱持濃烈敵意。例如：根據歷史記錄，一九五〇年代末的接觸前時期，瓦拉尼人是最殘暴的部落，所有外人都是他們殺戮的對象，而四成瓦拉尼男性的死因都是報復，被矛刺殺身亡。面對如此強敵，皮薩羅的高地軍隊只有死路一條。

他們相信真正的救贖在下游某處，於是皮薩羅的二號將領，法蘭西斯科‧德‧奧雷亞納（Francisco de Orellana）自告奮勇，欲率領五十七名整裝戒備的人手向前航行，再帶著食物歸來。皮薩羅答應了。

於是他們展開史詩般的浩大旅程，從現在以他命名的奧雷亞納省出發。奧雷亞納此後再也沒有回來，皮薩羅和他的小團隊遭到遺棄，怎麼看都像是一場背叛。他們開始遙遙無期的撤離，壞血病襲擊，衣衫襤褸，等他們回到基多，隨行人員只剩下八十名。他無功而返，在官方報告裡把錯全怪在奧雷亞納的背叛和他「殘忍至極的心腸」，為自己脫罪。

事實上，這兩組人馬都是缺乏經驗的受害者。納波河匯集諸多支流，這些支流自安地斯山脈的山腳湍急地灌入納波河，根本不可能憑藉划槳或風帆歸返。他們沒找著村莊，奧雷亞納的隊員飢腸轆轆，連鞋底都煮來吃，偶爾掘出根莖果腹，卻發現有毒。在總算遇到一個願意接受他們以小裝飾物交換食物的部落之前，七名隊友已經死去。

經過數週時間和八百公里的航行，他們漂流至一條遼闊緩慢的河

川主流，打定這條河能帶他們來到「淡水海」及馬拉尼翁河的寬廣河口，抵達大西洋。其他印地安部落提供他們糧食，也給予他們建造堅實船隻的材料。一五四二年中，他們碰到極富侵略性的馬契帕羅人（Machiparo）——這是統治幾百公里河川範圍的戰士國，證實了前哥倫布時期氾濫平原族群的規模與複雜程度。這群西班牙人獲准晉見他們的酋長，西班牙人的鬍子讓酋長大感不可思議，武器也讓當地人肅然起敬，於是酋長提供他們落腳的地方。沒想到這群訪客居然對主人行搶，毀了這次機會，馬契帕羅人趕走他們並殺害了十六名隊員。

下游是另一個部落國——歐瑪果（Omaguas）[7]。這趟遠征的隨行歷史學家，加斯帕爾·德·卡發耶（Gaspar de Carvajal）回憶，歐瑪果「擁有無數大型聚落，是個非常優美的國家」。當地鋪設道路、有以「中國風格」裝飾上釉的陶瓷、美輪美奐的房屋、糧食庫存，其中一個小鎮腹地足足有十公里。在通過歐瑪果及尼格羅河（Rio Negro）的匯合處後，也就是清澈透明的「黑水」與充滿沉積物的主要河川「白水」接壤之地，西班牙人沿路突襲一座座村莊，射殺部落居民。他們雙腳還沒踏入下一個村莊，惡行惡狀早已傳遍該地區，他們擊退無畏的戰士艦隊，划著槳行經支流高漲成內陸海洋的水世界，那裡每條支流都比隨便一條歐洲河川還要寬闊。

現在講到故事的重點了，一個無名部落村莊裡，有棵雕有圖騰的

---

7 由於現代沒有大規模的部落「國」，卡發耶的報告被視為一則奇幻故事。但他的描述聽起來像是目擊證據，應該要認真看待。最近在亞馬遜尼亞南邊，高空偵察隊透露發現幾百個「神祕圖騰」，碩大方形和圓形地景藝術品的遺跡，證實了早已消逝的大規模社群確實曾經存在，也許過去亞馬遜也存在類似國度。

龐大樹幹：

樹幹周長十尺，上方的浮雕刻畫著有圍牆和城門的城寨。城門上方有兩座高塔，高聳參天，有窗，兩塔各具一扇門，兩兩相對，門分別有兩根圓柱，我所描述的這整座建築結構就端坐在兩頭凶猛獅子的背部，牠們目光回望，彷彿心懷鬼胎，獅子用兩隻前掌和爪子托住整體結構，其中央有個圓形開放空間：中間有一個洞，是他們倒出奇恰酒、獻祭太陽神的孔洞……太陽神是他們信奉的神明。

奧雷亞納從一名遭捕的部落族人口中得知，祭壇是該社群對女性戰士部落表達忠誠的象徵。插滿羽毛的小屋和羽毛斗篷明顯是獻給這群女戰士的進貢品。

接下來的幾座村莊似乎最顯危機四伏，很少人登陸。在其中一座裡，奧雷亞納答應讓手下慶祝基督聖體節（六月十日），他們在該村只發現女性，直到夜幕低垂，男性才從叢林歸返並攻擊他們。清晨，西班牙人帶著戰俘撤退，用意是「殺雞儆猴，讓當地印地安人心生恐懼，不敢輕舉妄動，攻擊我們」。沒想到適得其反，攻擊幾乎照三餐上演。船員都盡可能離河岸越遠越好，只要冒險登陸就是格殺勿論。

在某個時刻，他們在今日的瑪瑙斯（Manaus）和聖塔倫（Santarem）之間河川五百公里處發現村莊，「那是座規模無比龐大的村莊，白亮耀眼」。接踵而來的事件令奧雷亞納深信，這村子就是他們在上游聽聞的女戰士家園。引述卡發耶的說法：「剎那間，我們來到一個出色國家，亞馬遜人的地盤。」

西班牙人步步逼近，引來獨木舟艦隊。「他們嘲笑我們，上前來要我們繼續航行，再往下游前進，因為他們已在那裡靜候，等著把我們捉去見亞馬遜人。」儘管十字弓和火繩槍造成部落嚴重傷亡，他們卻對這點損失視而不見，箭雨持續落在兩艘西班牙船艦上。西班牙人強行登陸時，卡發耶身中一箭，刺穿他的「空洞地帶」——應該是指他的胃部。「要不是有衣服擋下，我現在早就不在了。」

該如何解釋這種自尋死路的行為？卡發耶認為自己可以找到答案：親眼見證揮舞棍棒、與男性部落迥異的女戰士。

結果共來了十至十二人，我們親眼目睹這群擔任隊長的女人，在印地安男人面前勇猛抗敵。她們英勇對抗，印地安男性不敢轉身離去，敢轉身她們就在所有人面前用棍棒殺死對方，這就是為何印地安人為她們進行這麼久的防禦。這群女人膚白高挑，一頭流水般的長髮綁成辮子，盤在頭上。她們十分健壯，赤身裸體，只有私密部位以布覆蓋，手裡握著弓箭，和十名印地安男人一樣勇猛抗敵，其中一名女性射出深長一箭，遠至雙桅帆船，其他箭較不深長，害得我們的雙桅帆船像隻豪豬。

西班牙人殺了七、八名「亞馬遜人」——卡發耶寫道：「這些我們確實親眼目睹的亞馬遜人。」彷彿預料到會有人質疑他。接著他們才跳上船，無力划槳，僅隨著波浪漂流。

再往前進，為了尋覓糧食，他們來到另一座狀似空蕩的村莊，但事實上，居民已經備弓埋伏。西班牙人用盾牌掩護自己，唯有卡發耶

除外：「他們只射中我，一箭刺向我的眼睛，穿過頭顱，害我失去一隻眼睛，（即便到現在）我還是很淒慘。」

他們捉走一名戰俘[8]，在前往下游的路上，這名戰俘成為精采絕倫的「情報」來源。由於奧雷亞納有「單詞字彙表」，才能掌握這些情報。首先奧雷亞納詢問男人的出身背景，他答道自己來自剛才遭逮的村莊，君主名叫科因可（Couynco），或昆約（Quenyue，卡發耶的兩個歷史版本不一）。女性呢？她們住在步行七日方可抵達的內陸。奧雷亞納的戰俘說，過去他常幫君主跑腿送貢禮。「亞馬遜人」總共統治逾七十座村莊，村落房屋是「石製，有一般尋常的門，但村莊之間的通行道路兩端封鎖，路上警衛分散駐守，不繳過路費便不准通行」。

奧雷亞納問：亞馬遜人會孕育下一代嗎？會，她們會懷孕生子。但要怎麼懷孕？

他說，這些印地安女人偶爾與印地安男人相好，每當欲望襲擊，她們會集合一大批戰士，前往離女戰士地盤不遠的居地，向該地的偉大君主開戰，用蠻力將他們帶回國，把他們留在身邊，直到她們滿足為止，懷孕了就讓這些男人毫髮無傷回到自己家鄉。

---

8 卡發耶說，這名戰俘是一名「小號手」，因為他的人民有許多「小號、鼓和笛子」。我之所以感興趣，是因為我很久以前也吹小號，當時我還自認頗有音樂細胞。他所謂的「小號」到底是什麼？當時歐洲唯一的小號是無鍵小號，例如長軍號；鍵則是後期的發明（海頓的《小號協奏曲》裡的樂器，是使用拍板和孔洞製作出泛聲）。具有類似直笛孔洞的木製高音小號也有小號吹口，但雨林部落並沒有金屬，也許這些印地安人用的是有鑽孔的木製樂器，或是使用鹿角。這件事始終是個謎。

男嬰格殺勿論，女嬰則「以嚴肅的心態拉拔長大，並傳授戰術」。

有位女王掌控全局，「統御的女王擁有支配主宰他人的權力，這名女王人稱可諾莉（Coñori）」。

她們擁有「數量十分豐足的黃金銀子」，高階女性用餐時使用金銀器皿，低階女性則使用木製或陶製品。首都有五棟大型建築是獻給太陽神的神廟：

建築裡有許多女性形象的金銀偶像、太陽神儀式使用的金銀器皿，女人穿戴上好羊毛服飾，因為這塊土地擁有許多與祕魯同品種的綿羊（當然其實根本不是綿羊，而是美洲駝），女性裝束包括繫綁胸前的毛毯，（某些時候，毛毯只是在肩頭）披掛著，其他時候則用一對粗繩當作斗篷般扣在身前，她們的秀髮長至地面，流瀉腳邊，頭頂戴著兩指寬的黃金皇冠……我們從他的說法得知，她們都騎在駱駝背部……駱駝體型和馬不相上下。

情報來源繼續道：「她們有個不成文規定，那就是日落後，印地安男性不得留在這幾座城市。」鄰國必須向她們進貢禮品，其他國家則與她們戰爭，包括她們剛造訪過、帶男性回家「發生關係」的國家。這些女人「身材高䠷，皮膚白皙，人數眾多」。他說得很篤定，因為他每日固定來回。

看來一切都證實了西班牙人在基多聽見的傳聞。為了見到這群女人，男人得往下游航行一千四百里格（約四千八百公里），「若想進入女人國，注定是少壯出發，垂老返鄉」。這名俘虜還說，亞馬遜國

天寒地凍，柴火不足。

奧雷亞納和卡發耶是隨時洗耳恭聽的好聽眾，渴望相信不遠處存在一個已臻成熟的殖民地。卡發耶著手歷史書籍時，他的美夢已經昇華成帝國主義計畫：

在遠離河川約兩里格（近十公里）之遙的內陸，可以看見白晃晃亮錚錚的大型城市，再說這片土地優良肥沃，乍看之下頗有家鄉西班牙的味道⋯⋯這裡氣候溫和，可收穫大量小麥，種植五花八門的果樹。

適合圈養家畜的草原、「長青橡木、橡子結實累累的黃柏人造林」等植物的森林、起伏綿延的無樹平原、豐富野味，左瞧右看都是適合國王、國家和基督占領的伊甸園。

我們該怎麼看待這整件事？奧雷亞納和一個不久前還無人知曉的部落打仗，目擊十幾名與男性並肩作戰的魁梧女性，她們樣貌非凡，狀似行使威權。現場顯然沒有翻譯官，畢竟西班牙人是第一批抵達的歐洲團隊，但奧雷亞納根據一份「單詞字彙表」，得出大致背景：部落階級、貢禮制度、七十座村莊、石屋、經濟體。

先從語言問題講起。無庸置疑，正如卡發耶所言，奧雷亞納是名聰明絕頂的語言學家，他的智慧「僅次於上帝，我們沒有滅亡全多虧他。」但沒人能**那麼**聰明。宣稱自己能用幾週學會一個全新語言的人類學家，在過去並非少見；而一個世紀前，這種說法也不算不妥。很少人研究傳統的原始部落，學者是唯一來源，因此無人查驗。二次世界大戰後，人類學大躍進，這時我們才曉得語言比大家想得複雜許

多，不可能幾週就學會一種語言。我訪問的人類學家兼瓦拉尼專家，吉姆‧約斯特（Jim Yost）說，他用了一年才覺得自己比較聽得懂他們的語言，他本身具備極大優勢，因為他合作的傳教士團體已經分析過瓦拉尼語。瓦拉尼語是語言學裡的「孤狼」，同語系已沒有其他倖存語言，因此耗費專家數年解密。和瓦拉尼人相處的那幾個月，多虧書寫用的文法，我學到了一點瓦拉尼語，雖然夠讓我提出幾個簡單問題，卻不足以理解他們的回答。

但卡發耶自說自話，奧雷亞納全憑一份單詞字彙表，就能在短短數日從一位講著未知語言的「線人」那裡，套出未知文化的詳細內情，怎麼想都不可能。

這麼說，全部都是胡扯。石屋和道路坐落在地面泥濘的熱帶雨林，卻柴火不足？田野和橡樹？就拿他提到的數字「七天旅途」、「七十座村莊」來說，數字代表他們有計算制度，可是我們幾乎能拍胸脯說，多半亞馬遜部族不會算數。這麼說不對，應該說他們會算數，只是平常不這麼做，至少使用的不是歐洲的計算單位。亞諾馬莫人（Yanomamo）和皮拉罕族（Piraha，下面一段還會提到他們）是這麼算數的：「一、二、二以上。」瓦拉尼的算法稍微複雜：一數到五是「一、二、二加一、二加二、一隻手」，你能數到十（兩隻手），但再數下去太嫌累贅，因此不常使用。這無關智商，瓦拉尼人絕對有能力學會用西班牙語算數，在他們有了這項聰明利器後，都忍不住自嘲他們的算法：「若想用瓦拉尼語說二十二，就要說『兩隻手加兩隻手，再加二。』」這些文化傳統似乎不用數到五以上，也能過得很好。至於原因，我們沒有確切解答，但要為這種問題苦惱的人是我們，不

是他們。

　　該怎麼解釋奧雷亞納從線人那裡獲得的「發現」？至少是卡發耶陳述的說法。答案是：推敲。憑個人經驗和偏見去解釋異邦人和遙遠國度的人，相信世界各地的人思想相通，是種撫慰人心的想法，但只怕這不是真相。有個故事描述某位老師對祖魯人分析《哈姆雷特》時，迫切點出該劇本最主要的惡行：為求篡位，哈姆雷特的叔叔謀殺親兄。聞言後，在場所有祖魯人都頷首認同，異口同聲說「幹得好」。莎士比亞全世界都吃得開的魅力，遇到祖魯人也不過如此。在馬德拉河向皮拉罕族傳教的丹・艾佛瑞特（Dan Everett），驕傲唸出馬可福音的翻譯本時，深信自己傳遞的是全人類都需要的救贖訊息，但他恐怕沒算進皮拉罕族所信仰的，是一個夢境與靈魂的世界。如同外在世界，夢境與靈魂的世界對他們也是真實的。聽完馬可福音後的次日清晨，一個男人「忽然說：『女人都很怕耶穌，我們不要他來。』此話教我大吃一驚。

　　「『怕？為什麼？』我問。

　　「『因為昨晚他來我們村裡，試著和村裡的女人性交，追著她們滿村跑，想要把他的大雞雞塞進她們身體。』」

　　其他族人證實這個說法，於是這場比賽的獲勝者是皮拉罕族。套一句艾佛瑞斯的說法，他們「不適合新世界觀點」，事後艾佛瑞斯幾乎馬上變成消了氣的氣球。

　　卡發耶意圖展現出自己值得信賴的模樣，大家也買帳。「應該相信他的，」他的朋友費南德茲・德・奧維耶多（Fernandez de Oviedo）寫道，「就拿他承受的那兩箭來說吧，其中一箭掏毀了他

一隻眼睛。憑他那隻眼，更別提他的威望和身分……我寧可相信他，也不相信那些雙眼健全……卻在歐洲足不出戶、淨說蠢話的人。」然而，這些期望害他迷失。他受過良好教育，熟稔經典文學，清楚古代世界史學家描述的亞馬遜人，也無從懷疑亞馬遜屬於真實歷史的一部分。卡發耶來自一個充滿石屋、道路、王族的世界，一個對黃金著迷的文化，深信不疑雨林深處有一個滿室黃金的王國。就是對這種文化的熟悉，讓他毫不遲疑採納奧雷亞納的說詞，並誇大其詞，用一廂情願的想法加油添醋。和俘虜幾句簡短對話就猶如語言上的羅夏克墨漬測驗，投射出西班牙人對自我文化、夢想、近代史的認知。像是幽浮、鬼魂、神明、尼斯湖水怪……「證據」的不足導致人們開始捏造各種解釋，接著猶如滾雪球般，引起更多「證據」，編造出真金不怕火煉的真相。

另一個主要故事來源應該就是太陽神的祕魯少女，由於不到十年前的印加征戰裡有她們的身影，因此兩人都知道祕魯少女。十九世紀陳述該征戰故事的歷史學家威廉·普里斯科特（William Prescott）說，太陽神少女是「為神祇奉獻自我的年輕少女，她們離鄉背井，被領進女修道院……院裡有一排排低矮石造建物，立於大片平地，四面高牆林立。」

儘管一個人值得信賴，也不足以保證他的報告值得採信。雨林裡從來沒有亞馬遜部族，也從來沒有黃金王國。

但卡發耶的盼望和夢想具有無遠弗屆的影響力。經過幾場攻擊、反攻、竊取與交換糧食的冒險，遠征隊抵達廣大的淡水河口，接著繼續朝北前進兩千公里。一五四二年九月初，他們總算抵達西班牙殖

民地，亦即現今位於委內瑞拉海岸邊的庫瓦瓜島。奧雷亞納回到西班牙，卡發耶也回到利馬，動筆寫下他遠征下游的故事（共有兩個版本）。往後的四十年，他都在教會服務，直到一五八四年辭世。

他的故事似乎合理解釋了河流和森林為何變成「亞馬遜諸國」地帶，起初亞馬遜是好幾個國度所組成，但實際情況不如表面直接了當。好幾年來，這條河川一直以發現者之名命名為奧雷亞納河。其次，卡發耶的故事[9]是今天的主要資料來源，但這也是近代才如此。因為故事完成後，這些文字便消失在祕魯檔案庫，直到十九世紀末才被撈出，所以當時他的故事全憑口傳。奧雷亞納的征途卓越精采，皮薩羅指控他是叛徒後，這趟冒險更是家喻戶曉，女戰士的故事亦為他的歷險記定了調，這也是為何這條河川和雨林會成為亞馬遜人的區域。

起先故事僅在西班牙人之間流傳，後來傳到歐洲其他國家，甚至全世界。一五五五年，法國作家安德烈・塞維特（Andre Thevet）出版了一部描寫法國人探索新世界的故事，這是根據他個人旅途和其他故事寫成的書籍。《法國南極的奇點》這個詭異的書名，是取自一個短壽的法國殖民地——即現在的里約熱內盧，但作品包含了整個美洲[10]。這本書似在提議擴大法蘭西帝國，從巴西擴至各個北方據點。事實上，這是第一本完整探討新世界民族誌的著作，內容包括人種、動物、植物，並將亞馬遜人當成事實編入書中。她們怎麼到達這裡的？這問題不難回答。特洛伊戰爭結束後，她們四分五裂，形成亞馬遜離散社群，散布世界各地，直到抵達美洲。

---

9 兩個版本風格迥異，內容卻大同小異，也許是因為分兩次口述的關係。

10 原書名 *Les singularitez de la France antarctique, autrement nommee Amerique*。請見參考書目表。

這群人住在小屋和岩石洞穴，食用當地魚類和各式各樣的野生植物、根莖、果實。男嬰呱呱落地那一刻，她們便奪走嬰兒性命，或將孩子轉交給願意拉拔他們長大的人。若產下女嬰，她們會留下來教養，和最早期的亞馬遜人如出一轍。她們常對各國開戰，以不人道手段對待俘虜。

奧雷亞納征途結束的五十年後，一五九七年，法蘭德斯地圖製造商科尼利厄斯・懷特弗利特（Cornelius Wytfliet）出版一份世界地圖，包含了所有新發現地區。雖然製作不夠精緻，但美洲也在地圖上。南美看起來像是一顆發育不全的馬鈴薯，只有七個地名：黃金卡斯提亞（Castilia del Oro）、祕魯、巴西、巴拿馬、智利、奇卡（Chica），還有橫跨大陸的亞馬遜尼亞流域——亞馬遜諸國，這是人類首次在地圖上看見這個名字。後來亞馬遜不再是諸國，而是單一的亞馬遜國。

那時，英國探險家代表他們的戰士女王伊莉莎白，要為大英帝國奠定根基，卻發現位高權重者已不再認真看待亞馬遜人。

沃爾特・雷利爵士（Sir Walter Raleigh）轉述一名原住民酋長告訴他的故事，還聲稱故事是真的。他（使用新版拼字）描述，畢竟：

經過多段歷史的核實，她們真實存在……但住在離圭亞那（Guiana）不遠的她們，每年只和男人相伴一回，為期一個月，我猜想應該是每年四月。那時所有邊境國家的國王集合，與亞馬遜諸國女王相會，女王決定所欲人選後，其他人便抽籤決定自己的情人。在這

個月裡，她們肆無忌憚的宴席，歌舞昇平，飲酒作樂，一個月結束後各自歸國。據傳她們暴戾嗜血，碰到有意侵略她們國土的人，絕不手軟，這群亞馬遜人同樣坐擁龐大黃金資產。

　　故事說得幾可亂真。這是用哪國語言寫的？當地統治者的行為舉止怎麼像是戲劇描述的歐洲皇室？難不成他以為女王會相信真有眼睛和嘴巴長在胸前的無頭伊娃伊帕諾瓦人（Ewaiponoma）？說到底，故事不過是他們希望獲得皇室支持，贊助他們另一場遠征的手段。後來伊莉莎白女王辭世，雷利被捲進繼承人詹姆士一世的陰謀論風波，最後也落得和伊娃伊帕諾瓦人一樣的下場，人頭落地。

　　總之到了這個時代，已有人對亞馬遜族抱持懷疑。隨著知識發展，亞馬遜人的領域也持續往尚未開發的荒郊野嶺挪動。不奇怪嗎？為何有關她們的資訊情報從來不是直接的？山姆‧普查斯（Samuel Purchas）在他描寫新世界的歷險記中嗤之以鼻，「隱世獨立的單乳人」只是虛構故事。若是當作虛構故事，亞馬遜人仍是戲劇和詩詞裡備受歡迎的角色，如同現代的救命仙女或啞婦，她們的特質一眼便能明辨：戰斧、高筒靴、暴露的乳房。但當時亞馬遜人已馴化而溫馴，不再是貨真價實的戰士。正如艾德蒙‧斯賓塞（Edmund Spenser）在《仙后》（The Faerie Queene）裡，寫給伊莉莎白女王的詩行所示：

擁有婦德的女性能夠聰慧理解

她們出身謙卑，

只有老天能讓她們升至法定君權高位。

唯一的例外是天授君權的女王。《仲夏夜之夢》裡希波呂忒提到的是狩獵，而非戰爭。她們是露天歷史劇的絕美裝飾，出了名的高駣和英勇，但嚴格來講她們也是不符合女性化行為的危險例子。榮光女王（Gloriana）的美譽讓伊莉莎白心花怒放，但要是有誰膽敢稱呼她亞馬遜女王，就怕人頭不保。

　　在亞馬遜河川之名的認證下，亞馬遜神話得以流傳。軼聞豐富的龐大群體，想必多少具備真實性吧？

　　例如，耶穌會主教克里斯托巴・德・阿庫尼亞（Cristóbal de Acuña）就將亞馬遜神話傳承了下來。他和葡萄牙探險家佩德羅・德・泰赫拉（Pedro de Teixeira）下了安地斯山脈後，來到納波和亞馬遜，並於一六四一年出版個人遊記。他從未宣稱親眼見到亞馬遜人，卻毫不質疑她們的存在。「亞馬遜人確實生活在河川範圍，證據確鑿充分，若是不承認，實在有欠常識。」證據？他對圖皮南巴（Tupinamba）部落的當地居民進行調查，說白了就只有一名當地居民。這男人證實大家都「知道」的事：勇猛的女人國，國內沒有男人，一年一度的性行為，男嬰格殺勿論，女嬰當戰士拉拔長大，諸如此類的傳言。「說這群女性住在河川區域再合理不過，她們的故事流傳著那麼多語言版本，傳遍那麼多國家，說這不是事實的人想要騙誰？實在說不過去。」不過呢，其實完全說得過去，畢竟圖皮南巴人自古至今都住在巴西東北岸的馬拉尼昂，距離亞馬遜河口足足四百公里遠；更別說卡發耶提到，奧雷亞納曾說有一名當地印地安人講著他不懂的語言，聲稱該區

域有亞馬遜人。

所以，儘管十八世紀有一群起疑心的哲學家和科學家否認亞馬遜人的存在，有些人卻不疑有他，亞馬遜尼亞的亞馬遜人也因此存活了下來。法國耶穌會傳教士兼人類學家拉斐度（Joseph-Francois Lafitau）就是其中一人，他曾在加拿大與易洛奎印地安人（Iroquois）生活五年（一七一二～一七一七年），學到許多有關休倫族（Huron）的知識。他的人類學研究很優秀，盛行數個世紀，因而獲得「科學人類學先驅」的稱號。拉斐度的目標是證明所有文化演進都源自同一個文化，各個文化耳濡目染，開枝散葉，雖然這種比較方法在語言和物種進化上行得通，卻不適用於文化，但他當時不可能知道。他的著作《美國野人風俗》（*Moeurs des sauvags ameriquains*）是寶貴的新科學起點，拉斐度希望藉由記錄和比較文化，發展出文化演進的普世法則。他深信今日的美洲原始文化不僅與古代世界的原始文化雷同，事實上甚至是從古早文化**傳承**下來：「規模最大的美洲人種，最早源於本來占據希臘陸地和島嶼的野蠻人。」而他採用的證據，正是奧雷亞納的報告。傳承並散布希臘文化的人，正是亞馬遜人。他說：

　　若我們不能確信，現代的馬拉尼昂或亞馬遜河岸邊仍住著一群女戰士，她們對馬爾斯的功績驕傲不已，不與男性同住，舉日拉弓射箭，只留下女嬰，男嬰若非遭到殘殺，就是在生父要求下於指定時間交還，那麼我們或許可以說亞馬遜人只是神話。

亞馬遜：傳說，河流，影像

奧雷亞納的第一個挑戰：內陸一千兩百公里的亞馬遜河仍是淡水，沉積物豐富的「白」水和缺乏營養的尼格羅河在此處交會。奧雷亞納，第一位探索亞馬遜河的人，於一五四二年六月抵達該地，他注意到河水「漆黑如墨」，便以此為河川命名（negro 在西班牙語有黑色之意）。

奧雷亞納的第二和第三個挑戰：人和環境。雨林生活需要專業技能，一九八〇年代，這名瓦拉尼男性，特迪卡威（Tedikawae）住在納波河南邊的雨林，他使用塗有箭毒——一種神經毒——的吹箭和飛鏢射下一隻夜冠雉。他使用的工具和技能都要經過幾世紀的演進、培養。

一盒法國巧克力附贈的十九世紀末學習卡，
卡片上描繪的是亞馬遜人。（右上）

隨著世代更迭，亞馬遜人成為劇院的固定班
底。這是十九世紀舞台上的亞馬遜人，她身
穿「傳統」服飾：寬裙、交叉襪帶、弗里吉
亞無邊軟帽、一把弓。（右下）

關於亞馬遜族的說法他全盤接受，除了切除、燒灼乳房這一點。第二冊第二章（本書為逾兩千頁的浩大工程[11]）〈女性職業〉的首句如下：「這群女野人如同亞馬遜族，亦類似色雷斯、斯基泰、西班牙和其他古代野蠻人，都在農田裡工作。」繼續過著「大遷移」前的生活。易洛奎女性讓人想起希羅多德提到的呂基亞人（Lycian），跟呂基亞人一樣，她們的房子也是母親挑選，並從母親輩往上追溯歷代祖先，權力架構也是女性主宰。很不幸的是，易洛奎酋長是男性，但好在男性酋長都是女性挑選出來的。與呂基亞人和亞馬遜人一樣，易洛奎社會是女性主導的「女權當政」──現代人使用的詞彙是「婦女政治」或「婦女當政」。套用一句希羅多德的說法：「去詢問一位呂基亞人的身分，他會告訴你自己和他母親的名字，再來是他祖母、曾祖母等人的名字。」這等對比關係似乎提供了強力證據，說明易洛奎的生存方式可能「源自帝國範圍龐大遼闊的亞馬遜人」。關於這點，拉斐度的著作亦在書頁邊緣列出諸多古典參考用書的註解。至於她們如何抵達加拿大又是一大問題，顯然她們不是穿越大西洋，所以肯定是千里迢迢跨過亞洲，越過白令海峽。一項讓拉斐度遠近馳名的發現支持了這個論調：易洛奎人長久當作藥品使用的植物人參，和中國使用的人參相同。所以說究竟是誰將人參帶到加拿大？由於當時尚無人確知地球的真實年齡，他從沒想過很可能是人參自己散播到那麼遙遠的地方。他的結論是：將人參帶到美洲的肯定是亞馬遜人和呂基亞人。

另一位從新世界帶回亞馬遜情報的探險家，就是到厄瓜多準確測量赤道緯度的夏勒・瑪西・德・拉孔達明（Charles Marie de la

---

11 原版可參考 http://gallica.bnf.fr/

Condamine）。一七四三年，他風塵僕僕來到亞馬遜，向眾多印地安人提出問題，因為那時他有口譯官隨行，打探不再是問題。沒人實際**看過**亞馬遜人，但從另一個角度來看，「當地人告訴我們，他們的父母也陳述過內容相似的故事」。顯然歐洲人長達兩個世紀的質疑盤問，已在他們心中深深植下歐洲人所欲聽見的答覆，進而演變成一籮筐假消息。有位七旬老人向拉孔達明證實，他的祖父確實和四名亞馬遜人交談過。一個尚無記錄的托巴亞部族（Topaya）印地安人則告訴拉孔達明，他們的父親曾收過「單身女人」贈予的綠石，這群女子住在遙遠高山外、瀑布上方的某地。因此拉孔達明認為亞馬遜人確實存在，或曾經存在於歐洲人從未涉足的圭亞那。這一次，亞馬遜族依然生活在地平線外的某處，在無人找得到的地方神出鬼沒。當然，他寫道 [12]，原住民的話不足以採信，因為他們都是「耳根子軟、危言聳聽的騙子」。也當然，亞馬遜族從舊世界遷徙至千里之外的論調荒誕，令人難以信服。她們的發展史至今仍是尚待解決的謎團，也許她們逃出暴力殘酷的生活，創立自己的國度。總而言之，即使是身為科學家和理性主義者的拉孔達明都下此結論：「在這塊大陸上，曾有個女人共和國，她們自力更生，不和男性生活。」

因此亞馬遜家族的遙遠血脈之名得以流存，並用所有現代人都耳熟能詳的方式，影響著真實世界。

二十世紀，經過廣泛的議論紛紛後，人們發現亞馬遜河其實

---

12 摘自 *Relation abregee d'un voyage fait dans interieur de l'Amerique meridionale* 一書，請見參考書目表。

是世界第二長河川（總長六千五百一十六公里），僅次於尼羅河（六千六百九十五公里）。但長度不是測量亞馬遜河規模的正確數值，想要瞭解這條河的本質，你就得先理解它的來源。亞馬遜河其實是殘餘的內陸海，約一億五千萬年前，南美洲和非洲的土地相連，這兩塊陸地都是盤古大陸（「泛大陸」）的超級陸塊一部分。一條雄偉河流，也就是後來大家所謂的亞馬遜河，從現代的西非內陸緩緩流入現代的南美洲，分散成一個碩大三角洲，接著流進原始太平洋。地心深處的熔岩緩慢流動，造成撕裂，兩塊大陸崩裂分離，每年以一片指甲寬度的速度移動，距離越擴越大，形成今日猶如拼圖的板塊。南美洲則像一艘激起衝擊波的乘筏，擠壓出一道防撞緩衝區——也就是我們現在所認識的安地斯山脈，拱起了南美板塊的整座高聳山脊。這條曾經由東流向西的偉大河流因此傾斜，河水自新形成的山脈滾滾傾倒而下，轉而流至另一個方向。現代亞馬遜是一個形狀倒轉的三角洲，流入區隔出南美洲和其雙胞胎大陸的大西洋，這就是亞馬遜盆地為何是今日的樣貌，也是為何它的規模不該以長度測量，而是河域容積。河水以每秒二十萬噸的容量灌注大西洋，每分鐘可達一千兩百萬噸，每日共一百七十億噸，流量比第二名的剛果河還多五倍。亞馬遜河流域的面積是印度國土的兩倍，在世界河川規模的排名上，第五和第七名都是亞馬遜支流，分別是馬德拉河和尼格羅河。

亞馬遜的規模和名字毫無關聯，可是兩者加起來，對網路使用者來說卻大有聯繫。一九九四年，華盛頓州西雅圖的車庫裡，一位埋頭苦幹的年輕企業家，剛創立一間什麼都賣什麼都不奇怪、觸角延伸至世界各角落的公司。書籍是該公司的商品首選，這名企業家想打造一

個世界最大型的書籍銷售網，而想要召喚網路購物魔法的他，並未使用完整的咒語「阿布拉卡達布拉」（Abracadabra）當作公司名，而是簡化為「卡達布拉」（Cadabra）；但沒太多人懂得箇中含義，唸起來又很像「死屍」（cadaver），因此他需要換個名字。由於他熱愛《星際迷航記》（Star Trek），於是提議借用企業號艦長尚路克畢凱的經典台詞：「艦橋交給你了（Make it so）。」但以 MakeItSo. com 註冊網域名稱時，他還是覺得哪裡不對，再說用前幾個英文字母開頭當網域名稱比較好，能夠迅速跳出網路瀏覽器。Aard.com、Awake.com、Browse.com、Bookmall.com ？都不對。

是的，我們現在講的正是傑夫‧貝佐斯（Jeff Bezos）。十月底，他翻查字典的 A 單字區時，無巧不巧看到「亞馬遜」。就它了！目前世界最大的河域，名稱似乎很符合他腦海構思的形象。翌日早晨他走進車庫，向同僚宣布公司的新名字，並在十一月一日註冊全新網址，隔年七月開始銷售。

亞馬遜的崛起猶如一顆流星，完全不靠媒體推廣，三十天內便在美國和四十五個國家賣起書。兩個月後，每週銷售額高達兩萬美元；一九九七年，亞馬遜公司上市，生意擴展全無所不賣，完全脫離創店概念。二十年後的今天，亞馬遜銷售額以一千億美元攻頂，amazon. com 為了要匹配得上亞馬遜人的美名，就必須傾斜南美洲，直到河水的雪白泡沫汩汩流進大西洋。

在這幅一五九八年的《亞馬遜人交配季節》木刻畫裡，民間傳說勝過現實，背景畫面完全不像傳說中應該是他們家鄉的雨林。

第九章

一幅畫，兩部戲，一場自盡

　　一六○○年，亞馬遜人在歐洲意識深深紮根，它的地位源自希臘歷史，新世界的歷險記證實她們的存在，小說文學更是奠定了亞馬遜的地基。人人都知道亞馬遜人曾經存在，或許現今她們仍存在於遙遠地平線外的某個角落。因此作家在字裡行間提及她們，藝術家揮灑的畫筆描繪她們，可說是理所當然。多數作品遭到遺忘的原因也很有道理，不是無聊沉悶，就是微不足道，只不過是重述早已滾瓜爛熟的主題。但在接下來三個世紀，還是不時有人創作出值得一看的作品，本章就要講述三個例子。而亞馬遜人在這些作品當中的象徵意義已經與古代世界南轅北轍。

　　布拉格貴為一座美麗城市，卻有一項醜陋傳統：他們會把人拋出窗外。這麼說也許稍微誇張，畢竟目前為止布拉格只發生過三起拋窗事件，每一起都相隔數個世紀，因此稱不上傳統。第一起是在一四一九年，暴動群眾支持後來遭處決的異端分子揚・胡斯（Jan Huss）的想法，將十幾名傑出官員拋向樓下守候的人群。第三起發生於一九四八年，共產暴徒將反共產主義的外交部長揚・馬薩里克（Jan Masaryk）拋出窗外致死。現在讓我們來看第二起。一六一八年，新教徒領袖將三名來訪的天主教強硬分子拋出窗外，意外的是這三人活了下來。有人說是神聖力量介入，救了他們一命，其他人則說是他們降落糞堆才保住小命。但故事的重點是宗教，這起事件開啟了

三十年戰爭，而這場戰爭將馬丁路德一個世紀前展開的宗教改革，變成截至一九一四年為止最殘暴血腥、毀滅潰堤的野蠻時期。

時間快轉來看，一六一八至一六四八年這段時期，歐洲大陸成了賤民軍團為信仰改變、王朝殞落、民族國家崛起而參戰的雲霧室[1]：德國新教徒、德國天主教徒、德國軍閥——當時「德國」尚不存在，只有不計其數的國家和城市；帝王、教宗、哈布斯堡王朝（以及全歐洲乃至印度、非洲和美洲的屬地）、維特爾斯巴赫王朝、法國、西班牙、荷蘭、波希米亞、丹麥、瑞典、義大利各國（義大利這個國家亦尚未成形），以上勢力不斷合併、敵對、行動、反抗，見錢眼開的傭兵看哪邊有好處就往哪邊站。在武器、疾病和饑荒的摧殘下，歐洲大陸變成一片荒原，死亡人數高達數百萬人，可能三百萬人，也可能超過一千萬人。在渾沌的中心地帶——德國，滅亡人數可能超過兩成人口，甚至高達四成。而最極端的事件發生在一六三一年的馬格德堡（Magdeburg），兩萬人在自家遇到謀害或燒死。整個歐洲大陸無人記錄發生多少暴行，更別說死者的數量。

但有個人記下幾件暴行，這個人就是德國的漢斯・馮・格里美爾斯豪森（Hans von Grimmelshausen）。一六三一年他十歲那年遭黑森部隊（Hessian）挾持，親眼目睹諸多苦難，後來彙整成一本經常簡稱為《痴兒西木傳》（Simplicissimus）的小說，小說的原書名很長，是當時最受歡迎的德文小說。在我們正式進入重點前，先讓你讀一段這位個性單純的男主角描述，文字道出一般人所遭遇的磨難：掠奪、強暴、肆無忌憚的破壞與折磨，包括十七世紀的水刑。

---

1 雲霧室（cloud chamber）：一種觀測帶電粒子的實驗裝置。

騎兵做的第一件事，就是把馬栓在馬廄：接著每個騎兵著手於他們受指派的任務——不外乎是破壞和毀滅。有些人展開殺戮、烹煮、燒烤，彷彿正在準備一場歡樂宴席，其他人衝進房屋，奔上跑下……儘管院子裡就擺了一捆捆的乾木柴，他們還是把床架、餐桌、椅子、長凳全都燒個精光。鍋盆瓦罐必須全數砸碎，我想如果不是因為他們只吃烤人肉，就是因為他們的任務不是做飯。我們的女僕被關在馬廄裡出不來，所以很可惜無法描述她。他們將我們的男僕綁在地上，朝他嘴裡塞了一個口塞，再往他體內倒入一整桶汙水：他們說這叫瑞典麥芽酒。接著脅迫他帶他們去另一個地點，逮捕其他人和動物，再帶回我們的農場，我父母親和我們的烏蘇拉都在那裡。

然後他們開始了：先取出手槍裡的燧石，把農夫的拇指塞進槍管，像是焚燒女巫前的步驟，折磨這群可憐的傢伙。其中一個遭逮的人被他們塞進烤爐，烤爐底下還點了火，但他壓根沒犯罪。至於另一人，他們用繩索纏繞住他的頭頂，再以一塊木材絞緊繩索，直到他七孔流血。總之每個人都有折磨農夫的法寶……但在眼前慘狀下，我仍然協助轉動一支炙叉，下午還餵馬喝水。這過程中，我在馬廄碰見我們的女僕，她的狀態糟糕得難以置信，我一下子沒認出她，但她用微弱聲音朝我呼喊道：「噢，小子，快逃，否則騎兵會帶你走，快想辦法從這裡逃走：你都看見我的慘狀……」接著就一聲都吭不出來了。

這是德國的情況。以荷蘭來說，三十年戰爭不過是歹戲拖棚之戰的其中一環，也就是脫離西班牙的八十年獨立戰爭（一五六八～

一六四八年）。當時荷蘭分裂成兩大宗教：聯合省北方的新教徒，即眾人所謂的喀爾文教派；以及南方的天主教徒（約位於現今的比利時）。阿爾布雷希特大公爵和伊莎貝拉女大公自一五九九年起，在南部首都安特衛普聯手治理國事，他們打造一座做為天主教文藝復興中心的宮殿，並持續試圖透過軍事，鎮壓荷蘭反叛者，直到一六〇九年簽署十二年停戰協議為止——等於是承認北部省分的獨立狀態。

安特衛普的商業實力不敵阿姆斯特丹，但阿爾布雷希特和伊莎貝拉卻提供學術和藝術的避風港，給予藝術家蓬勃發展的空間。他們需要修復遭到破壞的教堂、建蓋新教堂、製作祭壇裝飾品、裝置彩繪玻璃窗，宅邸裡亦需要擺設優美畫作。這是安特衛普藝術家的黃金年代，當時最赫赫有名的兩位藝術家分別是揚·布呂赫爾（Jan Brueghel）和彼得·保羅·魯本斯（Peter Paul Rubens）。布呂赫爾是老彼得·布勒哲爾（Pieter Bruegel the Elder）天資聰穎的兒子（他拿掉名字裡的 h，但他的孩子名字裡仍保留），哥哥則是天份與他不分上下的小彼得·布呂赫爾（Pieter Brueghel the Younger）。布呂赫爾比魯本斯年長九歲，已經闖出名號，兩人都擁有自己的畫室，都有自己獨特的天賦。布呂赫爾因筆觸細膩而獲有「絲絨」別稱，擅長風景畫和多人物場景畫；而魯本斯雖然年少青澀，卻熱愛歷史題材。他們效法其他藝術家，攜手合作。藝術合作是當時廣為採納的做法，而且不限於安特衛普，往往是大師畫出重點精髓，助手添加細部描繪，藝術史學家會運用大把時間，想辦法釐清是誰負責一幅畫作的哪個部分。藝術家圈子關係緊密，時常進出彼此的畫室和家裡，聯姻更是時有耳聞，而布呂赫爾和魯本斯的合作亦讓兩人結交為密友。

一五九八年，魯本斯二十一歲，布呂赫爾三十歲，他們攜手創造出兩人的第一部作品：《亞馬遜之戰》（*The Battle of the Amazons*）。

為何描繪亞馬遜族？這並非文藝復興藝術家特別流行的題材，但古典神話主題和騷亂戰爭場景深深吸引這兩人。甫從義大利歸國的布呂赫爾負責畫作上方的風景；古典文學知識淵博、即將前往義大利的魯本斯，則負責填滿畫作下方的人物。位在蔥鬱山丘右側的寬闊平原上，希臘軍隊進攻，將亞馬遜人逼至河邊，直逼觀者眼前。站在前景的赫丘力士 [2] 征服了兩名亞馬遜人，其中一人頭戴不相稱的羽毛帽，而那位身穿紅衫、揮舞金色旗幟、提著一顆人頭的亞馬遜人，或許正是希波呂忒。雄壯威武的人物可能是提修斯，他手裡提著的則是虛軟無力的安提娥培。戰士從四面俯衝，踐踏著也被人踐踏，畫面表現狂放，暴力隨處可見。

但這幅畫依然充滿學院風格。畫中有許多裸露人體，也有不少身著輕薄服飾的人。前景躺著一個女人，聚光燈打在她身上，明顯已沒了氣息，身上卻不見血痕，她莊嚴死去，一隻手好端端擺著。事實上，儘管兵荒馬亂，畫面不至於太血腥，就連希波呂忒（若真是她）手裡提著的人頭都顯得微不足道。畫作中，赫丘力士和他的兩名對手，每塊肌肉都緊繃勃發，讓人忍不住聯想到著名大理石雕像描繪勞孔（Laocoon）和兩位兒子與蛇搏鬥的畫面。這幅畫的設計也參考拉斐爾一百年前完成的羅馬壁畫《康斯坦丁對馬克斯提烏斯的戰役》（*The Battle of Constantine Against Maxentius*），布呂赫爾可能曾在羅馬親眼見過這幅畫，魯本斯則是從版畫得知該作品。看來魯本斯較急切想

---

2 由於來源是羅馬文（古典和近代皆然），當時和現代的作者偏好使用他的羅馬名。

解決的是人物身體位置的編排，栩栩如生描寫戰爭的殘暴則是次要。

　　但這下亞馬遜人牢牢揪住他，說什麼也不輕言放他離去，彷彿潛意識在對他精神喊話：「彼得，你可以做得更好，你可以賜予亞馬遜人真正的意義。」或許是為了將來另一個畫作版本搜集素材，他甚至曾利用一幅素描探索亞馬遜主題。他保留的一張圖畫上繪有可能是希波呂忒的亞馬遜人揮舞著一顆砍落頭顱的畫面。那是一六〇二至一六〇四年間的事，那之後他把該題材擱置一旁，像是要給和平一個全新機會。

　　一六二一年，三十年戰爭爆發後的三年，他擔任臥底外交官，當時荷蘭國土依舊分裂，北方叛亂的新教徒槓上仍屬西班牙領地的南方天主教徒。自一六〇九年起，兩方已經暫時停火十二年，而現年四十四歲，曾在義大利受訓、周遊西班牙的魯本斯，已是家喻戶曉的大師、收藏家、鑑賞家，在國際間頗負盛名。多半歐洲頂尖的藝術收藏家都擁有他和畫室幫手完成的傑作，像是盛大的狩獵場景、肖像、掛毯設計、祭壇裝飾品。身為阿爾布雷希特大公爵和其愛妻伊莎貝拉的宮廷畫家，魯本斯就是安特衛普皇冠上的那顆寶石。他的成功讓他與高階人脈牽上線，這也是為何與丈夫平起平坐的伊莎貝拉女大公，會指派他擔任非正式大使。隨著十二年停戰協議即將邁入尾聲，魯本斯的任務就是居中協調，協助分裂的荷蘭和西班牙維繫和平。但魯本斯的任務失敗，戰爭再度爆發。他在偶爾炮火連連的巨響之間經營畫室；外出遠行時，必須跨越戰火摧殘的國土。例如一六二二年，魯本斯遠行巴黎，為來自佛羅倫斯梅第奇家族的法國王后瑪麗籌畫二十一幅肖像。

魯本斯從內部消息得知全歐洲面臨的當代災難，在這段期間的某個年分，他畫出個人版的《亞馬遜之戰》，並將畫作送給大收藏家柯內里斯‧馮‧德‧吉斯特（Cornelis van der Geest），而這幅作品和先前與布呂赫爾合作的有著天壤之別。一陣兵荒馬亂，二十多具半裸遺體橫屍遍野，希臘人和亞馬遜人在一座小拱橋上對戰，屍體從一側跌落，擱淺河水。至於畫作規模，可以想像為約一塊學校黑板的大小，說不上宏壯，但掛在一名香料商人兼藝術收藏家的牆上是綽綽有餘。乍看之下，這是一幅很恰當的神話作品，絕對是十七世紀貴族朝思暮想的物件。

　　但仔細端詳會發現難以想像的畫面。在古時，戰役場景的設計必須展現出輸贏兩方的美好特質。提香和達文西類似題材的作品就是值得學習的好典範，兩名畫家都美化了畫面裡的勝利場景。但在這幅畫裡，魯本斯卻依照個人選擇發揮題材。在城市竄出煙霧、戰火連綿之中抗戰的人物，圍繞著一位手持亞馬遜軍旗的希臘人。軍旗就是戰爭題材的傳統主題，色彩鮮明豔麗的旗幟應是部隊重振旗鼓的重點，但在此處卻不見重振旗鼓和榮耀勝利的場面。本來高舉亞馬遜軍旗的人已手無寸鐵癱倒在地，一名希臘人正要拽走她的旗幟，另一手則揮舞著血跡斑斑的匕首。另一名希臘人高舉長劍，準備送她上西天。亞馬遜女王希波呂忒不再是領袖，可以看見背景中的她騎上馬背，落荒而逃。畫裡沒有教人心跳停拍的美，亦不見賦予權力的腰帶，只有血淋淋的殘暴野蠻。她提起一顆希臘人的頭顱，頭顱主人身首異處，軀幹橫躺在猶如死亡中心的小橋上，鮮血流淌至橋下的河川。這是極致且怵目驚心的殘暴畫面，死去的屍首扭曲歪斜，一具女性遺體差點堵塞

魯本斯生動描繪戰爭的驚悚

在《亞馬遜之戰》（約一六二二年），魯本斯以象徵手法展現出三十年戰爭（一九一六～一九四八年）的渾沌和愚昧殘暴。

小河。古代希臘人戰勝可敬對手時，會期望己方軍隊展現美德，但在這幅畫裡，雙方都沒有為彼此留下尊重。希臘人屠殺戰敗的女戰士，對方也以暴力回敬，痛宰他們。

左下角的女子仰躺在陡峭河岸，已經沒了呼吸心跳。一個希臘人拖拽被她身體壓住的斗篷，一隻腳靠在她裸露的大腿內側，這個動作暗示了侵犯屍體的戀屍癖，以及掠奪無用之物的偷竊行為。希臘和羅馬文學從未描述劫掠死者的情節，十七世紀的觀眾不會預期在神話場景目睹這般景象，卻隱約在這幅畫裡見到了。這幅作品並非真正的神話，而是如實反映現代戰役——在沒有命令的情況下劫掠屍體會遭判死刑，但現實仍時常上演。

整體毫無尊嚴可言，亦不見英雄主義，沒有對錯的分野。希臘人和亞馬遜人雙方既是受害者，也是加害人。畫作真正的題材是戰爭和驚心動魄的戰鬥場面，為了展現這一切，魯本斯已剝除所有他過去承襲學來的正面元素。

魯本斯迫不及待大肆散播他的普世訊息，方法就是製成版畫，出版畫作。這又是一項重大創舉，展現出他的精湛技藝。魯本斯製作的版畫尺寸是原版（八十五公分寬，一百二十公分長）的三分之二，等於是把版畫分成六張，可說是當時荷蘭有史以來最大型的版畫。此外，魯本斯把這幅畫送給一個女人：阿爾西亞・霍華[3]，也就是阿倫德爾伯爵夫人，藉此發揚他的訊息。伯爵夫人的丈夫是阿倫德爾男爵——英格蘭大司馬，托馬斯・霍爾德（Thomas Howard）。他

---

3 阿爾西亞・霍華（Alethea Howard）英語發音為 Al-*ee*-thea，希臘文的意思是「真相」。

是知名的藝術收藏家，亦是魯本斯未來的贊助人，然而伯爵夫人才是魯本斯真正關切的對象，因為他曾在伯爵夫人途經安特衛普時畫過她（以及她的弄臣、矮人、寵物小狗）。現在夫人本人成了他急欲傳遞的訊息，因伯爵夫人勢力強大，好比亞馬遜人。（魯本斯暗示）如果她參與政治，或許能發揮影響力，並終止這幅獻給她的版畫和原版作品裡呈現的殘暴後果。

這場宣傳在藝術上奏效，或許甚至對政治都稍有成效。在藝廊策展人威廉·凡·黑希特（Willem van Haecht）的柯內里斯藝廊數不清的肖像和著名畫作裡，這幅畫地位崇高。畫作縮小至一般尺寸後更是格外受歡迎，至今依舊屹立不搖。

和平總算降臨。西發里亞和約（The Treaty of Westphalia）為三十年戰爭畫下句點，終結歐洲宗教戰爭和西班牙軍事控制，並且象徵法國的崛起，安定了國家境內的各個種族與王朝。這下只剩國家之間的戰爭，全歐洲大陸的戰爭不再，權力的平衡牽繫著和平，直到一百五十年後拿破崙破壞這股平衡，再次令人想起三十年戰爭的惶惶不安和魯本斯的反烏托邦觀點。

時間快轉至和平年代，十八世紀中葉的啟蒙時期。啟蒙是自大知識分子愛用的標籤，他們相信科學方法和理性思維能推翻教會權威，不論是基督教分裂而成的天主教或新教徒，以及他們數不清的敵對派別，都沒有差別。

自然和自然定律在深夜裡隱藏：
上帝說：「讓牛頓降臨吧！」萬物豁然開朗。

這是亞歷山大‧波普獻給科學革命領袖牛頓的墓誌銘，也許稍微誇張了點，畢竟牛頓本人也半藏在黑夜裡，深信他的聖經破解和運動定律無懈可擊。牛頓於一七二七年過世，不久後約翰‧洛克跳出來，聲稱真實世界對人類感官造成的印象，即是知識成真的唯一基礎，而唯一的權威，唯一的真相，唯一能解開大自然祕密的方法，就是瞭解數學、實驗和理性形成的感官印象。人類從世界長久戰爭的黑暗與悲觀深處探出頭，最終攀向陽光樂觀的高地，即使萬物尚未豁然開朗，揭示真相的光即將降臨。

再者，只要願意全心全意學習研究，任何人都能攀到幾乎無所不知的境地。法國的伏爾泰是劇作家兼詩人，他也撰寫歷史，向法國人解釋牛頓的物理學。亞當‧斯密的《國富論》為現代經濟學奠定根基，同時他也是一名倫理學家。

科學理性觀點幾乎不為上帝預留空間，對國教教會的上帝更是如此。當然，改革需要時間，上帝和祂的教會仍是意識形態和社會的一部分，貫徹到底的無神論很罕見。但宗教影響力會隨著知識增長而自然萎靡，就算神祕事件仍然上演——例如一七五六年重創里斯本的地震等天災——也應該從科學角度切入解釋。實現人類命運的方法，就是尋覓幸福、避免不幸、創造進步。

法國知識分子相信，進步的方法就是一步步獲得知識，不只是科學，甚至是對世界和其他社會的知識。以德尼‧狄德羅（Denis Diderot）和讓‧勒朗‧達朗貝爾（Jean d'Alembert）為首的知識分子宣揚一個偉大構想，那就是將所有知識集為大成。在一七五一至

一七七二年間，他們發行了一部總共三十五冊的百科全書。這是一部「戰爭機器」（總數一百五十名百科全書派（Encyclopédistes）的其中一名作者如此形容），既可以豐富大腦，改變思想，亦可散播眾人認同的普世觀點，消滅無知與偏狹於無形，自然和社會法則將重見光明，人類能在大眾利益裡求進步。這就是知識分子的新科牧師——「哲學家」以及他們的同類：英格蘭、蘇格蘭、義大利和德國的「哲學家」們共同稟持的信念。

　　為何是法國？主要的答案就是一七一五年與世長辭的路易十四。統治七十二年的他，孜孜不倦地追求法國和個人的利益。自封「太陽王」的他，光芒籠罩全歐洲，卻也灼燒不少地方。他的權力和威望逼得全歐洲都得講法語。他是一名暴君，後裔路易十五和路易十六也想當暴君，卻不怎麼成功，權力綁手綁腳。倘若國王是君權神授，而倘若上帝當真站在他這邊，他怎可能默許哲學家的主張？當然不可能。於是知識分子和藝術家遭逢重重阻礙，他們的構想還得再等到下一場革命，也就是一七八九年的暴力革命，屆時方能發揚光大。

　　對伏爾泰和百科全書派等懷疑論者來說，亞馬遜人並不屬於值得認真探討的題材，至少沒幾個人認真看待。教會神職人員克勞德・居雍（Claude Guyon）在他的兩冊亞馬遜歷史著作[4]裡堅稱：「沒有什麼比亞馬遜更遠近馳名，更出色非凡，更禁得起考驗。」科學家兼探險家拉孔達明也很確定她們居住於南美洲；曾近距離研究易洛魁印地安人的拉斐度也信誓旦旦，認為所有美洲原住民都是亞馬遜等古代

---

4 《古代與現代亞馬遜歷史》（*Histoire des Amazons anciennes et modernes*），1740 年，於巴黎出版。

種族的後代。伏爾泰卻批評這全是一派胡言：「特爾莫東河岸的亞馬遜王國不過是詩歌創造的虛擬王國。」跨過英吉利海峽，埃德蒙・吉本斯（Edmund Gibbons）在他永垂不朽的《羅馬帝國的衰亡》（*Decline and Fall of the Roman Empire*）裡持較為謹慎的態度。西元二七四年，羅馬皇帝奧勒良（Aurelian）領著一長列戰俘，進行勝利遊行，吉本斯的評註寫道：「哥德國的十位英勇女武將獲得亞馬遜人的封號。」對此，他又下了謹慎註腳：「像亞馬遜這樣的社會**幾乎**可說是不曾存在。」

　　但她們仍未消逝，依舊深深紮根於歐洲意識，對詩歌想像別具一番吸引力，並透過女性筆觸找到出口，其中一位就是努力散播啟蒙思維的十八世紀傑出女文豪。

　　巴黎有錢有勢人士的會客廳，重要性絲毫不輸書籍、文學和演講，而這些「沙龍」的主角都是女性。沙龍擁有百年傳統，歷史可追溯至十七世紀初的朗布依埃侯爵夫人——卡特琳娜・德・維弗納（Catherine de Vivonne, Marquise de Rambouillet）。當時她設立不受宮廷拘束的「反宮廷」（counter-court），強調對話的藝術，例如：禮節、機智、修養、親密感。她邀請賓客的首要條件是先看對方是否有趣，光有財富和社會地位是不夠的——往後的沙龍女主人（*salonnières*）也遵循這套標準。沙龍的旨意是討論並散播文學、科學、藝術、政治、思想、社會的新知，探索友情、婚姻、愛情和獨立等主題。她們主持沙龍，鼓勵並招待客人，教育並促進個人成長，讓自己成為能夠代表文化的影響性人物。她們以身作則傳授「女德」，目標是「剷除透過粗野學術遺產壓制女性的男人，而這些男人的目的

只是用學問的重量粉碎他人[5]。」多虧這些擁有才學野心的女性，聰穎機智的兩性得以交流，並發現這麼做是再正確不過的選擇。

上述這位沙龍女主人是杜波卡吉夫人（Madame du Boccage），她本名安—瑪麗·勒帕奇（Anne-Marie le Page），出生於盧昂，二十三歲那年與收稅人丈夫遷居巴黎。她熱愛閱讀和交換想法，聰明才智顯然聲名遠播，不僅智慧出眾，社交手腕亦是不得了。她通曉拉丁文、希臘文和數個現代語言，籌辦沙龍卻一直沒沒無聞，直到一七四六年三十六歲時寫了一首詩，才在家鄉盧昂第一次獲得了學院頒發當地卓越知識分子的大獎。她將此詩寄給伏爾泰，伏爾泰表明對這首詩的賞識，還在回信裡尊稱她「諾曼第的莎芙[6]」，藉此誇讚她的詩歌能力；又或許這番評論另有所指，原因我們後續深究。一位諾曼第同鄉將她介紹給高齡九十卻老當益壯的哲學家馮特奈爾（Fontenelle），而馮特奈爾又將她介紹給劇作家皮耶·德·馬里沃（Pieer de Marivaux）。這番推波助瀾似乎為她的沙龍注入野心，釋放更多才能。

兩年後，她完成了米爾頓《失樂園》的法文版前半段。那可是五千行艱澀難懂的英文詩句，不論由誰完成，都是令人嘆為觀止的成就；在男性主導的時代，由一名女性著手更是不得了。下一位嘗試翻譯此長詩的人，是一百年後的外交官、歷史學家和浪漫主義作家夏多

---

5 安—瑪麗·杜·波卡吉的訃告，摘自 1804 年 10 月 1 日出刊的《月刊及不列顛紀事》（*Monthly Magazine and British Register*）。

6 莎芙（Sappho）：出生於西元前六二五年的古希臘女同性戀詩人，與荷馬齊名。（譯者註）

布里昂（Chateaubriand），事後他描述：「早知道這麼艱難，當初我就不會接下這個任務了。」夏多布里昂曾在英格蘭待過八年，說得一口流利英文，但他的翻譯是散文體，而杜波卡吉夫人的版本雖然照她所說只是「仿效版」，並非真正的翻譯，卻是十二音節押韻的亞歷山大詩行，也是兩個世紀以來普遍認可可傳用的格式。雖然不是很成功，卻稱得上是一項成就，仍然備受激賞，讓她沒停下寫作的手。

如今她的創作媒介是戲劇舞台，題材是亞馬遜人。僅有寥寥數人認真看待這個題材，既然連她的好友伏爾泰都說她們根本不曾存在，我們忍不住想問：那為何要寫？她認真看待亞馬遜人的理由，幾乎可以確定出在拉孔達明身上。剛從亞馬遜河周遊返國的拉孔達明和杜波卡吉是好友。要記得，說自己差點親眼見到亞馬遜人的就是他，而他相信她們曾經存在，並臆測她們可能仍在尚待探索的地平線外安然生活著，而這個說法對杜波卡吉夫人來說已經綽綽有餘。當然她不打算去寫沒有記錄的亞馬遜尼亞印地安部落，於是重拾古典希臘神話寓言，改編成適合自己發揮的素材，並探索當代主題：國家的本質、法律的重要性、情緒的危險性。

一年內完成的《亞馬遜人》（*Les Amazones*）述說的是奧里希亞女王（Orithya）逮到提修斯的故事，內容完全是她個人編造：這些希臘人不是贏家，而是輸家，她愛上他，觸犯了國家法律，最終自盡身亡。主題很符合啟蒙時代的主流，但杜波卡吉另一個目的是藉由提供女性創作典範，為女性發聲。她在押韻詩詞〈給女人〉中娓娓道來，督促女性不要只在意外表和認命順從，要重視「性格和語言」：

想想那誘人魅力

來自你的性格和語言

你擄獲到更多顆心

超越那些只屈服於

古代世界勇猛女英豪的心。

　　戲劇本身一樣採用押韻的亞歷山大詩行及傳統的五幕形式。和十四行詩一樣，這種限制偶爾可將創意提煉成天才之作。這部戲劇雖然不到那個程度，仍讓人鼓掌叫好。探討的主題都很基本：愛情、死亡、恥辱、義務、光榮。其中最主要的題材就是國家的重要性，許多哲學家說，個人和政府間未言明的契約鞏固了國家的重要性。而未來將寫出《社會契約論》的盧梭則成為數一數二的哲學家。在杜波卡吉創作的同時，律師兼哲學家孟德斯鳩發表著作《論法的精神》，聲稱民主共和政體需要準備就緒，將團體置於個人之前。

　　這意思不是說，杜波卡吉的亞馬遜人是民主人士，沒人否認國家的重要性。事實上，在她們的一致決制度裡，似乎反映、預示了不祥之事即將到來，像是斯巴達的軍國主義或德國納粹。戲劇的第二女主角梅娜莉佩向提修斯解釋亞馬遜人的禁慾法則，這段話其實就是女性主義宣言。

　　她說，傲慢的男性不公掌權，傾覆了平衡，而我們全體一致的目標，就是矯正這種不平衡，唯一的做法就是武力：

自有記憶的童年以來，我們生來就要打仗，

我們的眼睛，鋒利堅定，不得落淚，

不識甜言蜜語為何物，不知它能使人神魂顛倒；

我們激起的是恐懼，而不是愛情的欲望；

我們的雙手，漠視點綴美貌的華服，

忙碌地用鐵器鑄造自己的盔甲。

武力是指拒絕傳統的愛，邱比特的箭對亞馬遜人不奏效。

若我們將自我交給自然法則，

為的只是掌控族人的未來，

讓女人再次充滿原野，令她們的四肢

能夠在沙場上自由、高貴、可畏。

願她們永遠忠誠謹守我們的美德，

望著我們的暴君遭到蹂躪，我們的律法不朽！

　　一切都是為了自由解放、「至高無上的良善」與和平，並憑藉美德和簡樸達成目標。國家是社會的基礎，治理之道是全體一致決，不再有國王，國王只是淪為女性魅力的獵物（這是梅娜莉佩說的），卻在她們年老色衰時，拋棄當年的年輕美人。她的結論是，我們額前皺起的眉頭是權力象徵，以哲學家傳統來看，這話講得頭頭是道，合情合理。

　　與此同時，奧里希亞女王面臨一個麻煩。這下提修斯任由她宰

割，雖然於理她明白應當殺了他，於情卻不自禁地愛上了他，怎麼看她都犯了大忌。原因是，第一，她不明事理；第二，她違反亞馬遜人的律法。這是段禁忌之愛，她想方設法東掩西藏，內心經過一陣痛苦掙扎，最後向繼承者兼姐妹淘安提娥培坦承這段感情。像杜波卡吉夫人的觀眾一樣通曉法國古典文學的人都知道，這個片段十分耳熟能詳，可以追溯回七十年前的一位出眾前輩——拉辛（Racine）所著的《費德爾》（*Phèdre*），故事裡後來成為提修斯妻子的費德拉，愛上他的繼子希波呂托斯。跟拉辛的費德拉一樣，奧里希亞也把錯怪在愛神維納斯頭上，愛神利用提修斯懲罰她過去犯下的罪行。她必須隱瞞自己的熱情，卻難以掩飾，隨著劇情進展，她再也藏不住愛意。

簡言之：提修斯喜歡安提娥培，告白後遭拒，奧里希亞進退維谷——她應該捨身救英雄，招致亞馬遜族人對她不諒解的恨意？抑或殺了他，讓自己生不如死？而這一切都是為了一段得不到回報的愛，她的行為讓自己愕然。

> 哀哉！我褻瀆了我們的神祇、我的職責、我的無暇名譽，
>
> 我埋葬了榮耀事蹟的記憶，
>
> 揭露一段理應隱埋的愛情，
>
> 在我觸不到的人眼底變得渺小。

一位斯基泰使者前來要求聯姻，安提娥培和斯基泰君主的婚姻能夠鞏固兩國關係。奧里希亞乞求提修斯帶她走。不，這是不可能的。在嫉妒與震怒的交織下，她控訴安提娥培犯下叛國罪，只因安提娥培

這會兒當真愛上提修斯的優良特質。希臘軍隊抵達，打了一場勝仗，安提娥培答應跟隨提修斯回到希臘，而觸犯國罪的奧里希亞則自盡，將整個帝國傳給梅娜莉佩，由她率領強悍如昔的亞馬遜國。

當時的國家劇院，法蘭西喜劇院於一七四九年七月和八月將這齣戲劇搬上舞台，共安排十一場演出，雖說不上是全盤失利，卻也不熱賣。有位觀賞這齣戲的英國旅人說：「表演非常粗糙，看得我好折磨，根本不值得掌聲，法國觀眾太守禮貌，沒人苛責這齣戲劇，也不願公然侮辱一名夫人。」傳言的毀滅性十足，據聞該劇院差點在八場表演結束後撤劇，後來全靠杜波卡吉的影響力才演足十一場。有人在背後竊竊私語，說她也許不是真正的作者，畢竟她是女人。

這般廉價嘲諷顯示，觀眾的接受程度不只是人們見到的不冷不熱而已。杜波卡吉並不認為戲劇失敗，人盡皆知伏爾泰的眼光嚴苛，他卻非常喜歡這部劇。既是朋友也是官方審查員的馮特奈爾誇讚這部戲：「讓人愉快觀賞由另一名出類拔萃的亞馬遜人完美描繪的亞馬遜女戰士。」

但有一個問題，那就是故事訊息的強度。就政治方面來說，這是女性主義對男女平權的強力要求，在其他情況下女人會歡呼叫好，但以戲劇和社會觀點出發，力道強度卻是一大缺失。在一個講究禮節的社會，杜波卡吉的聲音激昂，人們通常不喜歡咄咄逼人的語氣，尤其是男性。戲劇和電影一樣，最好由故事和劇中角色陳述訊息，否則觀眾恐怕會失去興致。

我的猜測是，杜波卡吉的英語訃聞說對了，這齣戲劇「為作者贏得一半觀眾的掌聲，另外一半則是觀眾的嫉妒，並很快就獲得另一國

語言翻譯（義大利文）的殊榮」。真正的問題是，她是身處男性世界裡的一介小女子，劇作家通常都是**男性**，不是嗎？當時根本沒有女劇作家，所以她是個怪人，是個局外人。做為一名「沙龍女主人」，大家還可以接納，但大家準備好接受她是劇作家的事實了嗎？戲劇必須是天才之作，而不是社會上某個具有寫作企圖心的夫人偶然一部亮眼的劇本。

杜波卡吉並未因此動搖退卻，她轉而走上詩歌道路，創作一篇以探索美洲為主題的史詩，而她的好友，新世界探險家拉孔達明再次成為她的靈感來源。她的企圖心就和這首詩一樣壯麗浩瀚。如同維吉爾以羅馬創國者伊尼亞斯（Aeneas）的名字為劇本取名《伊尼亞德》（*The Aeneid*），《哥倫布傳》（*La Colombiade*）的名稱取自新世界創立者哥倫布。身為社會人士與知識分子的發電所，杜波卡吉為她的史詩加上副標題「漂至新世界的信仰」（*Faith Transported to the New World*），以畢恭畢敬的姿態，甚至卑躬屈膝地將詩歌獻給教宗本篤十四世。在這首以亞歷山大詩行寫成的一百八十四頁詩作中，也可見亞馬遜人的蹤跡，這個角色就是印地安女王。哥倫布輕蔑地一腳踢開她後，她招兵買馬，杜波卡吉引經據典描述：「潘特西麗娥提供給特洛伊人的鬥士，還沒有酋長營地裡看見的印地安人來得多。」

和她的戲劇相同，這首詩的背景也比作品本身有意思。就拿她把詩贈予教宗來講：她雖然不是天主教極端主義者，卻有很好的理由請求他祝福。啟蒙時代的人都將本篤十四世視為「學者的教宗」，因為他迫不及待結合科學和宗教，支持啟蒙計畫，最不可思議的是，他支持女性，最明顯的就是他支持值得眾人關注的科學家。其中一人就是

深究經度測量問題的英國女性珍‧史奎爾（Jane Squire）——這個問題後來是由約翰‧哈里森（John Harrison）以經線儀解決。珍‧史奎爾根據天文觀察得出的概念錯綜複雜，想藉此向經度委員會爭取兩萬英鎊經費，然而這太不切實際。幾乎沒人理解她的概念，但她能在男性領域裡展現專業和獲得認可的決心，已經贏得相當多人的崇拜。教宗接見的其他科學家還包括第一個獲得科學教授頭銜的女性，蘿拉‧巴斯（Laura Bassi，一七三二年，她在波隆那獲得解剖學教授頭銜，當時年齡說出來你可能不相信——二十一歲。）還有一七四八年出版著作闡釋微積分原理的數學家瑪利亞‧阿涅西（Maria Gaetana Agnesi）。我永遠搞不懂微積分，但對數學家而言，阿涅西就是大英雄。本篤十四世認可這些女性的才華資質，杜波卡吉則在一七五五年於梵蒂岡教宗接見時獲得認可。這三人都是波隆那學院的成員，另外還有一位法國女性，物理學家埃米莉‧沙特萊（Émilie du Châtelet，或稱沙特萊侯爵夫人），她也是伏爾泰的朋友，曾翻譯牛頓的《自然哲學的數學原理》（*Principia Mathematica*），並且評論註解，這本著作可是科學革命的聖經。這是對杜波卡吉才氣的一大肯定，能和這些人物相提並論，是不得了的成就（或許也多虧她的人際手腕）。

　　《哥倫布傳》還有最後一個需要大家留意的事：那就是和同性戀群體的潛在聯繫，這也是沙龍生活裡意義重大又歷史悠久的層面。杜波卡吉遵從她宣廣的女性主義，要求某位不知名的女性密友 D 夫人為詩歌繪製版畫插圖。她的感謝詩句別有深意，粗淺字面翻譯如下：「噢，你，得到美惠三女神的神聖贈禮，用繆思女神充滿智慧的雕琢

工具，描繪出種種愛情樣貌。啊！友誼執起你手，讓你的才華點綴我的作品。但願作品擁有你的幸福命運！讓人愉悅是何等美事。」她的作品背後可能暗藏玄機。「種種愛情樣貌」，**種種**？為何是複數？法語複數形的 des Amours 通常是指「風流韻事」，著實有些奇怪，尤其「種種愛情」不太符合這首詩的故事。還記得伏爾泰稱杜波卡吉是諾曼第的莎芙嗎？莎芙既是詩人，也是女同志，住在萊斯沃斯島[7]的她（可能）也擁有女性愛人。或許在熱情的沙龍社交圈裡，D 夫人的身分不只是朋友。

杜波卡吉繼續周遊列國，撰寫遊記並且出版，也翻譯成英文，獲得伏爾泰的讚賞。她活到高齡，備受景仰。科學家、發明家、哲學家兼當時最出色的美國知識分子富蘭克林（Benjamin Franklin）於一七六七年前往巴黎時，還專程造訪她。一八〇二年，她與世長辭，享壽九十二，是一名仍在等待傳記作家描寫的奇女子。

杜波卡吉過世後的法國已不可同日而語，革命推動了變遷。另一方面，說德語的領土仍是諸多尚未統一的國家和城邦，作家和藝術家正經歷一場不那麼血腥的革命，他們沉浸於源自希臘和羅馬藝術的理想——「高貴簡約，寧靜宏大」，這是新古典主義之父約翰・溫克爾曼（Johann Winckelmann）發明的流行金句。雖然藝術和建築牢牢不放開古典規則，德國作家卻沒這麼做，畢竟誰想在戲劇裡看平凡人用精準演練過的語調、押韻對句，討論著有禮貌的話題？而且每齣劇都得是五幕戲。現在，行動和情緒勝過一切，為這種氛圍定調的人就

---

7 萊斯沃斯島（Lesbos）：女同志 Lesbian 一詞即得名於此。

是約翰・沃夫岡・馮・歌德（Johann Wolfgang von Goethe），他的《少年維特的煩惱》讓他年僅二十四歲就成為成為德國文壇紅人，一年後紅遍全歐洲。維特因為愛情得不到回報而自殺，這本書的成功，甚至讓它成為第一個產品置入的例子。全德國上下的熱血青年都裝扮成維特，身穿黃褲、藍色夾克，購買維特畫作。許多人（這是傳言，事證零星）爭相模仿自殺，政府深陷恐慌，於是萊比錫、丹麥和義大利對這本小說[8]下了禁令。然而，這種偏離傳統法文寫作格式，並演變成「狂飆時期」（Sturm und Drang）的運動只是曇花一現，並未延續太久。其他作家亦以平易近人的敏感和「自然」語言獲得贊同，知名代表人物包括莎士比亞——多虧施萊格爾兄弟（Schlege brothers）的精湛翻譯，莎士比亞簡直形同德國人。而人們對古典的喜愛，也就是我們所知的希臘精神也並未打折扣。歌德落腳威瑪小鎮，鎮上有茅草屋、宮殿和宮廷劇院，也是薩克森—威瑪—埃森納赫公國（the Duchy of Saxe-Weimar-Eisenach）這個小國的村莊規模首都。在威瑪，身為當時最偉大的博學家，既是小說家、劇作家、詩人，也是科學家、評論家、劇院指導、文人（一萬兩千部作品得以流傳）的歌德，成為文化黃金時期的焦點[9]。

---

8 現代模仿自殺的風氣叫作「維特效應」，模仿自殺乃是真實現況，然而最早的維特效應有多真實，我們不得而知，也可能只是謠言。

9 以下是喬治・史坦納（George Steiner）在尼古拉斯・波伊爾（Nicholas Boyle）精采傳記第二冊的評論裡，為歌德的天才所做的總結：「歌德通常只需一週時間口述，便能構成神一般的作品。他在旅行時創作，一邊協助治理公國，一邊指導劇院和歌劇，同時調查農業和礦物資源、陪統治者參戰、結婚生子，並且談好幾段婚外情，幾乎每一段戀情都滋長了他充滿經典力道的詩歌。」

一八○二年，一個處於長期人生危機的年輕人找上歌德。二十五歲的海因里希·馮·克萊斯特（Heinrich von Kleist）是名不得安寧、煩惱不休的作家，他是某位普魯士軍官的長子，曾在普魯士軍隊服務，卻痛恨軍隊生活。他受過大學教育，但半途而廢，訂婚後稱自己為了追尋知識、美德和幸福（這是他的說法），與未婚妻解除婚約。他本來在柏林的財政部擔任初階官員，後來離職旅行。抵達威瑪後，他有感而發：人最終不可能獲得知識，人生不過是荒唐和盲目機運罷了，滯留不消的悲觀主義停駐他心，「那是一種對人類靈魂的深度和照不亮的黑暗深深著迷的心碎[10]」。他的職業生涯慘澹不幸——這就是驅動他寫作的力量，但後人很幸運，因為他的文字如夢似幻。

一八○八年，歌德收到一封克萊斯特寄來的信，語氣詭異卻畢恭畢敬：「崇高的閣下！德高望重的私人導師！」隨信附上他的新刊物《太陽神》（Phöbus）第一期，並印有他全新戲劇《潘特西麗娥》的片段。「我『內心的雙膝落地』，出現你面前。」讀到這段戲劇的劇院指揮心裡必會一沉，克萊斯特繼續道，這只是其中一段，尚未編輯，還無法搬上舞台，即使沒有戲劇舞台認真看待他，他仍然需要「放眼未來」，希望有朝一日可以上演。

此外，這齣劇可能刻意針對這位偉人而設計。他自己的戲劇《伊菲珍妮亞在陶里斯》（Iphigenia on Tauris）是經典希臘精神的表述，是一部由愛、真相、謙遜和美交織而成的作品。潘特西麗娥是魔性欲望和狂怒激情兼具的角色，是熱情極端的狂飆時期代表人物。她的敵

---

10 這是霍埃爾·阿吉（Joel Agee）在他翻譯的《潘特西麗娥》序言裡寫的一段話，本章從此擷取。

人阿基里斯是熱情的焦點,她則是他的焦點,兩人都為了嗜血和欲望而癲狂。

這部戲劇是不能再極端的極端,傳統來說,潘特西麗娥少了一邊乳房,克萊斯特則將身體的殘缺化作隱喻,貫穿整齣戲劇,重塑這部神話,以達成他的個人目標。故事進入高潮時,阿基里斯並未奪走她的性命,反而是潘特西麗娥殺死阿基里斯。雖然她愛他,卻必須證明自己比他強。射殺他之後,潘特西麗娥和她的愛犬陷入瘋狂,拚命啃咬他。一名女祭司以古典風格敘述該場景,場景沒有搬上舞台,理由不言而喻:

> 她的利齒陷進他象牙白色的胸膛
> 她和她癲狂的愛犬較勁
> 阿克瑟斯和司芬克斯啃咬他的右胸,
> 她則咀嚼他的左胸。

克萊斯特發明了這個構想,讓「刀槍不入」的阿基里斯淪為受害者,可是阿基里斯的驚悚死法並非他的發明,而是源自古希臘儀式。酒神戴奧尼索斯(Dionysus,羅馬人稱他巴克斯〔Bacchus〕)的信徒在酒精和嗜血的催化下狂喜瘋癲,在「撕裂供品」(sparagmos)的儀式裡撕裂動物和/或人。而長詩〈大鐘之歌〉(Das Lied von der Glocke)裡,弗里德里希・席勒(Friedrich von Schiller)亦描述近代法國大革命期間的女性做出類似暴行。席勒經常造訪威瑪,既是歌德的朋友,也熟識克萊斯特。這首詩筆於一七九八年,當時已十

分受歡迎:「接著女人變身鬣狗,恐懼成為她們的玩物,黑豹尖牙掏出敵人仍在蠕動的心臟。」

下一個場景是潘特西麗娥躍入猶如精神分裂般的空白,先前的所作所為全壓在記憶底層。意識漸漸恢復後,她為自己擊敗阿基里斯一事洋洋得意。舞台上有塊紅地毯覆蓋著阿基里斯的屍首,潘特西麗娥和驚駭不已的女祭司交談時,才得知躺在地毯底下的是他。她以為阿基里斯還活著,便想見他,想看他敗戰後起身向她認輸的模樣。他完全沒反應,這時潘特西麗娥內心升起一絲懷疑:「你們倒是說句話啊,我是否打得太猛?」她掀開地毯,驚見殘缺不全的屍體,驚惶要求知道這是誰幹的好事。亞馬遜族人告訴她真相,她才慢慢回想起來,接著突然冒出一句慘遭觀眾謾罵、批評為荒誕可笑、毫無品味,甚或純屬莫名的台詞:「是我吻到他死的嗎?」她問:「沒有嗎?我沒吻他?我當真撕裂了他?」

接下來她解釋,啃噬和親吻兩回事很容易混淆:

親吻,啃咬,

兩個動詞應該押韻,畢竟真心

去愛的人,很容易錯認兩者[11]。

歌德讀到這一段時錯愕不已。這完全與啟蒙時代「女性」的概念背道而馳,生性壓抑而有禮的他,給克萊斯特的回應恐怕是他有生以來最無禮的一次:「至於潘特西麗娥,我目前對她還無法產生好感。

---

11 用德文表達比較好,有押韻,但也沒好到哪去:Küsse, Bisse, das reimt sich.

她來自一個美妙種族，她的行為舉止詭異，我需要時間適應這兩件事。」他還補充，看見充滿才智天賦的年輕人「等待著尚未登台的劇場」令他深感沉痛，他毫不拐彎抹角地說：「劇場已經存在，而且發展良好！你的戲劇才是問題所在！」

歌德認可克萊斯特的文學技能，曾經公演這位年輕人創作的戲劇《破甕記》（*Der zerbrochene Krug*），卻悲慘收場。這部戲原定沒有中場休息，歌德卻將它分成三幕，有兩段中場休息。近四個鐘頭結束後，觀眾也差點精神分裂。對克萊斯特來說，這分明是蓄意搗亂，再說歌德亦看不出《潘特西麗娥》的精湛之處，這兩個輕忽怠慢的行為始終讓克萊斯特耿耿於懷。

但在某方面，克萊斯特依舊超越了歌德。《破甕記》成為歷久不衰的成功戲劇，至今仍在公演。《潘特西麗娥》則預示著某件當時尚未降臨的事。一個世紀以後的佛洛伊德可能運用該劇當作案件歷史，描述人類的無意識狀態。這部劇猶如一扇通往無意識的大門，同時通往克萊斯特和人類的無意識狀態。

之所以說是人類的無意識狀態，是因為這部劇成為優秀的精神分析素材，畢竟愛情是一種教人精疲力竭的熱情。為了強化現實（他在其他劇裡做得很好），克萊斯特刻意在字裡行間安排讓人精疲力竭的元素，並設定明確目標。潘特西麗娥缺乏右乳，舞台上的亞馬遜人也是，她們的祖先塔內斯（Tanais）亦然，塔內斯在創立亞馬遜國時毀掉自己的右乳，但這可能只是克萊斯特為潘特西麗娥安排的台詞；而塔內斯其實是一座城市和一條河川（頓河）的名字，不是亞馬遜創國之母。在劇裡，潘特西麗娥則撕裂了阿基里斯的**左胸**。

精神分析應該會這麼說：

潘特西麗娥是個不完整的女人，因此尋覓完整。欲望和矛盾剝奪了她身為成人該有的反應，讓她退化成一個無法與人溝通的孩子。她躊躇不定，一下覺得自己無所不能，一下又感覺自我完全不具價值，矛盾衝突令她無法言語，甚至退至無意識狀態。她不把阿基里斯當作獨立個體，只把他當作她的延伸，卻無力掌控。早在和阿基里斯碰面前，她就期望他能與自己感同身受，理解她的侵略不過是求愛，所以當他讓她失望，遭拒和不被理解的感受點燃了她內心的狂暴震怒。一份精神分析論文說：「在這整齣戲，她退化至過去的心理和精神狀態，最後悲慘地降級至語言能力前、牙牙學語的原始狀態，再也分不出上與下、親吻與啃咬、自我與他人之間的界線 [12]。」若是能與阿基里斯**結合**，她便可再次完整。她以為阿基里斯會是她的，當下陷入狂喜：

> 噢，讓這顆心
> 潛入水底，猶如髒兮兮的孩子，
> 沉浸在清澈喜悅的溪水兩分鐘！
> 豐滿浪花的一次次拍打，
> 都將我乳房的缺陷洗滌殆盡。

---

12 摘自烏蘇拉‧馬倫多夫（Ursula Mahlendorf），《受傷的自我》（*The Wounded Self*）。請見參考書目。

熱情也讓阿基里斯降回稚氣狀態，其中一個場景，他以為自己殺死潘特西麗娥時，震驚到脫掉身上盔甲，導致他格外脆弱，這個行為根本等於送死。

這齣劇也點亮了克萊斯特的無意識狀態，他對女性的態度十分古怪，實際上他對性別的態度本是如此，對他自己的性別亦是。他不太喜歡女人，在啟蒙主義的耳濡目染之下，克萊斯特認同女性應該溫柔服從，以女性特質約束男性，可是「她們對端莊和道德的要求，毀了戲劇的完整本質」。簡單來說，他這人很矛盾，他那喜做男裝打扮、冷靜程度不輸男性的妹妹烏兒莉克（Ulrike）更尤其讓他矛盾，他本身則是「女性」情緒化的嚴重受害者。他嫉妒妹妹，且無法苟同妹妹的行徑。一八○○年，克萊斯特許下新年願望時還要求她：「你擁有雙性元素太久，別再猶疑不決，快選一個性別。」

同樣的兩難窘境也讓他苦不堪言。他在給好友的一封信裡明白表態，這名好友就是未來的普魯士將領，陸軍部長兼總理普菲爾（Ernst von Pfuel）。兩人是軍隊舊識，而普菲爾是個游泳高手。一八○二至一八○三年，克萊斯特住在一座小島，在那裡創作他的頭幾部劇作，這座小島位於瑞士阿勒河畔，後來甚至以他命名。普菲爾會去小島探訪他，兩人再一起去圖恩湖游泳。三年後，拿破崙戰爭震盪整個歐洲，克萊斯特在寫給普菲爾的信裡追憶這段歡樂時光：

你是我最愛的人，為何我不能再像崇拜主人般尊敬你？回想一年前，我們在德勒斯登是怎麼衝向彼此的懷抱！當時我們彼此相愛，這種愛可是人類最崇高的特質……而我們感受到，至少我感受到友情的

狂喜交加！你把古希臘時代帶回我的心湖，我願與你共枕眠，親愛的男孩，如此我才能以靈魂全力擁抱你。在圖恩湖你佇立於我面前，我用女孩般的羞怯凝望你的美妙胴體……若我是藝術家，眼前的畫面可能會令我想起神祇，你那鋪滿鬈髮的小巧頭部，連接那結實頸部、寬闊雙肩、肌肉發達的身軀：渾身上下皆是力量的典範，彷彿按照宙斯那頭完美年輕的祭祀公牛設計。你在我內心喚醒的感受，讓來古格士（Lycurgus）所有律法和青年之愛的觀念變得清晰透徹！……我將永遠不婚，不會有妻小兒孫。

這是一段同志愛戀的回憶嗎？許多人相信是的。來古格士是斯巴達傳說中的建國者，他不僅幫年輕男子制定集中訓練制度，亦創建了許多讓斯巴達躍升主宰地位的律法。性的指涉似乎一目瞭然，即使不明瞭，在克萊斯特的腦海中，在《潘特西麗娥》揭露的衝突背後，也肯定存在一種可能、一個想法或願望、一段記憶。

詩人歌德知道克萊斯特對語言的掌握度十分強，《潘特西麗娥》的詩性精采絕倫，無庸置疑，但若是以一部戲劇的角度來看呢？他看不出潛力。你可以在戲裡加入暴力血腥情節，但「多少必須添加喜劇成分」，他這麼對一位朋友說，讓僅有單乳的女主角站在舞台，擔保她尚未喪失身為女性該有的自覺，因為他們仍目不轉睛盯著另一邊乳房，坦白說並不好笑。但他有個重點：這齣戲很難當作一部戲劇認真看待。現代劇院導演、演員和製作人多數同意這個說法。雖然有關這部戲的研究頗多，卻很少有人願意搬上舞台。

克萊斯特從沒聽過歌德的個人意見，歌德的意見曝光前他已不在

人世。克萊斯特和歌德發生爭執後，整整三年緊鑼密鼓創作，完成讓他出名的短篇故事集和幾齣戲劇，最後榮登德國最優秀作家行列。然而，三十三歲的克萊斯特卻深信死亡才是他悲劇人生的唯一解答，於是他聯絡一名癌症末期、知道自己將不久人世的友人亨莉特‧沃格爾（Henriette Vogel），以下是倫敦《時報雜誌》對發生事件的記述：

據聞沃格爾夫人患有不治之症，醫師宣判她逃不過一死。她下定決心，自己的死期要自己決定。詩人兼家族好友 M‧克萊斯特一直有意求死，兩個活得不快的人私下聯繫，提及尋短意願，最後決定同歸於盡。他們來到位於柏林和波茨坦之間的威廉斯塔德（Wilhelmstadt），落腳一間位於聖湖（小王湖，Klieiner Wannsee）湖畔的客棧，整整一天一夜為自殺做準備，禱告、吟唱，灌下幾瓶葡萄酒和蘭姆酒，最終再喝下十六杯咖啡。他們合寫一封獻給 M‧沃格爾先生（亨莉特的父親）的信，宣布他們的死意，並央求他盡快抵達，收拾埋葬他們的遺體。這封快捷郵件指名寄至柏林，寄出後兩人來到聖湖湖畔，面對而坐。M‧克萊斯特將手槍上膛，先是射穿沃格爾夫人的心臟，她向後一仰斷氣；他再次上膛，這一次射向自己頭部。

今日某個藤蔓攀附的美麗樹叢不遠處，有一塊樸實的岩石，正是他倆的紀念碑。你可以租借語音導覽，聆聽這段歷史的事發經過。

第十章

「黑斯巴達」的亞馬遜人

　　七顛八倒的謠傳裡，終於浮現一絲理性。沒錯，是有一個個的亞馬遜人，這些女戰士會和男性並肩出戰，甚至偶爾率領男性，但世上從來就沒有亞馬遜**國**。然而，的確有一個由六千名女戰士組成的政體，一百五十年來，她們為達荷美共和國（Dahomey）國王效命（位於現代西非的貝南）。在當地語言中，她們叫作 *ahosi*，意思是「國王妻妾」。但一八四〇年代，歐洲探險家遇見這群勇猛強悍、嚴守紀律、令人敬畏三分的戰士時，套用了歐洲傳統，稱呼她們「亞馬遜人」。雖然這名號是編造出來的，但英法帝國主義人士卻很堅持，因而導致亞馬遜之名如影隨形。現在人人都稱她們亞馬遜人，連達荷美共和國前首都阿波美（Abomey）等地的博物館都這麼稱呼她們。

　　這個政體已經夠有意思了，但這群亞馬遜人所反映的達荷美女性社會角色甚至更讓人目不轉睛。女性組成影子內閣，都是男性官員的替身，在幕後進行監督檢查，為嚴謹軍國主義王國提供紮實基礎，以免落得像其他局勢不穩的大陸政體一樣動蕩不安。該政體因此被稱為「黑斯巴達」。這個前無古人後無來者的體制在一八九二年瓦解——被法國槍砲炸得灰飛煙滅。

　　達荷美亞馬遜人起源自十八世紀尚無文字的年代，無論是強而有力或渺小無能的君主，在當時人人彼此較量，比誰能捕捉最多奴隸送往海岸歐洲堡壘，再經過臭氣沖天、小命難保的航海之路，最後送達美洲。豐族（Fon）民族國家——達荷美共和國，在一七二〇年代征

服兩個小王國，其後勢力壯大。雖然其他王國的宮廷也有全副武裝的女性護衛，達荷美國王阿卡嘉（Agaja）卻組織了一支罕見軍隊，由於男性不允許在首都阿波美的宮殿過夜，因此他必須仰賴女性和幾位宦官。一七七二年，英國商人羅伯特‧諾里斯（Robert Norris）記載，宮殿護衛室共有四十名配備毛瑟槍和短彎刀的女性，到了十八世紀末，女性貼身護衛甚至多達數百名。有時女性會參戰，尤其是爭奪繼承權的時候。諾里斯記錄，一七七四年國王辭世後，遇害女性共達兩百八十五人。另一名訪客阿奇博德‧達爾澤爾（Archibald Dalzel）說，十五年後下一次皇室成員逝世時，共有五百九十五名女性遇害。

讓女性護衛搖身一變成為戰士的人，正是達荷美第九任國王蓋佐（Gezo，一八一八～一八五八）。蓋佐等不及對抗鄰國，在鄰近敵國奈及利亞約魯巴人（Yoruba）組成的奧約帝國（Oyo）垮台後，更是迫不及待想填補真空狀態。另外，英國有意終止達荷美的經濟命脈——奴隸貿易，因此蓋佐也準備反抗英國。只要是他能獲得的戰士，全都要派上用場。一八四五年，蘇格蘭探險家約翰‧鄧肯（John Duncan）觀摩該國軍力展示的年度表演，（估測）女兵約有六千至八千名，這群女戰士曾和北方的敵對王國馬西族（Mahi）打過仗（迄今馬西族仍是貝南中部的主要族群）。五年後，海軍軍官弗里德里克‧富比世（Frederick Forbes）說軍隊總數為一萬兩千人，女性占了五千名，她們曾和西部小國阿塔帕梅（Atakpame，現為多哥的一座城市）對戰。

這群女戰士的威猛無人質疑，她們組成名叫「飛刀兵」（gbeto）的獵人部隊，蓄勢待發，攻擊大象和鱷魚（有些人會戴上有鱷魚標誌

的帽子，證明她們的成功）。「一般而言她們的外貌比男性更像軍人，」約翰・鄧肯描寫，「若要參戰，我會偏好挑揀女兵而非男兵。」以下是海軍軍官亞瑟・威爾默特（Arthur Wilmott）的觀點：「她們各方面的水準都遠遠超越男兵——論外貌、服裝、身形、動作、士兵表現、英勇，無一不強。」男性以腰射姿勢瘋狂掃射毛瑟槍，平均五十秒上一次膛，女性則使用肩射，三十秒便上膛完畢。

不過派出女兵並無法保證戰爭無往不利。一八五一年，六千名女性和一萬名男性攻打今日位於奈及利亞西南部的阿貝奧庫塔（Abeokuta），這場進攻便以慘敗收場，這就是日後他們非報此仇不可的理由。後來阿貝奧庫塔謠傳一則故事：派用女戰士反而推了守衛軍一把，因為他們試圖閹割一名敵軍時，發現她竟是女人；想到可能輸給女人而顏面無光的他們，便派出雙倍軍力，贏了一場漂亮勝戰。各種議論紛紛的評估指出，那場戰役讓達荷美亞馬遜人頓失兩千士兵。

有關這群女戰士最栩栩如生的描繪來自維多利亞時期最鮮明精采的人物——前四十年人生已經充滿歷險、旅遊和學術閱歷的理查・波頓（Richard Burton）。年輕時期的他來回往返法國和義大利，跟隨眾多導師學習法語、義大利語、那不勒斯語、拉丁語，（據傳）還有吉普賽語，並愛上了一名吉普賽人。身為語言天才的他很不合群，他的興趣廣泛，不大尊重傳統。在牛津求學時他研究阿拉伯語，學習劍擊和馴鷹術，卻因參加越野障礙賽馬違反校規，遭校方開除學籍。（照他的說法）他除了遭人拿槍指著以外一無是處，於是加入東印度公司，被外派至古吉拉特邦（Gujarat），又在當地學會六種印度語言：

北印度語、旁遮普語、古吉拉特語、信德語、馬拉地語、波斯語——
若是不把西萊基語當成旁遮普語的方言，那就算七種語言。絕對沒有
哪個外人能比他更融入當地。

波頓用他黝黑陰鬱的帥氣外表和濃密垂墜的鬍子，化身為一名
叫作米爾薩·阿卜杜拉（Mirza Abdullah）的波斯人，並擔任臥底。
調查目標包括雇用男妓的克拉蚩妓院，某些人認為他這方面的描寫略
嫌鉅細靡遺。儘管如此，或可能正因如此，他又被指派前往麥加，參
與一年一度的穆斯林朝聖盛會。這次當然一樣需要變裝，否則被發現
他的小命肯定不保。他為這次行動行了割禮，自稱是普什圖人，替自
己的口音開脫。他展現出可信度極高的伊斯蘭傳統知識，記下詳細筆
記，然後活著回來訴說這些故事，故事出版後使他大紅大紫。

波頓回到東印度公司政治部門後，在英國皇家地理學會的支持下
挺進東非內陸，成為第一位進入衣索比亞哈勒爾（Harar）的歐洲人。
這場遠征後來遇到索馬利族攻擊，不得已告終，其中一名隊員身亡。
同為領導人的約翰·漢寧·史皮克（John Hanning Speke）則身負重
傷，波頓的臉頰亦遭長矛刺傷。然而，更多著作陸續誕生。和史皮克
參與遠征，名義上是視察貿易的可能性，但真正用意是找出尼羅河的
源頭，這可是當時重大議題之一。生過幾場病後，他們總算找到坦干
伊喀湖，可是波頓卻病重到無法繼續，於是只好讓半盲的史皮克單獨
前進；後來他發現了相當接近尼羅河源頭的維多利亞湖。回到倫敦後
兩人說法不一，相互矛盾，他們發生激烈爭執，在大庭廣眾下吵架，
最後史皮克憤而離去。當天稍晚史皮克外出狩獵，發生一場自始至終
沒有明確解釋的詭異意外：史皮克在攀爬梯蹬時射殺了自己。後來格

蘭特、貝克、李文斯頓和史丹利的遠征證實了尼羅河真正的源頭，了結本世紀第二大爭議事件，至少在英格蘭是第二（第一大爭議不外乎是達爾文的《物種起源》）。

與此同時，波頓急切尋找能滿足他學術興趣的職缺，最後受派至西非，擔任駐紮費爾南多波島（Fernando Po）克拉倫斯港的領事。他抵達的時機點十分關鍵，過去兩百年來，西非海岸既是寶藏庫，也是奴隸商人的瘧疾死亡陷阱，套一句知名對句：

當心貝南海灣，

只進不出。

雖然通往古巴和巴西的船隻依然穿越西非海岸，但多虧英國海軍，貿易終究畫下了句點。海岸堡壘關閉，內陸開放，整個西非對外開通，甚至是全非洲。歐洲和其他國家，包括法國、荷蘭、英國、西班牙、巴西都展開後來名為「瓜分非洲」的行動，在空白地圖上畫分一條條的線，切割部族、文化和生態。沒人對非洲內陸有深入瞭解，但奎寧紓解了瘧疾的災難根源後，探險家開始沿著大河探索，商人尋覓新產品，傳教士夢想著讓數不盡的幾百萬人改信宗教，政體也紛紛湧進非洲大陸。西非諸國國王下定決心掌控海岸，這時返回非洲的奴隸開始威脅動亂，掮客欲分一杯出口貿易的羹，尤其是棕櫚油，於是以英國為首的歐洲國家開始執行法治治理。

達荷美不易抵達，但少數傳教士、海軍軍官、領事、商人已成功進駐，大多人試圖拉攏蓋佐國王，卻徒勞無功，直到一八五八年某位

約魯巴狙擊兵殺死了他。一八六〇年，新國王格列列（Glele）上任，劇情急轉直下。位於拉哥斯的領事和英國海外傳道會通報，達荷美蓄意再度攻打阿貝奧庫塔。由於此舉恐怕破壞維持數十年的貿易和傳教工作，英國政府考慮派兵，但再三思量後，他們反而併吞了拉哥斯。英國外交部決定採取外交手段，派遣海軍前往阿波美，說服格列列國王簽署條約：終止奴隸制度，停止活人獻祭，並與阿貝奧庫塔保持和平關係。對於這些要求，格列列除了拒絕還是拒絕。外國人不能一來就揚言改變他們沿襲數個世紀的傳統，他們要搞清楚過去奧約帝國四度主動侵略他的國家。海軍與其為英國爭取條約簽署，還有其他要職在身，於是先行撤軍離開。

話題回到波頓，他已經等不及了。他早已開始研究豐族語言，讀了所有關於豐族的資料。他的見識、筆記和理解，可說是前無古人後無來者，直到現代人類學家和歷史學家出現，才得以盡其所能去填補這個消逝已久的文化空隙。

波頓受託遞送格列列要求的一長串禮品：四十尺絲質帳篷、銀製菸斗、兩條飾有「獅鶴浮雕」的銀製腰帶、兩個銀製鍍金支架、一件鎧甲和防護手套。五名「吊床工」的肩頭扛著這些禮品，與六名護衛、二十位達荷美護航隊一路向北。此外，格列列要求一部能匹配他自己和維多利亞女皇等君主的馬車。外交官約翰・羅素（John Russell）勳爵特別交代波頓向格列列解釋，運送馬車和馬匹到西非海岸吃力不討好，況且「牠們能否熬過西非國家的大自然和天候並活著送達都是一大問題」。語畢，波頓應該趕緊附加一句保證：若將來兩國關係穩定，國王再要求「諸如此類的行動，女王政府絕不會有半點遲疑，全

力配合。」

在沼澤林立、草木叢生的兩條河川之間有一片平原，在那裡波頓找到了這個不超過二十萬人口的小國。首都阿波美約有兩萬居民，兩百年來歷代國王對成群的妻妾孩子實施嚴格控管，並盡量在適當時機提名後裔，避免繼承紛爭，也偏好指派女性為行政官員。雖然偶有鬥爭，但比起鄰國之間的紛爭，還是少了許多。十一位達荷美國王（一六五〇至一八九四年）的平均任期為二十二年。

女性的身分舉足輕重。在這個體制下，每個官員都有一名受派「母親」職責的女性助手，職責是盯哨官員行動、政策和財務狀況。就連國王都有駐紮鄉間、專屬自己的助理，不過是男性而非女性。這個體制何時出現、為何演進，無人知曉，也許可追溯至早期王國由雙胞胎執政的年代。而這種體制施加的制衡措施讓傑佛遜和其他美國民主之父刮目相看，或許甚至刺激了英格蘭女性的激進思想，讓她們逐漸走上女權道路。

雖然曾有幾位歐洲人描寫這個奇特社會，波頓是首位提供鉅細靡遺記錄、犀利評語的人，時而話語睿智，時而冒失不加修飾，時而兩者兼具。第一天到達時，達荷美在距離首都幾公里處舉辦了一場宴會，會上有擅長鬼臉和裝聾作啞的弄臣，看在波頓眼裡，每一位弄臣的「活力都像是專業的孝女白琴」，此外亦有分列式、祝酒、國旗展示、禮砲等活動。達荷美征服的前奴隸王國惠達港（Whydah，今日的維達）總督自我介紹，脫下毛氈帽致意。「他的容貌令人反感，」波頓寫道，早已耳聞總督的名聲，「人品和長相一樣醜陋，貪心程度不輸他的掠奪功力。」緊接著上場的是歌手、鼓手、吟遊詩人，還有

「殘暴至極的耀武揚威：置於高杆頂端的是八個人頭蓋骨，裝在猶如麵包盆的小木碗展示。」

他們緩緩沿著一條卵石路走，來到宮殿建築。宮殿共有八道大門，守衛站在五顏六色的傘下，不同顏色象徵不同身分地位，這八道門分別通往三十公尺長的茅草屋，茅草屋前端高聳，漸漸朝末端斜降至地面高度。他細細列出各個階級的官員名字與描述，其中一人「非常年邁，面貌像極狒狒，穿著一襲長罩衫，活像是放大版的綠頭蒼蠅」。皇家宴會終於登場：格列列國王「身形健美，堂堂六尺，靈活矯健，頭髮猶如白灰混雜的乾胡椒」，他的眉毛稀少，頭髮稀薄，牙齒牢固，雙眼惺忪朦朧——波頓把這點怪在宴會的枯燥乏味。格列列不斷抽著長管菸斗，「過度崇拜維納斯女神」。國王坐在裹覆紅白布料及軟墊的長椅上，身後坐著成群妻妾，「國王尊貴的眉頭只要滲出一滴汗珠，一隻最溫柔的手便會立刻用最柔軟的布巾為他抹去汗水」。國王起身，活力充沛地和人握手，透過總理兼翻譯官關心起維多利亞女王、女王大臣以及他近期尚有印象的人物和訪客，詢問他們是否安康無恙。椅凳擺好後，眾人敬酒，禮砲高響。

外頭頂篷底下，再度上演一齣歷史劇，波頓注意到這場表演深得國王的心。一整排二十四把或紅或綠或紫或白的傘，為君王和他的妻妾遮風蔽陽。一叢叢的散尾葵將男女戰士區分開，高聳椅子上坐著一名阿庫圖（Akutu）女人，他形容簡直是「體型龐大的老海豚」，她是國王貼身護衛的「女將領」（只要一逮到機會，波頓就會為每個名詞加上女字），也是總理身旁搭配的「女老兵」，「她的尺寸寬大，」原因是「只要女戰士不再歌舞昇平，體重就開始直線上升，其中一些

根本是肥胖奇觀。」

「咱東道主的菁英是國王近來培育的各種亞馬遜青年，這組兵團（約兩百人）……服役陣容明顯都是最高大優秀的女軍。」每位亞馬遜人都使用藍色或白色的布條綁繫頭髮，穿戴無袖背心、藍粉黃色相間的裙子、一條圍在腰部繫住裙子的彩帶、子彈盒、腰帶或子彈帶（也就是一只掛在肩帶上的子彈袋）、一把刀，與黑猴皮裝飾的燧發槍。

幾名精挑細選的亞馬遜人載歌載舞時，官員跪在塵土裡，「雙手撈起塵土，往自己頭部和手臂一灑，顯示他們階級地位低於大臣」，此舉在「半野蠻社會」相當常見，在國王面前，即使是最高階官員都得翻滾匍匐或拖著雙膝前進，嘴裡不停喊著「國王中的國王！」

歌舞不絕於耳，目不暇給，這一次出現的是：

一整列共十幾位的持剃刀女子，列隊行經國王面前……於王座周圍就定位後，便頂著殺氣騰騰的臉色與架勢，將武器猶如軍旗般指向天空。刀鋒約為四十五公分，形狀正如歐洲剃刀，包裹在長約六十公分的木柄裡，雖然強健彈簧將刀鋒穩當地固定在正確位置，我忍不住心想，這把刀肯定對敵人和刀主同樣危險。而這些可攜式斷頭台的發明人，正是上任國王蓋佐的兄弟。

也許因為這種武器不實用，亦是近期才發明的製品，我們沒聽到有人在後來的戰鬥裡使用這種武器。緊接在後的是「女刺刀客」和「散彈槍女」的演出，最後一首歌哼唱著──

我們不想聽見阿貝奧庫塔尚存的消息;

但不用多久,我們將看見它殞落。

——這時國王裹好身上的衣袍離場,「他們抹平不平道路,指出並移除每一根樹枝,每一顆石塊,免得礙到國王尊貴的腳趾。」宴會畫下句點。

一八六三年的歲末年終,波頓親眼見識到所謂的「習俗」,那就是在慶祝大會上行刑,派遣「靈界新隨從」給已逝國王。這棟三十公尺長的茅草屋,有著一座模樣「酷似英國村莊教堂」的高塔,茅草屋裡有二十位身穿白長衫、被捆綁在支柱上的囚犯,正面臨獻祭命運。他們的最後一程很光彩,顯然不覺擔心。現任國王坐在陳列蓋佐國王遺骸、猶如帳篷的茅草屋入口處,身旁妻妾成群,色彩繽紛、五顏六色的陽傘為他們提供遮蔽,一旁看守的亞馬遜族蹲伏著,「槍管朝上豎直,隨時備戰」。旁觀群眾約莫兩千五百人,波頓和他的同伴坐在白色陽傘下。國王致詞、吟唱舞蹈,再以食指抹去額頭汗水,灑向興高采烈的群眾。慶祝大典整整延續五天,行程包括致詞演講、露天歷史劇、歌舞、音樂、宴席、軍事表演、物神(fetish)遊行、擊潰阿貝奧庫塔的宣誓詞。不少駝子持鞭分開群眾,國王還朝群眾丟出當作貨幣使用的瑪瑙貝殼,導致現場陷入一片混戰。「要是這時有人遭到殺害或傷殘也不會有人理睬。榮耀倒下後……有的人失去眼睛和鼻子,達荷美人……像是鬣狗一樣啃噬,我看見牙齒撕咬扯破一隻手,彷彿女漁夫扒出貝類。」

波頓加入一段有關活人獻祭的筆記。國王去世後確實會和成群妻

妾、宦官、歌者和鼓手同葬，罪犯執行死刑也是傳統習俗，但比起英格蘭的做法，達荷美並不怎麼可怕。畢竟同年「我們在利物浦十萬名驚恐失色的人眼前，用同樣的絞刑台吊死四名謀殺犯」，亦在倫敦西門監獄大門前，以繩索絞死五名海盜。有鑑於此，「我相信達荷美執行的死刑並不殘酷。」那年約有八十人遭到斬首，一半是「宮殿內由亞馬遜人處決的女性受害人，不許男性在旁觀看」。若加上遭疑行使巫術的死刑犯，波頓估測每年的處決人數為五百人。據他報導，習俗最後一晚共有二十三人慘遭處死，「習俗源自孝道，歷史悠久，而法力無邊、熱心參與的祭司則費盡心思維持這項傳統……有人告訴我，格雷雷（Gelele，這是波頓的拼法）就算想，也不能廢除活人獻祭傳統。不過，就算他能也不會這麼做，這我相信。」

　　話題回到亞馬遜人。波頓指出，亞馬遜人的角色依然是「妻子」和貼身護衛，因為「格雷雷吩咐，每個女孩婚前都得晉見國王，若能討他歡心，就會將她留在宮裡」。但現在亞馬遜人多半是戰士，「這群女人體魄強健，面對長時間苦工、艱苦貧困，她們的應對能力並不輸男人。」軍隊約有兩千五百人，他們卻在阿貝奧庫塔城牆下痛失大多數。軍隊共分成五個特殊單位：每人皆有攜帶彈藥陪從的散彈槍女子隊、最勇猛的獵象人、剃刀女子隊、主要軍力步兵團，與箭手。但箭手人數已經不多，多數人都使用毛瑟槍，現在箭手擔任的主要是偵察兵。波頓目睹她們參加行進列隊，外貌不太像古希臘人的描述。他說，亞馬遜人樣貌蒼老醜陋，臉上寫滿暴躁，臀圍寬大。他還補充道，她們充滿決心毅力、絕對忠誠、強悍，願意為了國王和國家而亡，完全符合戰爭所需精神。

猶如男性士兵，列兵們利用托架乘載行李，裡頭裝有她們的床墊、衣服和一至兩週的糧食，多半是添加胡椒、口味香辣的烘烤穀類和豆餅。腰際捆綁著兩個形狀不一的子彈袋，水壺、物神袋、子彈包、水瓢、扇子、小型短彎刀……燧石、鋼鐵製品、火絨、三或四足的小人國矮凳則掛在身側。

　　照理說這些女性都是禁慾者，因為她們在法律上都是國王的妻妾；而國王並未和大多數人都有性關係，少數幾個雀屏中選的人則不需參與軍事活動。其他人確實落實禁慾，至少亞馬遜人是如此，畢竟和皇室成員的妻子通姦等於自找罪罰，甚至難逃一死。但嚇阻作用並不全面：波頓報告，一百五十名亞馬遜人被發現懷有身孕後，和情人接受審判，其中八人處決，其他則遭監禁或降職流放。見證人指出，強制禁慾能讓她們變得更加凶猛剽悍，波頓在註解裡拐彎抹角指出，這麼做還有一個效果，這件事他明明深感興趣，卻語帶玄機，隱晦曖昧，實在難以置信。他說亞馬遜人偏好「第十位繆思女神的特性」，現代人講到第十位繆思，指的都是漫畫那一位不知怎地變成宙斯女兒的女英雄。但在波頓那個年代，受過古典教育的富人都知道主宰藝術的九位繆思女神，也知道柏拉圖和許多後代作家都把莎芙當作第十位繆思女神[1]。萊斯沃斯島的女詩人莎芙最赫赫有名的，就是她對女性同伴「感受愛意的傾向」，這是套用朗普里埃（Lamprière）在《經

---

[1] 雋語如下：「人說繆思女神共有九位，著實不該這麼想，瞧那萊斯沃斯島的莎芙，不正是第十位繆思女神。」

典辭典》裡的含糊說法。波頓的言下之意就是，達荷美亞馬遜人是女同性戀，不過他並沒有可以證實這個說法的證據。

她們無庸置疑都是國王的女人。另一位目擊證人是海軍軍官弗里德里克‧富比世。聽說有位亞馬遜人告訴他，國王「賦予我們第二生命，我們是他的妻子、女兒、士兵、草鞋。」她們組成菁英部隊，獲得充分糧食和奴隸，與家人斷絕關係，全心全意侍奉國王，為國家利益貢獻，她們為自己的力量和凶猛驕傲，唱道：

> 讓男人待在家，
>
> 種植玉米棕櫚！
>
> 我們，女人啊，
>
> 讓我們帶回內臟，
>
> 揮舞我們的鋤頭和彎刀[2]。

乍看之下，歌詞讓人覺得亞馬遜人是女權先鋒，其實不然，因為在這裡，女性形容自己變成了男性。「我們曾經是女人，但現在我們是男人。」其中一人這麼告訴富比世。有位年高德劭的亞馬遜人在一九二〇年代接受訪問時，曾說她殘殺並掏出第一位敵人的內臟時，有個人對她說：「你現在是男人了。」對她們來說，自我精進的道路不是跳出卑屈，而是透過卑屈[3]。

---

2 一九一一年，A‧勒赫希瑟（A. le Hérissé）的記錄，這是我從法語翻譯而來。請見參考書目。

3 摘自羅賓‧勞（Robin Law）的著作《達荷美的亞馬遜人》（The "Amazons" of Dahomey），請見參考書目。

凶猛殘暴是值得鼓勵的特質。亞馬遜人的特訓包括對荊棘障礙物模擬攻擊，「跨越多刺障礙物時，撕裂荊棘，」這是一八三〇年某位葡萄牙旅人的形容詞。其他人也見證到，在蓋佐國王和繼承者格列列的眼皮下執行的多場布局攻擊、奴隸獵捕和戰役。沸騰的熱血最後往往演變成了殘暴場面。一八五〇年，一年一度的習俗慶祝大會上，兩名訪客（英國商人兼領事約翰‧比克羅夫特〔John Beecroft〕和海軍軍官弗里德里克‧富比世）親眼目睹四名遭到捆綁、含著口塞的囚犯，以大型籃子拖行經過等待群眾身邊，然後拉上平台。四名亞馬遜人傾倒籃子，囚犯翻滾落下，死在嗜血群眾手裡。當地也有不少人遭到斬首。一八八九和一八九〇年，法國訪客見識了一場顯然是年度儀式的活動，亞馬遜人以刀子割開一頭閹牛，徒手撕裂牛身，拿內臟塗抹自己身體。他們說或許這就是「漠然特訓」，藉此培養出鐵石心腸，殺人不手軟。

　　波頓天生就沒有外交手腕，他迅速遞出所有禮品，不拐彎抹角，直接說出英國對格列列的期望。他說，奴隸突襲行動和奴隸制度必須終止，卻忽略不提這些事實：終止將會破壞該國和巴西奴隸商人的關係、剝奪國王支持的國家軍隊和官員收入，甚至可能危及國家經濟。聞言後，格列列怒不可遏。與鄰居和平共處？想都別想。奧約帝國在上個世紀曾四度侵略他們，格列列之前的那任國王也是約魯巴人殺死的。波頓的提議具有強烈的道德意識，但如同一位在場的黑人牧師形容，他「熱血沸騰，脾氣暴躁」。格列列也在事後評論，「要是女王派這種大使給他，一切只等泡湯。」後來還真的泡湯了，沒有簽署條約，再也沒有禮品，也沒有英國指派的外交使團。那之後，波頓的西

非歲月痛苦地匆匆結束，原因是他批准了一場訴訟案件的款項，但外交部拒絕償付這筆錢。

波頓離開後一個月，格列列發動對阿貝奧庫塔的報復，動用一萬至一萬兩千名士兵，包括三千名亞馬遜人。經過二十二天的行軍後，他們精疲力竭抵達，沒想到等著他們的是一場大災難。阿貝奧庫塔居民已經準備就緒，於修補完畢的城牆後方虎視眈眈。亞馬遜人拿出狂野鬥志，和敵人全力拚搏，但只有四名勇將成功翻越防禦土牆，而這四名都是亞馬遜人，最終亦全數遇害。有個廣為流傳的故事說道，一位亞馬遜人為了表達她對敵軍的輕蔑，坐在距離防禦土牆不遠的一只銅製大釜上，然後轉過身抽起一管長菸，子彈咻地從她身邊飛馳，直到一位狙擊兵射死她為止，阿貝奧庫塔居民派出一組突擊隊，砍落她的頭顱，再帶回城裡示眾。一個半鐘頭後，戰爭畫下休止符。格列列失去他的帳篷、王位、草鞋，逃之夭夭。一千名士兵遭逮，約兩千人死亡，其中七百名為亞馬遜人。在接下來的二十五年，達荷美人依舊緊咬不放阿貝奧庫塔，雖然後來他們仍然發動突襲，卻不曾品嘗勝利果實。

那些年，格列列又在國家邊境外圍發動幾場戰役。一八七九年，他破壞約魯巴城鎮梅科（Meko），捉走三千名俘虜，取下四千顆人頭。而坐擁兩萬居民、七公里城牆、五公尺壕溝的城鎮克圖（Ketu），則在一八八三年二度淪陷，國王遭到斬首，兩年後同樣慘劇再度上演。

與此同時，在格列列的勢力範圍外，有一股更強大的勢力正在集中火力。法國人對格列列領土邊緣的新港（Porto-Novo）和科多努

（Cotonou）港口宣示主權，格列列同意了，後來卻改變心意，派遣突襲部隊潛入鄰近村莊。法國代表團前往阿波美協議，卻徒勞無功，因為那時格列列國王已近臨終。指揮官尚・巴約爾（Jean Bayol）看到一名「國色天香」的十六歲亞馬遜新兵南希卡（Nansica）首次殺人，他詫異不已。受害者是一名遭捆綁坐在大簍子裡的囚犯，南希卡揮舞手裡的劍，三下俐落砍落他的頭顱，並在割斷最後一塊頭頸相連的肉末後（這是一個見證人的說法），用手指抹去劍身上的鮮血，舔它個一乾二淨。

一八九〇年初，在科多努法國軍官的麾下，法國組成一支分遣隊，共有三百五十九名非洲人，雖然規模不大，但他們配有八發連射的勒貝爾步槍，可發出高速子彈，射殺三百公尺外的人。他們使用的子彈應該是達姆彈（名字取自加爾各答的達姆兵工廠），軟鉛製彈頭在接觸物體表面時會膨脹，造成可怕創傷。邱吉爾曾在一八九八年的印度西北邊境省親眼見識其功效，並記錄道：「達姆子彈雖不會爆破，卻會膨脹……擊中骨頭時會『觸發』或撐開，讓眼前東西粉身碎骨，造成致命傷口，並可能導致截肢。」勒貝爾步槍比攻擊方使用的前膛燧發槍強多了。

法國人逮到幾個豐族官員，並在他們的交易所前豎立木柵欄。三月四日這天黎明破曉前，一片漆黑之中，包括亞馬遜「步兵團」在內的幾千名達荷美人進擊防禦柵欄，撬開木頭，朝交易所展開砲火攻擊。巴約爾看見一名年輕亞馬遜人砍下白人海軍陸戰隊中士的頭顱，接著她自己也中彈。他認出她就是「國色天香」、曾在阿波美砍落囚犯頭顱的南希卡。法國砲艇自岸上發射，炮火綿延，逼得達荷美人節

節敗退，總共一百二十名男性和七位女性身亡，還有附近沒算進去的「幾百人」。有個豐族寓言傳誦一則蔚為傳奇的事件：一位亞馬遜人的武器遭到非裔法國士兵奪走後（或是「法國軍官」，眾說紛紜），遂改用鋒利牙齒撕裂他的喉嚨。

六週後，在新港北方七公里的村莊亞丘巴（Atchoupa），約三百五十名法國兵和五百名當地人截擊達荷美軍隊。達荷美人擁有人數優勢，他們安排非洲分遣隊的攻擊路徑，法國人卻採取四面包夾的攻勢，穩健撤退，以勒貝爾步槍發射毀滅性火力，最後逾六百名達荷美人死亡，其中包括不少亞馬遜人，法軍則損失八名士兵。這就是第一場的法國—達荷美戰爭。

戰後簽署條約，達荷美承認法國對柯多努和新港的主權。但戰爭顯然還沒結束，新任國王貝汗津（Behanzin）開始向德國商人購買現代武器，包括溫徹斯特槓桿式散彈槍（據聞一八七三年的溫徹斯特散彈槍便是「打贏西方人的槍」）。

一八九二年的第二場法國—達荷美戰爭上，亞馬遜人總算發揮實力。戰爭的降臨教人措手不及，三月時豐族戰士突襲被納為新港領土的韋梅河村莊，法軍派出巡航砲艇，砲艇遭到攻擊時，法國人提出抗議，國王卻駁斥並置之不理，這就是法國宣戰的起點。國王挑釁地說：「若想開戰，我隨時奉陪。」法國人也不甘示弱，他們的軍隊有外籍兵團、工程師、砲隊、騎兵部隊，人馬逾兩千，另外還有兩千六百名腳夫。七月初，砲艇轟炸韋梅河畔的村莊，兩個月後法軍已抵達上游八十公里處，來到達荷美邊境的村莊多巴（Dogba）。九月十九日，約四千至五千名豐族士兵進擊。

這是為期七週、二十三場對戰的頭一場戰役，總戰力共一萬名士兵，包含兩千多名奮勇抗敵的亞馬遜人。「噢，這群亞馬遜人！」事後一名法國軍官描述，「她們當真激起了士兵的好奇心！」另一名軍官說，豐族「帶著滿腔怒火奮戰，她們的祭司和亞馬遜人激發她們的行動力」。從勒貝爾連發步槍的效果來看，她們的攻打無疑是自殺行動。上游二十四公里處，豐族發動幾場激烈攻勢後，法軍首次動用刺刀還擊，擊敗了豐族的劍和彎刀。亞馬遜人在近身搏鬥中奮戰至死，其中一場搏鬥，有個人還咬下一名海軍的鼻子，他發出痛苦叫喊，另一名海軍上尉轉過身，拔劍砍到她倒地不起。

倒數第二場戰役，法軍的傷亡人數共是四十二人：五名歐洲人遭到殺害，二十人受傷，其餘都是非洲士兵，有個參與戰爭的人描述，他看見：

一名嬌小的亞馬遜人：年紀輕輕，稱得上漂亮，她大眼圓瞪，短暫痛楚疼得她雙眼呆滯。一顆勒貝爾子彈擦過她的右大腿，導致大腿肉完全外翻，啃噬股骨，並且炸成一百塊碎片。她的左胸內側邊緣可見一個非常微小的孔洞，同側肩胛骨下方有個開放性傷口。

「當子彈接觸骨頭，」另一名軍官說明，「骨頭會炸得粉碎，骨頭周遭的肉體則會支離破碎，光看都令人揪心。」

法軍挺進國王宮殿所在的加那（Cana）最後四十公里，十月六日那天的戰役共死了九十五人，其中十六名為亞馬遜人，法軍則損失六人。豐族說不僅如此：四百三十四名亞馬遜人參戰，僅有十七人逃

過一劫。法軍牛步前進，一天進度恐怕不超過一公里，他們天天發動攻擊。十月二十六至二十七日，法軍跳進戰壕使用刺刀奮戰，亞馬遜人發動反攻，「發出令人聞之喪膽的呼喊，碩大短彎刀呼嘯飛過。」幾名戰士在散兵坑喝得爛醉，顯然想在戰敗之際逞一時酒膽。十一月初在最後一個壕溝，國王集結一千五百人，根據某說法，這一千五百人多為亞馬遜人。經過四個鐘頭的奮戰，達荷美人撤退，在沙場留下死者遺體。十一月四日，最後一場戰役上演，這也是死傷最慘重的一場。最後一回的刺刀攻勢殺死了倖存的士兵，其餘人則是流離失所。

儘管有好幾天的寬限期，國王還是不肯投降，已經失去兩、三千人民的他，放了一把火焚燒首都，逃竄北方。十一月十七日，法軍在阿波美豎起法國三色旗，戰爭損失五十二名歐洲人和三十三名非洲人，另有兩百人病死，主要死因為痢疾和瘧疾。

儘管國王努力重振士氣，倖存士兵卻不願再戰。兩年後他的弟弟被選為國王，貝汗津投降，與五名妻妾被送往馬提尼克（Martinique）。一九〇〇年，法國人廢除君主制度，開始直接統治。

後來出現許多關於這場戰爭的報導，對亞馬遜人讚譽有加：「極其勇敢」……「英勇抗敵」……「野蠻堅韌」……「勇氣和凶猛令人難忘」……「不可思議的勇猛」……「看見女人受到優良領導，嚴守紀律，真的不可思議」。少校萊恩斯・格朗登（Leonce Grandin）在他兩本戰爭書籍裡描述：「她們為戰役帶來名副其實的憤怒和血腥殺戮的激情，她們的勇氣和不屈不撓的精力，激發其他追隨她們的士兵鬥志。」

雖然倖存者不少，她們卻無法適應社會，許多亞馬遜人不曾結

婚，認為婚姻只是一種奴役。至於結了婚的亞馬遜人，套一句近二十年後著手創作的歷史學家奧古斯特·勒赫希瑟的說法，她們似乎「保留以往的好鬥脾氣……尤其是對自己丈夫」。作者的一位朋友描述，一九三〇年時，他曾在貝南最大城科多努看見一名老嫗，本來拄著枴杖，嘴裡喃喃自語的她，忽然聽見某顆石頭落地聲響，誤以為是步槍的聲音，她旋即打直身子，整張臉孔發亮，接著趕緊伏在地面假裝為步槍上膛射擊，並且撲向一個想像的獵物。然後，又如先前一般，唐突地停下動作，彎曲著背搖搖晃晃走開了。「她之前是戰士，」一名大人解釋，「在前幾任國王的年代，他們曾經雇用女兵，雖然戰爭早已落幕，但在這位老婦的腦海裡，戰爭始終沒有結束。」

一九四三年，後來轉行當人類學家的南非前雕刻家伊娃·邁耶羅維茲（Eva Meyerowitz）形容，她曾親眼見過「唯一存活下來的亞馬遜人……這位老嫗就在往昔的皇宮中庭遊蕩[4]。」其他亞馬遜人可能尚在，若十六歲時遭到殺害的南希卡有活到八十歲的朋友，或許能活著看見她的達荷美併為法國的保護領地，並在近六十年後獨立，成為今日的貝南。

---

4 摘自英國皇家地理學會期刊《地理雜誌》（*Geographical Magazine*）。見參考書目。

第十一章

帶有羽翼的亞馬遜族：
俄羅斯的黑夜女巫

　　女戰士永遠不嫌少。網路上列出的女戰士不勝枚舉，有些人參戰，有些是偉大領袖，有些則是有遠見的女性，有的人三者兼具（例如聖女貞德），但以上都和亞馬遜人無關。亞馬遜族的決定特質無關乎個人特性，真正的重點是，亞馬遜人是一個群體，這才是讓她們與眾不同的特點。在亞馬遜歷史上，亞馬遜族幾乎只存在於傳說，即便真正的亞馬遜原型──斯基泰亞馬遜人也不是一個群體、軍團或國家：她們只是社會的一分子，備受敬重的戰士和傑出領袖。

　　一直到幾十年前為止，還是有很多人難以接受亞馬遜族群並不存在的事實。情況正好相反：十九世紀末，亞馬遜還走過了某種復興。到一八六○年左右，人們根據聖經列出的祖譜，自始至終堅持傳統觀點，相信人類是上帝創造，地球也僅有六千年歷史。這個說法並沒有為史前社會傳承下來的世代留下時間，而亞馬遜人就是其中一個史前社會。不是每個人都相信創世紀，卻沒人敢斬釘截鐵否定這個論調，因為我們既沒有證據，也沒有反對該論調的理論框架。直到後來達爾文出現，他結合地質演進，提出緩慢進化史的概念，顛覆了創世紀的論述。在一剎那間，突然出現一個可與任何史前社會相符的時標。十九世紀末，社會人類學家深信母系社會是父系社會演進的基礎，亞馬遜尼亞國度則是極端的母系社會案例。維多利亞時代一群自大妄為的男性學者十分著迷於史前社會男女雜交的假設。正如「適者生存」可用來解釋物種進化，他們在尋找的是一種文化演進模式。但這只是

他們一廂情願的想法，就算文化相似，也不代表兩個文化有所聯繫（例如，拉斐度相信休倫族和亞馬遜族關係匪淺）。人類學歷史作者馬文·哈里斯（Marvin Harris）說，這是「在社會科學的歷史上，最激烈爭論卻徒勞無功的探討[1]」。但這個討論沒有就此煙消雲散。二十世紀的考古學家和女性主義者重拾人類學家拋下的接力棒，指出象徵「繁殖力」、具有下垂乳房和鼓脹腹部的史前女性雕像說明了：在長達三十個世紀的早期農業社會（約西元前六五〇〇～前三五〇〇年），歐洲人信仰偉大母神，村莊為主的母系社會則是政府的基礎形式，但這個論調證據不足，史前時代的雕像並不能用來佐證社會結構。

世界各地的人類學家毫無斬獲，在幾百個人類學家研究過的社會、雛形國家（proto-state）、部族、宗族裡，始終沒有發現真正的母系社會。但確實有幾個主張平等的社會，在那裡，男女的身分地位平等。我曾和其中一個平等社會生活過，那就是厄瓜多的瓦拉尼族。瓦拉尼族不僅被視為平等主義社會，偶爾也被形容成少數的「簡樸」社會，幾乎沒有什麼人工製品或儀式，社會結構很原始。但這些社會都不見女戰士團隊，顯然亞馬遜族只活在傳說裡，或是達荷美。

關於這個說法，其實不盡然正確。近代有個女戰士團隊的例子，她們是在大型複雜社會的高壓下誕生的特殊產物。

---

1 但朱衛紅（Choo Waihong）在二〇一七年出版了一部近母系社會故事。《女兒國》（*The Kingdom of Women*）闡述祖母主導的雲南摩梭族家庭；男性從事勞力、擔任伴侶，不需盡教養義務。辛西亞·艾勒（Cynthia Eller）亦在《紳士與亞馬遜人》（*Gentlemen and Amazons*）裡，深入探究有關母系社會爭議的歷史。請見參考書目。

探討這些問題前，有個值得一提的問題：是否有其他女性團體在承受壓力較大的環境下變得殘暴的例子？這麼一說，兩個例子躍入腦海：一個是在美國高調主張禁酒的基督教婦女禁酒聯合會，她們長達十三年（一九二○～一九三三）的成功不可撼動。另一個是爭取婦女參政權的團體，後來更成功為大西洋兩端的女性爭取到投票權。這兩個團體都有不少具備戰士精神的女性，她們不僅破壞地產，並且吃苦耐勞，在某些遠近皆知的例子中甚至不惜為任務送命。但這兩個團體都不擁護暗殺，更別說全面開戰，畢竟她們努力改革的這個社會，她們也是一分子。最重要的是改變，而不是用暴力征服或得勝。

　　除了瘟疫和饑荒，沒什麼比戰爭更高壓的事了。一九三七年，俄羅斯已參戰逾二十年，最早在一九一四至一七年和德國開打，接著發生內戰（一九一七年的恐怖內戰──十月革命，與之後的階級戰爭），兩者都是工業進展所點燃的國內鬥爭。當時情景黯淡淒慘，更糟的是國家將幾百萬人送去各式各樣的戰爭前線，史達林的祕密警察把幾百萬名「全民公敵」送到西伯利亞監獄營區。但對於那些並未因家庭成員遭逮而受牽累的年輕女性，嶄新的社會主義式自由翻然降臨：平等、兒童照護、教育、離婚、工作，都透過金錢、身分地位與自信，帶了來前所未有的機會。

　　一九一七年，十月革命前的黃昏，武裝女性開始打下根基，當時俄羅斯仍在和德國戰爭，一名農婦瑪莉亞·伯西卡雷瓦提議組成「女兵敢死隊」，提振前線士兵的低迷士氣。她為某場非決定性行動徵召到了三百名新兵，卻在反對布爾什維克黨的行動結束後，突然從歷

史上銷聲匿跡。另一方面，航空技術帶來了全新契機，蘇聯政府認為發展航空是第一首選，可以運用商業客機聯繫廣大國土；也可以用遠程轟炸機防禦國家。到了一九四一年，全國已有超過一百間軍事飛行學校。儘管保守派的指揮官反對，女飛行員卻多達百分之二十五至三十，只差在尚未登記服役。

其中一人就是面貌姣好、智慧聰穎、意志力堅強的十月革命女兒——瑪麗娜・羅斯科娃（Marina Raskova）。她一開始是在化工廠作業，結婚並產下一女（羅斯科娃是夫姓），離婚後又重返空軍學校工作。這裡給予她全新的刺激與浪漫遠景，她想要當飛官，許多青年男女也有志一同。當時飛行員人數甚至超越飛機數量，但是領航員卻不足，她的機會就這麼來了。二十二歲的羅斯科娃成為蘇聯首位女性領航員，成為蘇聯宣傳的完美素材。當時的蘇聯將飛航等不同領域的「英雄」包裝成偶像，竭盡所能宣傳國家的成功。女性飛行員是出類拔萃的英雄，既能推廣航空業，也能促進成就與平等的社會主義理想。羅斯科娃曾參與兩次破記錄的飛行活動，後來更在一九三八年九月，挑戰不停機飛越俄羅斯母國，從莫斯科飛向遠東的共青城（Komsomolsk），總長六千五百公里，約是地球圓周的六分之一，欲打破不補給燃料直線飛行的世界記錄。這場挑戰是宣傳創舉，全國人民都在追蹤，就連史達林本人也很感興趣，祖國號[2]遠程轟炸機有兩位女飛行員，而擔任領航員的羅斯科娃坐在玻璃頭錐內，頭錐沒有門，無法通往飛機其他空間。

---

2 Ant-37 遠程轟炸機，經過重新設計命名為 DB-2，這架只是樣機，從未量產。

情況並未按照預期發展。她們碰到惡劣天氣，十個鐘頭後失去無線電訊號，最後發起大型搜救行動，導致十六人在空中相撞死亡，大眾卻一無所知。羅斯科娃只有一張最陽春的地圖，她嘗試利用六分儀和指南針，在無人俯視過的地景裡導航，飛越浩瀚的西伯利亞森林。飛機在低矮雲端上方盤旋，尋找一個可以降落的峽谷和地點，偏偏這時飛機燃料即將耗盡。緊急迫降很可能讓身在頭錐裡的羅斯科娃立即喪命，她沒有選擇，只好跳傘。安全降落後，雖然保暖充足，身上卻僅剩半條巧克力，於是她開始往飛機可能迫降的方向走去。整整十天，她只靠莓果、蘑菇和每天一小塊巧克力維生。羅斯科娃弄丟一隻鞋，身體越來越虛弱，必須靠拐杖攙扶前行。就在瀕臨崩潰邊緣之時，她看見搜救飛機在空中盤旋，於是緊跟著飛機前進，找到以機腹降落沼澤的祖國號。這艘飛機總共飛行二十六小時又二十九分，總長五千九百四十七公里，創下當時的世界記錄。三個女人憑藉一艘折疊皮筏、一對雙腳、划著槳回到文明世界。全國上下以精心策畫的歡欣鼓舞慶祝她們歸來，她們被帶到莫斯科，乘著敞篷車前往克里姆林宮，沿途接受愛慕民眾拋花致意，史達林親吻問候她們並發表演說，聲稱要為飽受壓迫的女性報一箭之仇。這三人晉身蘇聯英雄，也成為第一批接受榮耀表揚的女性。羅斯科娃驚天動地的倖存故事、她的美貌，以及一本暢銷著作《領航員筆記》（*Notes of a Navigator*），讓她成為三人中最受歡迎的一位，全世界都拜倒在她的石榴裙下。

　　接著，一夕之間天崩地裂。一九四一年六月二十二日，凌晨四點十五分，德軍轟炸機襲擊六十六間蘇聯航空站，為祕密代號「巴巴羅薩作戰」的侵略揭開序幕。到了正午，一千多架停在陸地的蘇聯飛機

已經遭到摧毀。但這只是開端，未來三個月共會有六千五百架飛機遭到德軍毀滅。「我們現在只需要踹開門，」希特勒對他的一級上將阿弗雷德‧約德爾將軍（Alfred Jodl）誇口，「蘇聯的腐爛結構就會分崩離析。」事實證明沒那麼簡單。史達林從殘酷壓迫的暴君搖身一變，成為國家救星，工廠和人民搭乘火車、駕駛公路，移步東部避難。十月，德國已攻進莫斯科市郊，但此時此刻，冬將軍前來救援了，正如一八一二年拿破崙軍隊佇立莫斯科門前時，它也以同樣氣勢前來解救一樣。

同時，不少女飛行員（主要是飛行俱樂部成員）去信羅斯科娃，表態希望參戰，並抱怨沒人帶她們上戰場。因此羅斯科娃決定組織一支女軍事飛行員軍團，在她名聲、傳說中的堅韌和地位號召之下，她直接向上級陳情。那是一九四一年十月初，莫斯科再過幾天就可能落入德軍手裡，於是國防部批准了，甚至可能連史達林本人都採納這項提議（說法矛盾不一[3]）。就這樣，世界第一組女子戰鬥機單位因應誕生。但成功主因不是俄羅斯飛行員短缺，正好相反，畢竟在陸地遭到破壞的飛機太多，此外這也不是宣傳手法（其實宣傳少的不可思議），而是幾乎全靠一個可敬女子利用她半哄半騙的功力爭取而來。

她們共分為三組軍團：戰鬥機、重型轟炸機，和夜間轟炸機，包

---

3 飛行員伊芙吉尼亞‧澤古勒恩科（Evgeniia Zhigulenko）描述：「瑪麗娜‧羅斯科娃……去找史達林商談此事，奇怪的是這怪物居然對她說：『你明白的，後代人民不會原諒我犧牲年輕女孩的性命。』這是這名非凡卓越的女人親口告訴我們的。」（原文摘自海倫‧凱薩（Helene Kayssar）和弗拉迪米爾‧波茲納（Vladimir Pozner）的《緬懷戰爭：一場美蘇對話》（*Remembering War: A U.S.-Soviet Dialogue*），1990 年，OUP 出版，由瑞娜‧潘寧頓（Reina Pennington）引述段落。請見參考書目。

括飛行員、領航員、技師、軍械士、支援人員在內，全員都是女性。羅斯科娃召集到幾十名義工，並獲得軍隊發下的制服，但都是寬鬆大衣和大尺碼的靴子等男性制服。十月十五日，史達林下令政府部門和軍備工廠撤離莫斯科，接踵而來的兩週，兩百列火車和八萬台貨車帶著五百間工廠的設備用品駛向東方。史達林下令後的兩天，三至四百名年輕女性組成的軍隊──羅斯科娃的一二二號空軍團（Aviation Group 122），穿著不合身制服，踏步經過已停駛的有軌電車和大門深鎖的商店，前往喀山站（Kazansky Station），然後擠進貨物車廂，前進東南方八百公里處位於伏爾加河畔的恩格斯鎮。這段車程耗時八日，士兵列車慢條斯理地朝西移動，她們停在岔線上守候數個鐘頭；其他列車則帶著傷患、政府工作人員、沉重機械，前往伏爾加河外的東部陸地。列車上沒有廁所，糧食只有灰麵包、鯡魚和水。羅斯科娃巡視不同車廂，努力提振眾人士氣。過程中沒人抱怨，平均年齡二十歲、還是年輕女孩的她們，許多人成長環境都遠比這來得艱辛，但所有人都是懷抱著為史達林、祖國號和瑪麗娜‧羅斯科娃效命的夢想而來。

之所以選擇恩格斯鎮，是因為該鎮的位置距離前線遙遠，而且有一間飛行學校。恩格斯鎮是座冷清小鎮，房屋大多由稻草和柴枝混合的黏土打造，全鎮僅有四棟石製建物，三棟是黨派辦公室，一棟為戲院。女性待在一個大房間裡的營房，每間兵營都備有一塊床板、稻草床墊和毯子，就訓練飛行員來說這個地點十分完美。伏爾加河往西邊綿延兩公里，東南北方皆是乾草原，地形平坦，舉目不見樹木，說穿了就是一條廣闊跑道。

她左右為難，因為大家都想上飛機。階級制度應該丟進歷史的垃圾桶，但有些制度實際上更平等。軍械士和技師想當領航員，領航員想當飛行員，飛行員想當戰鬥機飛行員。三組軍團皆有名字：五八六號戰鬥機隊，五八七號重型轟炸機隊，五八八號夜間轟炸機隊。具有豐富特技飛行經驗的頂尖飛行員，接下了戰鬥機飛行員的職務，駕駛過民航機或曾當過飛行教練的人則駕駛重型轟炸機，經驗最少的人則負責夜間轟炸機。但看在羅斯科娃眼底，有時人的性格更勝經驗，於是她不斷苦口婆心，好言相勸許多不平抗議的人，並再三安撫，耐心解說她的決定。

　　艱苦的軍中生活就此展開，由男性軍官率領數個月的操練、閱兵場上的羞辱、大清早的點名、黨派官員的教化、訓練機飛行、導航、輕武器訓練、設備保養，她們猶如修女團，全面禁止留長髮、使用化妝品、穿漂亮衣服、和男性往來（雖然這項禁令她們不見得絕對遵守）。女兵沒有牙膏、衛生紙或洗髮精，除了男性服飾外，沒人想過發給她們女性服飾，她們沒有胸罩或女用內衣褲，就連一般民生用品也沒有。降落傘大受歡迎，女兵偶爾會用破掉的降落傘縫製內衣褲，因為是絲質的。對二十歲的女孩來說，這種日子很難熬，不能實際出任務更是雪上加霜。一九四一年十二月，隨著時間邁入艱難苦澀的新年，她們仍然沒有飛機。但總之，進擊的德軍距離她們四百公里，遠到連飛機都到不了。淪陷的列寧格勒和高加索山之間的兩千多公里路上，已經死了幾萬人的戰敗光景，她們幾乎一無所知。

　　這些狀況只證實了羅斯科娃的領袖特質。由於要監督三組軍團的特訓，她必須一天二十四小時待命。「我們從沒看過她顯露疲態，」

一名飛行員說，「就我們觀察，這女人似乎精力旺盛，無人可及。」有位隊員勸她休息時，她答道：「等到戰爭結束，我們就可以休息了。」她可以這一秒入睡，下一秒醒來。羅斯科娃態度堅定，卻永遠保持輕聲細語，下屬艾卡特莉娜·米古諾娃在一九七六年的訪談裡提到：「我不記得她曾對人咆哮，連抬高音量都不曾有過，更別說是無理打斷下屬……她從不會因為一時氣憤而懲罰任何人。」但在追求個人目標時，羅斯科娃勢不可擋。由於她的朋友是負責維修損壞飛機的工廠廠長，她理所當然為女飛行員優先徵求一批 Yak-1 戰鬥機，也成功獲得了。她唯一的消遣就是彈鋼琴，羅斯科娃彈得一手好琴，怪不得女性同袍都對她崇拜不已。

一月份，第一批戰鬥機 Yak-1 報到，這可說是俄羅斯版的噴火戰鬥機[4]，名稱取自設計師亞歷山大·雅克夫雷夫（Alexander Yakovlev）。接著二十架 Pe-2 俯衝轟炸機於夏天駕到[5]（設計師為弗拉迪米爾·佩特里亞科夫〔Vladimir Petlyakov〕）。在羅斯科娃的堅持下，所有飛機都配有無線電。這兩組軍團都雇用男性技師和行政人員，所以我們的主要焦點是最具亞馬遜特質的女性軍團：夜間轟炸機隊——整場戰爭下來全員皆為女性，指揮官自始至終都是同一人：耶芙多基亞·博桑斯卡亞（Yevdokiya Bershanskaya）。

她們的任務是在夜間駕駛轟炸機，飛越敵軍陣線，轟炸他們的燃料堆放處、壕溝、補給倉庫。她們駕駛的是十五年前為了飛行訓練而

---

4 噴火戰鬥機（Spitfire）：二戰時期英國的代表性戰鬥機。

5 一開始啟用的是過時的 Su-2 兩人座輕型轟炸機，六月時升級至 Pe-2 三人座轟炸機，可容納飛行員、領航員和砲手／無線電兵。

設計的輕薄雙翼飛機，每架飛機都有兩個開放式座艙，一個供學生或飛行員使用，另一個則是給老師或領航員。飛機由夾板構成，表面覆蓋一層密織棉布，說穿了就是牢實的床單，根本是個天上飛的火絨盒子。機上發出嗒嗒聲響的一百馬力小引擎，最高時速一百二十公里；沒有配無線電，沒有煞車，只有想像得到最基本的配備：狹小、廉價、輕巧、可操縱、負荷重的低速機器，很類似希區考克電影《北西北》（*North by Northwest*）裡的那架飛機——其中一幕卡萊・葛倫被噴灑農藥的飛機逼進逼出玉米田，夜間轟炸機就像是這種農藥噴灑飛機。這是偉大設計師尼可拉・波利卡波夫（Nikolai Polikarpov）的傑作，由於他大半輩子都在蹲苦牢、接受祕密警察的訊問，才得以在其餘時間全心投入工作。他將飛機命名為 U-2，但切勿將波利卡波夫的 U-2 和一九五〇年代的美國間諜飛機 U-2 混淆。美國間諜機和波利卡波夫的飛機大相逕庭，他的 U-2（後來在一九四三年更名為 Po-2）適合運送傷者、卸除補給品，飛行速度緩慢，高度極低；可在林地起飛，並在道路降落。到一九五八年，三十幾年間他們共生產了三萬架 U-2 飛機。戰爭爆發的時候，空軍已備有上百架 U-2 飛機，並且很快就全數徵用於前線。

建議指派 U-2 為夜間轟炸機的正是波利卡波夫本人，此機型可以滑翔飛過敵軍領地高空，從機翼下方施放兩至四顆炸彈。但該行動在俄羅斯冬季展開，在短短數分鐘就會皮肉結凍的酷寒裡，坐在開放式座艙，光是徒手碰觸金屬，皮膚就會黏著於表面並且撕裂。白雪還可能模糊地平線，導致上下難分的錯覺。由於女飛行員在夜間駕駛飛機，如果看不見地面，只憑基本設施的話，腳下隨便一道光都可能誤

認成一顆星辰，引導方向錯亂的女飛行員一頭栽進死亡。當然，機上沒有降落傘。瑞娜‧潘寧頓為撰寫她的女飛行員著作進行訪談時，空軍參謀長伊蕾娜‧拉科伯斯卡亞向她解釋：「我們是這樣想的，要是飛機在敵軍領空起火，死在飛機上會比用降落傘獲救、變成對方俘虜來得好。而且換作在自己的領空失事，你一定可以安全降落。」

這一切都只是為了施放四顆五十公斤炸彈的小型破壞，而這只有大型轟炸機乘載量的十分之一。真的值得嗎？根據夜間轟炸機的官方計畫：值得。「騷擾敵軍、剝奪對方睡眠和休息時間、磨耗敵人體力、破壞他們停靠小航空站的飛機、燃料堆放處、軍火和糧食補給品、打亂交通活動、阻礙他們的總部作業。」女軍團對此深信不疑。「我們都是運動家，協調性很好。」當時年僅十七歲的軍團成員嘉莉納‧布洛可貝爾佐娃，在二〇一六年九十一歲高齡時接受義大利電視台採訪時說道：「我們很靈活輕盈，能控制自己的身體，但最重要的是我們的求勝心強烈，更別說我們是一個團隊。」

但她們過的是岌岌可危的生活，即使實際行動尚未展開，這一點也不會改變。三月十日，訓練機遇到暴風雪，地平線和跑道燈光模糊不清，導致兩架 U-2 飛機墜毀，兩名女性身亡。尋回她們的遺體後，羅斯科娃舉辦了一場喪禮，並在她們的棺材上獻花，共青團行政官員妮娜‧伊瓦基納在日記寫下：「我們溫柔地將裝著摯友的棺材放上貨車。昨天我們才在一塊兒嬉戲笑鬧，今天卻要踏著沉重步伐前往墓園。謹以三月葬禮，送我們摯愛的年輕飛官最後一程。」羅斯科娃在喪禮上致詞：「安息吧，親愛的摯友，我們會完成你們的夢想。」

五月，德軍進擊史達林格勒前，夜間轟炸機已展開行動。羅斯科

娃率領她們，從恩格斯鎮飛往鄰近莫羅索夫斯卡亞（Morozovskaya）的村莊，距離前線兩百三十公里，她們在史達林格勒和黑海之間的南方前線，組成第四空軍的夜間轟炸機部門。一抵達，她們就受到分部指揮官德米崔‧波普夫的審問：「我收到一百一十二名小公主，」他向第四空軍長官康斯坦丁‧韋爾希寧抱怨：「該如何處置她們？」韋爾希寧回道：「她們不是小公主，德米崔‧德里特里耶維奇。她們都是技術成熟的飛行員。」

這時莫斯科傳來新指令召回羅斯科娃，她離開前用這番話鼓舞夜間轟炸機隊員：一定要展現出女性也能像男性一樣戰鬥，讓他們看看「在我們的國家，女性也能當兵」。這是夜間轟炸機隊員最後一次見到她。經過一個月的進階特訓，六月時她們已準備好參與行動，飛出她們在克拉斯諾頓（Krasnodon）附近的全新基地，這裡距離前線僅有三十公里，目標是阻擋德軍攻擊羅斯托夫和史達林格勒——俄羅斯南方的兩座關鍵城市。

儘管如此，敵軍仍舊勢不可擋。羅斯托夫陷入一片火海，數不盡的難民被逼著穿越未收割的田野，往東行進。夜間轟炸機和蘇聯軍隊撤退，飛出一個又一個基地，她們第一次學到在無邊無際、模糊得看不見分界的乾草原上，運用星辰、教堂或鐵路車站導航，然後在北高加索山脈的迷霧裡尋找方位。她們白天特訓，夜間飛行，執行一小時不間斷的任務（因為燃料只能維持這麼久）。每夜共執行一百場任務，每個飛行員平均參與五場，有時甚至多達十場，時值盛夏亦照飛不誤。

壓力不曾稍減：在沒有設備的情況下摸黑尋找方向，被探照燈照

得看不見前路，高射砲炸得震耳欲聾，努力咳出火藥煙霧，集中精神投下炸彈，接著在人生地不熟的田野找尋回家的道路，全憑煤油燈籠或車頭燈指引方向。她們長期缺乏睡眠，只要一逮住機會就睡，瞇上一個鐘頭，之後再補眠一個鐘頭，座艙裡、機翼下、廢棄的茅草屋裡，到處都能睡。她們怎能忍受得了這一切？部分因為這是她們的自主選擇，若真的想要大可以隨時走人，卻沒人這麼做；部分是出於尊嚴：她們急欲證明，男人做得到的事她們也辦得到，甚至可以比男性更強。她們謹慎做筆記：波麗娜・傑爾曼記錄自己駕駛了八百六十趟戰鬥機。還有一部分是因為她們都是緊密社群的一分子，效率絲毫不輸賽車維修站，技師可在五分鐘內補足燃料、修理裝備，她們說這個速度比任何一組男性軍團都還要快。更不可思議的是她們幾乎沒有傷亡，因此士氣依舊高昂。「想射下一架飛機沒那麼簡單，」曾雅・盧德涅瓦在寫給父母的家書裡再三保證，「但要是真的發生意外又怎樣呢？你們可以驕傲地對別人說自己的女兒是空軍啊！再說能在空中飛翔是件多麼令人開心的事！」戰後，就連她們都對自己的能耐大呼不可思議。「連我都覺得難以置信，我們這群年輕女孩有時居然承受得住戰鬥任務的極度高壓，」瑞莎・亞洛諾娃說，「看樣子，我們的精神力果真無與倫比。」空軍參謀長伊蕾娜・拉科伯斯卡亞把主因歸於團結：「比起男性，女性在個別小組裡的戰鬥力更強，友誼更堅定，任務更單純，責任也更大。」

德軍痛恨 U-2 戰機，她們如鬼魅般低空滑翔，速度不超過一隻貓頭鷹；時速八十公里，低得連探照燈都掃不到，空氣吹拂著機翼支柱，發出輕柔呼嘯，短短幾秒鐘便消失無蹤，卻讓彈藥堆放處燒成一

團火球、橋梁摧毀斷裂，或是炸得散兵壕灰飛煙滅。在對方來得及發動防禦前，她們早已完成任務，揚長而去。德軍從俄羅斯廣播得知折騰他們的士兵都是女性時，開始稱呼她們是 Nachtthexen，黑夜女巫。俄羅斯女飛行員愛死了—— Nochnye Vedmi，此後這個名號就如影隨形地跟著她們。

一九四二年八月，德軍堵住了通往史達林格勒的道路，對兩國來說象徵勝利的這座城市，正面臨著搖搖欲墜的命運。希特勒說史達林格勒即將城毀，並下令在八月二十三日展開大規模空襲，讓整座城市深陷火海。史達林卻說這座城市不會倒下，絕對不可以毀滅——「一步都不得退！」這是他在一九四二年七月下達的著名命令。這座城市會撐下去，至少有足夠時間在德軍圍攻時組織軍隊，接著就換對方反遭攻陷。黑夜女巫盡忠職守，從薩利斯克出發，穿越頓河沿途轟炸德軍，接著再趕在德軍抵達前朝東移動。

她們最光榮的時刻是一九四二年九月，地點是高加索山。黑夜女巫接獲摧毀保羅‧馮‧克萊斯特將軍總部的指令。他為了落實火絨草行動（Operation Edelweiss），率領一千部坦克穿越高加索山，前往蘊藏百分之八十蘇聯石油的巴庫（Baku），並在喬治亞的捷列克河設立總部。就在德軍穿越河川時，黑夜女巫展開襲擊，痛宰一百三十名德國人，卻沒能除掉克萊斯特。她們這次進攻彷彿成了後來俄羅斯亡命抵抗德軍大型作戰的一個註記——不過，德軍這項大型作戰最後只能中止，主因是其他德軍前線損失慘重，導致物資缺乏。

遠在北方的史達林格勒岌岌可危，羅斯科娃第一中隊的八名女性重新分發至兩組超大規模的空軍團，捍衛史達林格勒。這群女飛行員

活在愚勇無知的泡泡之中，對於即將降臨史達林格勒的災難毫無頭緒。光是想到能和男性平起平坐，駕駛著她們的 Yak-1 戰機參戰，像亞馬遜族操控她們的馬兒一樣盡情操縱戰機，就教她們興奮不已。但這只是一次令人失望的短暫任務：其中一組軍團的指揮官不讓女性參與危險任務，另一組軍團則在兩週後解散。這群女孩只出了兩個任務，短時間內就損失十六名機員和二十五架飛機。

自史達林格勒出發，沿著伏爾加河前進三百公里，羅斯科娃的第二中隊在薩拉托夫（Saratov）的基地獲得空前大勝。九月二十四日夜晚，探照燈發現一架裝載雙活塞式引擎的德國容克斯 Ju-88 轟炸機。坐在 Yak-1 轟炸機裡的瓦勒莉亞・科姆亞科娃開始攻擊，機關槍瘋狂掃射，顯然飛行員已經喪命，因為這台碩大飛機開始朝右斜倚翻轉，急遽下降，最終墜地爆炸。事後她回到墜機現場勘查，發現四名機員跳傘，但由於太接近地面，降落傘來不及張開他們便落地，遺體橫躺在粉碎機身旁。這是羅斯科娃的戰鬥機首次成功殺敵的經驗，也是第一架遭女性射下的敵軍轟炸機。翌日清晨，她們早餐享用伏特加及西瓜，外加史達林同志發給該軍團的兩千盧布獎金。接著羅斯科娃前往莫斯科，從傑出革命分子兼國家元首米哈伊爾・加里寧（Mikhail Kalinin）手裡接過紅旗勳章。然而，緊接在這場成功創舉後的兩週，發生了瞬間大逆轉。瓦勒莉亞・科姆亞科娃原本在防空洞裡打瞌睡，雙眼還沒適應黑暗，就在飛機起飛時墜機身亡。指揮官全數遭到指責，卸除職位，改由男性擔任要職。這就是唯一的全女性戰鬥機飛行員團隊五八六號軍團的終點。

與此同時，黑夜女巫仍分成兩組人馬，分守史達林格勒和高加索

山的南方前線。在史達林格勒，探照燈是一大問題。德軍會繞著可能目標，以同心圓陣仗安置防空砲和探照燈，要是飛機一直線成雙成對飛過周邊陣地，很可能就會被防空砲炸個粉碎。於是黑夜女巫想出一個解決方法，她們三架飛機一組，其中兩架先進場，刻意引起德軍注意，等到幾個探照燈同時指向她們，並判斷防空砲準備開火前，兩名飛行員再瞬間分開，往反方向散去並胡亂飛行，以甩掉探照燈的追蹤。第三架飛機的飛行員則飛進兩名隊友清出來的漆黑範圍，在無人反擊的情況下瞄準目標射擊，完事便趕緊撤離，再和兩位隊友會合，彼此交換位置，直到三架飛機的裝載量都射完為止。此舉需要鋼鐵般的勇氣，畢竟得冒著遭受敵軍炮火攻擊的危險。但這個戰略很成功。

場景換到高加索山，她們橫跨今日俄羅斯與喬治亞北方分界的幾個小共和國，襲擊德軍前線，零傷兵的成功襲擊讓她們不斷獲得表揚和獎章，她們的「蘇聯英雄」數量超越任何一支轟炸機軍團（戰爭結束之際共計二十四人）。十一月，指揮官耶芙多基亞·博桑斯卡亞收到一封第四空軍指揮官康斯坦丁·韋爾希寧的來信：「博桑斯卡亞同志及你無畏的飛鷹們啊，母國的榮耀女兒，堅韌不拔的飛行員、技師、軍械士、政治工作者！」上級送來的不僅是表揚和獎章，還有「某些不列於標準裝備的必需品」，也就是女性內衣褲。

這麼久以來都不配給內衣褲，為何偏偏挑這個時候寄來？韋爾希寧談到了事情的導火線。有兩個女性砲手使用航空照明彈用的降落傘，自行縫製胸罩和內褲。有人得知後告發她們破壞戰爭公物，軍事法庭宣判她們十年徒刑。但韋爾希寧認為母國俄羅斯禁不起如此人才浪費，「這兩位宣判犯罪失職的女子，會先得到安靜回到工作崗位的

機會，之後再擇期上訴，撤回她們的犯罪記錄。」因此他的結論是，配給內衣褲可以拯救女飛行員的事業和人生。

這下子受困史達林格勒的不再是蘇聯軍隊，而是德國第六軍團。蘇聯軍隊在城裡守住了幾塊綿延至伏爾加河畔的小地盤；他們在建築之間作戰，頭頂的高空戰役如火如荼，一直延續到伏爾加河凍結、貨車可以運載補給品渡河為止。一九四二年十一月十九日，他們大規模組織槍砲、坦克、步兵團，開始反擊。十二月中，二十五萬名德國士兵遭到圍攻，炸藥、子彈、凍瘡、疾病與饑餓讓他們付出慘痛代價。

五八七號女子重型轟炸機軍團接受指令，前往史達林格勒，該軍團雖然仍由羅斯科娃領軍，卻在數個不同小航空站分頭行動。一九四三年一月四日，羅斯科娃按照原定計畫，離開她位於史達林格勒北方七百五十公里的阿爾扎馬斯（Arzamas）基地，加入她們的陣營。但當日天候十分惡劣，濃霧瀰漫，羅斯科娃知道她的 Pe-2 俯衝轟炸機儀器應付不了濃霧，可是她一心想歸隊，其他三名跟著她的隊友也是，這三人分別是領航員、砲手兼無線電操作員，與中隊的技師長。於是她計畫先在彼得羅夫斯克（Petrovsk）中途降落，等待濃霧消散。她率領另外兩架分別由呂芭・古畢納和蓋亞・里馬諾娃駕駛的飛機，通過彼得羅夫斯克上空時，視野似乎變得清晰了些，於是羅斯科娃繼續朝南前進，接著便與另外兩架飛機失聯。濃霧變本加厲，夜幕低垂後兩架隊友的飛機勉強迫降成功，雖然受了傷，她們仍活著，但已失去了羅斯科娃的消息。兩天過後，濃霧消退，一組搜救隊找到羅斯科娃的飛機，顯然她曾試圖讓飛機鑽到濃霧底下，卻直線墜入伏爾加河的陡峭右岸，她和領航員當場身亡。飛機尾部斷裂，另外兩人

雖然受傷，卻暫時活了下來。在她們凍死前，可以從沾血毛巾看出來她們曾幫對方傷部止血。

一架 U-2 飛機載回她們的遺體，送至薩拉托夫。當地局長接到指令，在當地埋葬三名遺體，然後備好羅斯科娃的遺體，徹夜運回莫斯科。雖然碎裂頭部已經縫合，但她的遺體仍不適合供人民瞻仰。羅斯科娃的死訊散播到全國各地，幾百人列隊行經她闔起的棺木，之後棺木搬上火車特殊車廂，送回莫斯科。她指導過的所有女飛行員、領航員、砲手、技師紛紛從各個不同單位趕來，眼裡噙著震驚的淚水送她最後一程。其中一位黑夜女巫說，雖然其他兩組軍隊已不再全員是女性，但至少五八八號仍堅持羅斯科娃最初的理念，想到這點，她就感到一絲欣慰。

全國上下都在為羅斯科娃哀悼，《真理報》（*Pravda*）的頭版形容這是本次戰爭第一場國家級喪禮：靈堂上，羅斯科娃骨灰罈左右兩側懸掛著從天花板垂墜的黑色縐織布條，政治高官出席致哀，葬儀隊伍列隊送行，抱著骨灰罈漫步至克里姆林宮的牆前，三發齊射砲致意，大陣仗飛行儀式，這一切都在在宣布「蘇聯英雄瑪麗娜·羅斯科娃，偉大的俄羅斯女飛行家，為她的榮耀生涯畫下句點」。

羅斯科娃的接班人，新上任的指揮官森雅·提莫非耶瓦（Zhenya Timofeyeva）率領女子重型轟炸機軍團，和淪陷的德國第六軍團作戰。第六軍團卡在史達林格勒白雪鋪天蓋地、焦黑如炭的廢墟裡動彈不得。重型轟炸機軍團和男兵一同執行數場突襲任務，直到一月三十日，女性獲准自行出動任務，為陸上坦克和步兵團進攻做準備。次日希特勒對斐德烈希·保羅斯將軍下令，即使沒命都不准投降，並升他

為陸軍元帥——因為德國歷史上的陸軍元帥從不投降。可是保羅斯已經山窮水盡。二月一日，一位德國士兵爬出第六軍團總部中央百貨公司的地下室，揮舞著一面白旗。兩天後，消息傳到遙遠戰地末端的德軍耳中，圍城正式落幕。死於這場攻防戰的俄羅斯人總數逾十萬，德國喪失十六萬條人命，九萬個拖著腳步邁向戰俘之路的人則幾乎必死無疑。東方前線的戰爭潮汐開始逆襲，俄羅斯軍隊進擊西方，女子重型轟炸機軍團亦跟他們一起行動。

此時位在高加索的黑夜女巫開始朝西北兩地移動，踏進飽經戰火摧殘的土地。這是她們首度近距離目擊戰爭，彷彿這群女性從前只活在自己的世界，只管播下破壞與死亡的種子，直至今日才親眼目睹她們手下的後果。她們繼續前進，到達昔日捷列克河前線基地的北方四百公里處，領航員娜塔莎·梅克林和她的飛行員伊蕾娜·瑟布羅娃頭一遭目睹戰死德軍。這裡才剛從戰爭解脫，村莊野火依舊熊熊燃燒，男人和馬匹橫屍遍野，梅克林第一個看到的德國人年紀很輕，她描述他「蒼白消瘦，頭往後仰……漂亮直髮被白雪冰凍」。五味雜陳的情緒在她心裡波動：抑鬱、反感、憐憫，剎那間她深刻體會到自己所作所為造成的下場，不過並未因此遲疑。「明天我還會繼續轟炸，後天、大後天也是，直到戰爭結束，或者我死於沙場為止。」

接著春神降臨，乾草原化作春泥，飛機和燃料貨車深陷泥沼，動彈不得。二九六號軍團吸收了羅斯科娃女戰鬥機隊員，他們必須和這群女機員一起駕駛十五架未遭摧毀的飛機。這對飛行員莉莉亞·里特弗亞克不成問題，因為與她同駕的男人如她一般身型嬌小，因此不需要調整煞車踏板。她的生活很圓滿，因為她愛上了這名同為飛行員

的亞利希‧薩洛馬丁，兩人正式取得了結婚許可。他稍微輕率魯莽了些，她則是出了名的毒舌，但他們是一對人緣很好的佳侶。軍團行進時，其他人會盡量為兩人製造獨處時間，即使只是一間又一間的廢棄茅屋。

多虧蘇聯的宣傳機器，年方二十的里特弗亞克已是超級巨星。二月時，她打下一架斯圖卡（容克斯 Ju-87 俯衝轟炸機），三月又一架斯圖卡和一架 Ju-88 戰鬥轟炸機，這一回合交鋒讓她大腿中彈，飛機毀損，不過最後仍安全降落。某篇雜誌文章賜給她「復仇女孩」的封號，她是形象完美的女英雄：「雙十年華，正值少女初春的美好年紀！嬌弱身材搭配和她名字『莉莉亞』一般精緻的金髮。」她外貌的嬌弱與她的鬥志形成強烈反差：「每當我看見一架尾翼畫有十字架和納粹卐字的飛機，我就只有一種感受——仇恨。這種情緒讓我更用力按下開火鈕。」幾天後莉莉亞出院，雖然跛著腳，卻神清氣爽，她迫不及待回到莫斯科和家人團聚休假，養精蓄銳。她的哥哥記得那天她身穿一襲德軍降落傘絲綢製成的洋裝，曾經包裹德國高射砲火藥的人造絲則做成了鑲邊的小綠點。她戰力滿分，縫紉女工也是一絕。

五月，里特弗亞克回到烏克蘭邊境的帕甫洛夫卡（Pavlovka）執勤，她坐在座艙裡等候行動，她的愛人亞利希‧薩洛馬丁正在頭頂的初夏天穹駕駛他的雅克飛機，訓練新進飛行員。當時兩名女技師坐在兩側機翼和她閒聊，突然，她們聽見外頭的飛機引擎噪音轉變成隆隆怒吼，接著跑道遠端發出轟然巨響，隆隆聲隨之戛然而止。有人目擊了一架雅克飛機竄出雲端，翻滾數圈，距離地面太近。三名女性趕緊衝往失事現場，正是薩洛馬丁，他的年輕無畏害死了他，或套用官方

報告描述，他的死因是「好高騖遠的自信和自尊，並欠缺紀律」。

接下來的兩個月，莉莉亞·里特弗亞克數度與死神面對面。兩場俄羅斯大反攻正要登場：一場是北邊的庫斯克周遭，堪稱史上最大規模的坦克會戰；另一場則是南邊的米烏斯河河畔，蘇聯軍嘗試攻破德軍重整組成的防線。她接連成功，並僥倖逃過死劫：六月她和僚機駕駛員莎夏·耶夫多基莫夫縱火焚燒兩個德國觀測用氣球。六月十六日她帶領一名新人飛行，不慎偏離航行軌道，導致跟著她的飛行員墜機身亡；同天下午，四架梅塞施密特戰鬥機（Messerschmitt）追擊她和耶夫多基莫夫，最後，她們的機身帶著好幾道彈孔，回到了基地。五天後，一架梅塞施密特撞上她的雅克，所幸她緊急降落，毫髮無傷。

八月一日，里特弗亞克轉移到西方的紅盧奇（Kransnyi Luch，位於烏克蘭煤礦豐富的頓巴斯〔Donbass〕區）協助伊留申轟炸機（Ilyushins）攻擊德國地面部隊。她出了三趟單機任務，到了第四趟時，她坐進她的雅克，將皮靴、卡其緊身短上衣、深藍飛行馬褲、藍色貝雷帽塞進地圖箱，她的技師尼可拉·曼柯夫試著勸退她，後來他生動描述了這一幕，因為這幅場景早已深深烙印他腦海。

「現在熱氣逼人，一個人飛這麼多趟任務太辛苦了，」他說，「你有必要飛這麼多趟嗎？還有其他飛行員啊。」

她回道：「德軍開始派出遜咖了！他們未免也太乳臭未乾，我想再轟下一架！」

她一如既往，爽朗愉快地道別，關上頂蓬，起飛。莉莉亞和另外五架雅克飛機陪同八架伊留申轟炸機，接近前線時，他們已射下兩台梅塞施密特。正準備打道回府時，一架梅塞施密特猶如鬼魅般竄出雲

今與昔的女戰士

一八九〇年的德國平版印刷圖，主角是達荷美的「亞馬遜軍團」。

一九三八年女軍官飛越俄羅斯之前在莫斯科的合照。三名女飛行員在遠程轟炸機「祖國號」前擺出姿勢,最右側是俄羅斯全女子空軍中隊創辦人——瑪麗娜・羅斯科娃。

「黑夜女巫」團隊在 Po-2 雙翼飛機前的合照。

二〇一四年七月,伊拉克蘇萊曼尼亞附近,以分列式隊形行進的庫德女戰士。

層，朝她開火後便消失不見。其他兩名飛行員目睹她的飛機失控，猜測她遭到射擊，不是死亡就是重傷。她沒有跳傘，也沒人看見地面爆炸。基地每個人都在盼望她回來，直到期盼逐漸落空。一天後，蘇聯部隊繼續前進，耶夫多基莫夫和技師曼柯夫推敲失事地點，翻遍了村莊和隘谷，仍無功而返。兩週後，耶夫多基莫夫身亡，此後再沒人繼續搜找莉莉亞的下落。「無影無蹤消失。」她母親收到的官方通知信件如此寫道。

女英雄的殞落往往會激發出繪聲繪影的傳奇故事，若是身材苗條、好勝強悍、金髮的二十一歲美女更尤其如此。一名歸國戰俘說他看見淪為俘虜的莉莉亞；還有傳言說一架飛機降落德國領土，而德國人趕走了一位女孩。也可能德國人已經以軍人規模的隆重儀式埋葬她。政治官員質問：她會不會投靠德軍了？另一位歸國戰俘聲稱，她確實已經投靠德軍。不過當時氣氛詭譎，歸國戰俘被自己同胞捉回牢獄，各種強迫的「自白」來來去去；還有軍團成員眼紅莉莉亞的美貌、技術與人氣。證據向來不夠確鑿，只有隱約暗示：一九七〇年代，某村莊的小男孩從洞穴捉出一條青草蛇，在那裡發現一頂安全帽和降落傘絲綢製的內衣殘片。但這些發現後來遭到掩埋，儘管持續搜找，議論紛紛，至今依舊不見莉莉亞的蹤影。

追思會列出莉莉亞兩年來為國奉獻的豐功偉業：她是首位射下敵軍飛機的女飛官，飛過六十六次單機出擊，十一或十二次個人勝利，四次團隊勝利，讓她成為保有最高滅敵記錄的女飛官。（不過正如她的生死，關於這些數字的真偽也是眾說紛紜。）

莉莉亞・里特弗亞克消失的前一天，南方四百公里處的黑夜女巫

──現已成為四十六號夜間轟炸機護衛航空團──正經歷她們最難熬的一夜。俄羅斯已在分隔黑海和亞述海的塔曼半島沿途逼退德軍，而德軍需要將這裡當作基地，以收復他們失去的陸地。當晚，十五架俄羅斯 U-2 戰機出動，探照燈劃破了眼前的一片漆黑。詭異的是，對方的防空高射砲居然不為所動，飛行員很快就發現了原因。原來是德軍首度派遣了一架夜間戰鬥機[6]，並透過探照燈精確瞄準了目標。U-2 動作緩慢，在這名德軍眼裡每一架都清晰可見；一位平安歸返的黑夜女巫形容她們當時「猶如受困蜘蛛網的銀白飛蛾」。

一名生還的飛行員，莎拉菲瑪・阿莫索瓦記錄下當天事發經過：

探照燈一打亮，他們便發射防空砲，接著一枚綠色火箭迎面而來，防空砲停下後，一架德軍戰機忽然冒出來，打落我方四架飛機。我們好像燒起來的蠟燭。一切盡收眼底，降落後，我們通報遭德軍戰機攻擊，當晚他們說什麼都不肯再讓我們出任務。我們平常就睡在學校大樓的折疊木床，當回到房間，看見八張疊起來的床時，你可以想見我們的感受。我們心知肚明，這些都是幾個小時前殞落夥伴的床。

塔曼半島戰役的成功讓黑夜女巫名氣更響亮、榮耀加身，她們重新更名為四十六號「塔曼」護衛隊，奮戰至戰爭最後。她們隨同陸地部隊朝西行動，挺進白俄羅斯、克里米亞、東普魯士、波蘭，並在

---

6 飛行員的名字是約瑟夫・柯西奧克（Josef Kociok），軍階上士。他決心處置麻煩的黑夜女巫，這位王牌飛行員化為 *Nachtjager*──黑夜獵人，組成一個小型特種單位，將毫無防備的黑夜女巫逮個正著。柯西奧克逝世於一九四三年九月，他的飛機撞上墜落的俄羅斯伊留申 DB-3 轟炸機，降落傘失效陣亡。

一九四五年五月前進柏林，嘗到勝利果實。她們在一九四五年十月解散，原因是戰後女性必須重新融入社會。相夫教子和工廠作業取代了戰爭，成為當時蘇聯的社會理想。

附錄：數據資料 [7]

　　五八八號／四十六號夜間轟炸機護衛航空團，自一九四二年六月至一九四五年五月止，共出任職務三年。這段期間共有多少人完成了哪些任務？數字滿天飛，但只有少數來源可信。單機出擊共逾兩萬四千次？若以三年計算下來，四十架飛機（最大值）、兩至三名組員每晚出任務數次，那麼這個數字的可能性很高。投擲炸彈的總噸數？可能上看三千噸（網路上有個數字是兩萬三千噸，這絕對是胡謅，因為 U-2 ／ Po-2 戰機最多只能乘載三百公斤）。整場戰爭下來，女性共獲頒三十三個獎項，其中二十四名飛行員榮登蘇聯英雄榮譽榜。黑夜女巫的總人數為一百二十四名（飛行員和領航員），共有九十九名技師、軍械士、工程師支援協助，陣亡者則有二十六人。

---

7 主要摘自瑞娜・潘寧頓的《翅膀、女人和戰爭》（*Wings, Women, and War*）。

第十二章

神力女超人：
亞馬遜公主的祕密起源

　　「在成為神力女超人之前，她是黛安娜，亞馬遜公主。」這部二〇一七年賣座電影的開場白如此說道。超級英雄電影的劇情千篇一律，無非是拯救世界。這意思難道是說電影欠缺深意，除了有趣就沒別的了？當然不是。神力女超人的意義比你想的重要得多，西元前幾世紀的亞馬遜族是怎麼演變成今日的超級英雄（或超級女英雄，看你要怎麼稱呼）。雖然這不是電影重點，卻是自成一格的故事，可追溯至近一百年前的美國，當時國內有著一大票位居主宰的男性、少數的叛逆女性，以及一名竟然可以算是女性主義者的男人——因為他構思出了象徵女性力量和女性自主的神力女超人。「女性主義創造出神力女超人，」哈佛歷史系教授吉爾·露波（Jill Lepore）在她的鉅著[1]裡寫道：「神力女超人則重新塑造了女性主義。」

　　事情的起點要追回一次大戰時期，關於女權的各種激進主題、事件和人物。這裡我著重的多半是原版神力女超人與她亞馬遜起源相關的主題、事件和人物。接下來，請仔細聽好我們現在已耳熟能詳的主題，包括：古希臘，永恆幸福的女人國，性別平等，拒絕踏入婚姻，對保密、謊言與真相的著迷，愛國主義，捆綁束縛，以及一件無名珠寶。這故事就是個由公開爆料和神祕面紗所組成的有趣混合體。

---

1 摘自《神力女超人祕史》（*The Secret History of Wonder Woman*），本章內容多參考這本著作。請見參考書目表和謝辭。

就先拿卓越非凡的女性主義社會學家夏綠蒂・吉爾曼（Charlotte Perkins Gilman）為例，她著有《婦女與經濟》（*Women and Economics*，一八九八）和專為女權發聲的數本著作。女權運動和讀者很幸運有她，因為她也很有幽默感。吉爾曼生於康乃迪克州的哈特福，她勇於活出自己理想，離開了丈夫查爾斯・史特森（Charles Stetson），帶著愛女凱瑟琳到加州生活。離婚後，她和前夫達成協議，同意女兒應該和查爾斯同住，後來查爾斯娶了夏綠蒂的死黨，大家相處融洽。她自己也再婚（對象是表親喬治・吉爾曼），之後搬回紐約，繼續教書和寫作。一九一五年，她已創作六本非虛構作品和三本小說，她的女性主義和社會主義贏得了廣大讀者崇敬。吉爾曼工作異常認真勤奮，她創辦的《先鋒》雜誌（*Forerunner*，一九〇九～一九一六）連一個字都不假手於人。雜誌連載她的三部烏托邦小說，表達她的反傳統主義觀點：女性也可以和男性一樣勇敢、富有創意、慷慨大方、道德高尚。男性主導並非與生俱來，文化可以戰勝生物學，革命需要推動，而女性應以非暴力行動展開革命。

一九一五年的《她鄉》（*Herland*）是《先鋒》連載的其中一部小說，故事描述三名男性探險家無意間撞見「一個無人發現、嚴謹遵從亞馬遜生活的國家」（這是該書唯一提及「亞馬遜」三個字的句子）。這是一個女性社會國家，過著沒有男性的生活，利用人工授精的方式懷孕，只誕下女嬰，社群就是她們的全部。她們反亞馬遜，追求的是互助合作，而不是戰鬥與征服。這個國度沒有家庭制度，吉爾曼認為家庭會帶來不平等和殘暴，因此所有女性一起照顧全體孩童——她們向這三個聽得目瞪口呆的外來者解釋道。吉爾曼用這三人突

顯美國社會的荒謬，其中一個女子天真地問：為何孩子最少的美國人反而擁有最多僕人？三人之中最富男子氣概的泰瑞哀嘆連連地表示，這裡的女性，就算是年輕美女也毫不性感，她們不懂服從，不顯露嬌弱。事實上，這群女人也有自然的性慾，這樣反倒更好，若男性想娶她們，先決條件就是要能做到平等對待。

丈夫辭世後，吉爾曼搬回加州，和一樣成為寡婦的前夫之妻同住。一九三二年，吉爾曼診斷出末期乳癌，三年後完成自傳，使用氯仿自盡。

吉爾曼的創作年代是女權正在熱頭上的時期，當時就讀大學的女性人數激增[2]，其中包括要求女性投票權的「婦女政權論者」（suffragist）——她們也是時常被比喻成亞馬遜人的「新女性」。一九〇八年，首間女子學院，曼荷蓮的院長瑪麗·伍利（Mary Woolley）協助創辦了美國學院平等參政權聯盟，她也是名女性主義者，目標是推動全方位的性別平等，並效法英國的愛米琳·潘克斯特（Emmeline Pankhurst），在美國率領女性運動。其中一個推動項目就是生育控制，領導人瑪格麗特·桑格（Margaret Sanger）是雜誌《女性造反》（Woman Rebel）的生育控制專欄作家，她為專欄加了一個挑釁意味濃厚的小標題：「上帝不存在，主人不存在」（No Gods, No Masters）。只要她一逮到機會，就竭力提倡掙脫偏見和假

---

2 許多人就讀「七姊妹學院」：曼荷蓮女子學院（Mount Holyoke，第一所，成立於一八三七年）、巴納德女子學院（Barnard）、布林莫爾學院（Bryn Mawr）、拉德克里夫學院（Radcliffe）、史密斯學院（Smith）、瓦薩學院（Vassar）、衛斯理學院（Wellesley）。

道學的枷鎖。當時的美國和英格蘭一樣，只要散布避孕訊息就會遭逮捕，運動者的審判、監禁、絕食抗議更是家常便飯。瑪格麗特‧桑格的妹妹艾索‧拜恩（Ethel Byrne）是美國史上第一位被強迫餵食的女囚，在桑格擔保妹妹未來不再違法的前提下，獄方才釋放她，後來拜恩一直無法諒解姊姊。桑格漠視政府反對，她推行的計畫硬是和官方槓上。一九二〇年八月，美國憲法第十九修正案通過女性投票權，桑格發行《女性與新族群》（Woman and the New Race），持續為女性平權和生育控制發聲——她稱之為「女性對性奴役的造反」。為了推廣理念，她跨出美國，足跡遍布英格蘭等地。提倡自由戀愛的她，事業和家人都需要金援，於是在英格蘭和石油大亨諾亞‧史立（J. Noah Slee）結婚；後來還和作家 H‧G‧威爾斯（Herbert George Wells）展開一段長久友誼，偶爾暗通款曲。

伊麗莎白‧霍洛維（Elizabeth Holloway）是曼荷蓮女子學院的新女性之一（別名「莎黛」），她的男友威廉‧莫爾頓‧馬斯頓（William Moulton Marston）就讀哈佛大學。馬斯頓潛心鑽研實驗心理學，對「電影劇」（photoplay）略有涉獵，也就是默片電影劇本。當時的他聰明帥氣、孜孜不倦、具企圖心，有個完全看不出日後會變成大塊頭的身材。他有一個構想：說謊會導致血壓升高，若偵訊盤問時能夠測量血壓，或許就能知道對方是說真話或撒謊。他和霍洛維做了一個實驗，馬斯頓以霍洛維創作的犯罪故事為本，對虛構犯罪進行提問，並從飆高的血壓來揪出說謊的人，再比對他的測驗結果和模擬陪審團的判決。測驗共有一〇七題，他答對一〇三題，命中率高達百分之九十六，陪審團僅對了百分之五十。測謊器就是這麼發明的，他

拯救世界的亞馬遜公主

一九四一年十二月第八期《群星漫畫》初登場的神力女超人，一個月後她登上這本漫畫的封面。
貴為亞馬遜公主的黛安娜，卻以美國女英雄之姿現身，協助美國抗戰。

根據上述和後續實驗完成的論文，對未來的測謊[3]研究相當重要（然而，最後證明測謊不那麼可靠，法庭一向不接受）。一九一五年馬斯頓和霍洛維結婚，兩人都是法學院學生，他就讀位在劍橋的法學院（哈佛大學），她則在波士頓（拉德克里夫學院）。

一九一八年，馬斯頓被外派到紐約的厄普頓營地六個月，治療彈震症受害者。當地有一名積極參與女性參政權運動的圖書館員，名叫瑪裘莉·杭特利（Marjorie Huntley，原姓威爾克斯〔Wilkes〕），兩人展開了一段婚外情，但馬斯頓回到哈佛後就無疾而終。接著馬斯頓在一九二一年取得博士學位，他和霍洛維都讀過瑪格麗特·桑格的《女性與新族群》，霍洛維很喜歡希臘文，對女詩人兼女同志的莎芙懷有一股特殊情懷，文學上如此，性方面或許也是。這些種種都別有意思地孕育出後來的神力女超人，這點我們稍後會再看到。

這份角色名單還有第四個人：艾索·拜恩的女兒，也就是瑪格麗特·桑格的姪女奧麗弗·拜恩（Olive Byrne）。她在塔夫斯大學讀醫，學費全由阿姨的新任百萬富翁老公諾亞·史立一手包辦。奧麗弗激進睿智、人緣佳，手腕掛著一雙沉重的銀鐲子——一只來自非洲，另一只來自墨西哥。她還有個愛吃糖、會教她數學的胖子朋友（請稍微忍耐一下，這跟我要講的故事有關）。奧麗弗把頭髮剪得和男生一樣短，穿著打扮也像個男孩，亦是女性友人的避孕藥藥頭。

一九二五年，塔斯夫大學聘請威廉·馬斯頓擔任新任心理學助理教授。三十二歲的他已經發福走樣——「他不胖，」後來奧麗弗·拜

---

3 摘自馬斯頓論文《說謊時的血壓收縮壓》（Systolic Blood Pressure Symptoms of Deception, 2 *J. Exper. Psychol.*, 117 [1917].）

恩形容，「只是整體骨架稍微大了點，」她還說：「他是我認識的人當中最真實的一個。」他也深受奧麗弗吸引，她的實驗心理學課堂頻頻拿下 A，沒多久就當起他的助教，主要協助他所謂的「俘虜」工作，也就是我們說的「束縛」（bondage），因為捆綁和服從似乎是參加大學入學儀式的人都很熱衷的活動。馬斯頓對支配與臣服十分感興趣，（根據他的理論）這兩者與屈從和誘導同時歸類為四種主要情緒。不多久，奧麗弗・拜恩便搬去和馬斯頓及霍洛維同住。

故事的走向開始變得詭譎異常。馬斯頓有一個妻子、一個情婦，現在還多了第三個女人，一個年輕許多、住進他們家的女人。原本聽來應該是多災多難的方程式，卻意外促成一段饒富意味的時光，充滿了心理學的、社會的，以及性的各種新鮮感和實驗精神。丈夫、妻子、情婦（要是她正好在場）、助教兼情婦二號，這四人每週都會在馬斯頓的阿姨凱洛琳・基特里（Carolyn Keatley）的波士頓公寓相會，此外還有五個人。基特里是護理督導，她相信這就是新時代的濫觴——世界大同的水瓶座紀元，愛與和平的時代 [4]。記錄筆記說明，這裡類似某種性愛培訓診所，探索支配和臣服的交互作用。馬斯頓對他所謂的「愛的捆綁」格外感興趣，也就是藉由綁縛和鐐銬達到臣服的重要性。在此，女性：

---

4 十二個「時代」會隨著地球自轉軸旋轉，像是小孩玩的陀螺一般。十二星座會在秋分黎明，循序漸進地在太陽後方出現，完成一次循環大約歷時兩萬六千年，占星家則會從星座循環解讀意義。星座轉換等於一個新紀元的開啟，而每個紀元約莫歷時兩千五百年。至於分界點並沒有一定的說法，因此占星家會為我們是否已進入新紀元而爭執。但他們一般都同意，水瓶座比上一個紛亂好戰的雙魚座好，預示著和平、理想主義、不墨守成規。

和男性發生關係時，會暴露她們的胴體，並利用正統的情愛方式，令男性臣服於她們腳下，女人是女主人，或說愛情的領導者，目的其實是讓女主人在感情方面臣服於男性……男性與女主人交合時，男性性器官刺激的不是女主人的外在性器官，而是內在性器官……若是希望發展出臣服意識，無論男女，都必須壓抑性高潮。

他們的關係是三人行，偶爾四人行，他們尋覓的似乎是一種獨立。面對男性宰制、婚姻、孩子、事業的難處，該如何達到獨立？這不是只有他們才會遇到的問題，數不清的雜誌文章都提過這個問題，卻始終沒有好解答。然而霍洛維有個特殊難處：她懷孕了，卻不打算放棄《大英百科全書》的編輯工作，於是四人得出一個解決方案。馬斯頓可以留下他的情婦，霍洛維生下孩子，奧麗弗‧拜恩放棄博士學位，幫忙照顧孩子。只要不張揚，他們的安排就不會有問題，而這個小團體的每一個人都有守口如瓶的天分。

從事業立場來看，保密十分重要。這四人的合作關係要是傳開來，恐怕不大體面，事實上應該可以說是具有毀滅性，不只是因為他們的家庭安排，更因為他們連工作都互通有無、敗壞職業。馬斯頓的最新著作《常人的情緒》（*Emotions of Normal People*）飽受媒體和學術人士輕忽冷落，卻在《變態心理學與社會心理學期刊》（*Journal of Abnormal and Social Psychology*）獲得一篇讚不絕口的評論。撰寫這篇評論的不是別人，正是奧麗弗‧拜恩，而這本著作本來就是她和馬斯頓共同撰寫。馬斯頓其實不曾成功闖進學術界，如今他未獲（哥倫比亞大學）續聘，表面上是因為任期結束，但說到底更可能是因為

他的研究重點太異於常人。霍洛維為了拉他一把，委託他替《大英百科全書》撰寫「情緒分析」一文。除此之外，他無業，正準備成為人父。馬斯頓只能樂意承認，自己確實虧欠他的三個女人良多。

他回到電影界，這個圈子正在蓬勃發展。他在哥倫比亞有個朋友華特·皮特金（Walter B. Pitkin），既是心理學家、記者，也是《大英百科全書》的美籍編輯，所以他其實是霍洛維的老闆。他和馬斯頓曾經一起去戲院，追根究柢討論了電影對心理和情緒的影響。一九二八年一月的某場宣傳活動上，馬斯頓和拜恩在一家紐約戲院展開實驗，測量六位漂亮女孩觀看葛麗泰·嘉寶（Greta Garbo）主演默片《靈與肉》（Flesh and the Devil）時的興奮指數——其實就是血壓。媒體大幅報導這個「愛情測量計」的實驗，好萊塢環球影城的老闆卡爾·萊默爾（Carl Laemmle）碰巧正在尋求一位心理學家幫他打造有聲電影的未來，並試圖找到能通過嚴格審查的先發制人之法。萊默爾讀到「愛情測量計」的實驗後，邀請馬斯頓到好萊塢擔任公關人員。於是他、霍洛維、拜恩，和剛出生的寶寶彼德，便在好萊塢度過近三年的時光。馬斯頓協助拍攝電影，包括《畫舫璇宮》（Show Boat）和《化身博士》（Dr. Jekyll and Mr. Hyde），還幫皮特金爭取到故事編劇的工作，兩人合寫了一本《有聲電影的藝術》（The Art of the Sound Picture），分享心得意見，傳授讀者怎麼寫出廣受歡迎的腳本——說穿了，就是佐以少許「情色激情」。

在好萊塢時，這幾位成員的騙術與標奇立異又更上了一層樓。奧麗弗·拜恩嫁給一名據傳名叫威廉·理查（William Richard）的人物，事實上這人正是威廉·馬斯頓。他們有兩個孩子，名字都是依照不存

在的「父親」之名取的，（她告訴他們）父親在一次大戰遭到毒氣毒死。現在三個孩子都由拜恩照顧，霍洛維則在家工作，負責賺錢。這種生活一直維持到環球影城發覺自己真正需要的其實是測量觀眾反應的方法，於是選擇了馬斯頓對手發明的測謊器——多頻道生理記錄儀（polygraph）。

馬斯頓一行人回到紐約一棟位於濱江大道的公寓，瑪裘莉．杭特利偶爾會去見他們。沒多久，霍洛維產下第二個孩子，是名女嬰，產後繼續工作，其他人則住在麻薩諸塞州的克利夫頓維爾和鱈魚岬。四位大人四位小孩的組合其實稱不上一個家庭，比較類似社群。他們在一九三五年搬到紐約州的拉伊，霍洛維每日通勤上班，維持家計，人人克盡職責、呵護孩子。馬斯頓和霍洛維正式收養奧麗弗．拜恩的兩個兒子，此後這兩個孩子便有了兩個媽媽。這個集女性主義、愛情、承諾、保密於一身的奇異混合體，就這麼圍繞著一名體重一百三十六公斤的肥胖男性打轉，進展出奇順利。

奧麗弗．拜恩在嶄露頭角的週刊《家庭圈》（*Family Circle*）找到一份特約撰稿人的工作，筆名是奧麗弗．理查。她第一篇文章就是馬斯頓的人物傳略，她假裝自己從未見過他，像是初次見面般描述自己的孩子們。這是佐以謊言的真相，活脫脫就是她的人生寫照——文章名稱恰如其分，就叫作「測謊人」。日後還有許多篇依照類似公式寫成的文章。馬斯頓接受零星的撰稿工作，然而在接觸過科學、法律、電影、廣告、寫作、盡其所能的自我宣傳後，他仍然沒有替自己的天賦找到適當出口。

同一時期，瑪格麗特．桑格也在為生育控制合法化奮戰。

一九三七年，她郵購一大箱的日本子宮帽，美國海關發現後認定為淫穢物品，並摧毀了這批貨物。桑格提出上訴，最後法院判定，只要子宮帽是醫師開立處方使用就不列為淫穢物品。沒多久以後，美國醫學學會認可了生育控制。

一九三七年十一月十日，馬斯頓逮到一個宣傳新書的大好機會，這本勵志散文集的書名是《努力生活》（*Try Living*）。馬斯頓在紐約的哈佛俱樂部舉行記者會，做出以下宣言：「女性的情感發展與愛人能力高於男性兩倍……很明顯，女性將成為未來商界、國家、世界的領袖……我們在接下來一百年，將會看見美國跨入母系社會，這是一個心理層面的亞馬遜國度，而不是實際的亞馬遜。」媒體愛死這番言論：「心理學家宣稱——邊緣化的亞馬遜人將在百年後駕馭男性」（《華盛頓郵報》）、「女性當家已成事實」（《洛杉磯時報》）。

同年我們目睹了一個現象誕生：漫畫。其原型是報紙上的連環卡通，或廉價雜誌的「滑稽連環畫」。多年來，漫畫書都只是一些小商家的促銷手法：花五分錢買一本漫畫，就可以折抵五分錢的店內消費。漫畫這門事業的主控權握在馬克斯威爾·查爾斯·蓋恩斯（Maxwell Charles Gaines）手裡，他察覺到，要是市場夠龐大，就能雇人自創漫畫，進行直接銷售，獨享利潤。一種全新藝術形式瞬間誕生，這是介於書籍和電影的混合體。蓋恩斯創辦全美出版社（All-American Publications），展開了這項新穎的構想。其他人也趕上風潮，漫畫出版發展蓬勃。許多網站都有把當時的書名、公司、編輯、作者、藝術家記錄下來，他們都是將四〇年代一舉變成漫畫黃金年代的功臣。一九三八年，《動作漫畫》（*Action Comics*）首度發表超人（第八期，

原版書目前市價逾三百萬美元）。一九三九年夏季，超人正式從《動作漫畫》畢業，有了自己的漫畫。超人很快就累積數十名對手，其中一個就是《偵探漫畫》（Detective Comics）的蝙蝠俠（在第二十七期登場，現在的收藏家願意砸下逾一百萬美元買下原版書）。一本十分錢的漫畫書大賣百萬本，不管是從不買書的孩子，還是像馬斯頓孩子一樣的小讀者，通通買單。

漫畫書風潮正好和二次世界大戰同時登場，超人突然變得不像正義鬥士，而是納粹衝鋒隊員。再說，有的教育家亦譴責漫畫書，聲稱太過暴力，甚至有人問：漫畫是法西斯主義嗎？或是一種荼毒孩童思想的卑劣運動？

帶馬斯頓踏進漫畫世界的正是奧麗弗・拜恩，她在《家庭圈》裡將他刻畫成一位能教美國媽媽分辨漫畫優劣的人。拜恩的公式千篇一律：她扮演一名和馬斯頓毫無瓜葛的天真記者，他的角色則是一名優秀心理學家。她引述他的說法，指出超人是完美的典範，發展出「國家力量」並保護「熱愛和平的無辜老百姓」。馬斯頓說，只要內容沒有血腥暴力，漫畫書就沒有問題。

人稱「查理」的馬克斯・蓋恩斯，也力抗那些針對漫畫的批評聲浪。他決定用編審委員制來達到目標，而委員之中必須有一位心理學家。就在此刻，查理讀到奧麗弗・拜恩的《家庭圈》文章，找到了解方。於是他請馬斯頓參與甫成立的 DC 漫畫（《偵探漫畫》的縮寫）編審委員會，擔任心理學顧問。

馬斯頓考慮打造一個截然不同的超級英雄，這位英雄不使用暴力，而是用愛征服全世界。根據一項說法[5]，伊麗莎白・霍洛維表示：

「沒問題,但這個角色必須是女人。」無論是真是假,馬斯頓剛好落實了他三年前在哈佛俱樂部的說法,女性將成為世界的主人,看來這個發展勢不可擋,也即將發生。他告訴蓋恩斯,他們需要一個超級女英雄,現代版的亞馬遜人。

幾年後他將個人經歷和論點寫成一篇文章:〈為何一億名美國人要看漫畫?〉,並刊登於《美國學者》雜誌(*American Scholar*)。首先他指出可觀的潛在讀者群:兩千三百期日報就有十五億篇連環漫畫,週日報紙的漫畫版則有二十五億篇漫畫。「漫畫成為美國廣大讀者每日三餐的精神糧食。」評論家卻說,漫畫只是給「腦袋駑鈍者的書」。不,因為漫畫能中肯道出基本的人性層面:「在嘈嘈雜雜的人類意識,迴盪著最原始卻強而有力的迴響……圖片闡述的故事效果遠遠超越文字。」圖片總是如此。隨著現代印刷術的發展,漫畫演進成不再只是詼諧逗趣,也不再只是冒險故事的連環畫:「漫畫的情緒感染力能滿足讀者的願望。」而這就是超人的魅力。但超人有一個問題:他是無敵的,所以不具有真實的戲劇張力。當然,他到處行善,但難道除了他,就不可能給孩子一個更具建設性的模範嗎?

就我從心理學的角度來看,漫畫最可惡的一點,就是令人血液凝結的男子氣概。不管男性英雄多強壯,他始終缺乏母愛和溫柔,而對正常孩子來說,母愛與溫柔就像呼吸一樣,是不可或缺的本質。假設

---

5 摘自瑪格麗特‧蘭姆(Marguerite Lamb),刊登於二〇〇一年秋季號的波士頓大學校友雜誌的〈神力女超人是誰?〉(*Who Was Wonder Woman?*)。

你的孩子希望當超人，用他的超凡力量拯救弱者，然而人類幸福食譜裡最重要的成分依然不存在，我說的那個成分就是愛。讓自己變強壯是聰明之舉，慷慨行善更是偉大行為。可是從只接受男子氣概的規則來看，溫柔、關愛、深情、迷人會被說成娘娘腔。「哎呀，好娘！」年輕漫畫讀者嗤之以鼻，「誰想當女生？」說到重點了；倘若女性原型欠缺戰鬥力、力量、權力，那麼就連女孩子都不想當女生了。她們不會想當女生，不會想要像好女人那般溫柔順從、熱愛和平，她們脆弱的那一面讓女性的強大特質遭到鄙視。最明顯的補救方法就是打造一個女性角色，這個角色既擁有超人的力量，也具備美麗好女人應有的魅力。

馬克思‧蓋恩斯半信半疑，過去漫畫也有女主角，但都沒走紅。

「啊，」馬斯頓反駁，「那是因為她們都不是女超人，她們力量不比男性，也不兼具女性魅力和討喜特質。」

「可是，」蓋恩斯說，「女英雄比男性強壯，吸引力應該會扣分吧。」

「不，」馬斯頓回道，「現代男性其實都樂於臣服在女性的石榴裙下，給男性一個比自己強壯的性感女子，讓他們乖乖臣服，他們會心甘情願並**驕傲**地成為她的奴隸！」

蓋恩斯心不甘情不願地答應姑且一試。「好吧，博士先生，儘管美國報業聯盟全部拒絕連載超人，我還是選擇了他。我願意試一試你的神力女超人，前提是漫畫必須由你本人創作，刊登六個月後，我們會讓漫畫讀者投票決定，是否留下這位女英雄。」

神力女超人在一九四一年十二月的《群星漫畫》（*All Star Comics*）第八期初登場，馬斯頓掛名顧問心理學家兼作者（使用部分假名：查爾斯·莫爾頓）。在〈神力女超人登場〉的開頭，可以看見一個身著運動靚裝、擺出衝刺姿態的人物。她穿著一件像是美國國旗改良、印有閃爍星星的裙子，手腕有一對手環，皇冠箍住她一頭黝黑色鬈髮。開頭文字是容易閱讀的大寫字體（加上許多驚嘆號「！」），融合古今，暗示著她和希臘眾神之間的關係，卻完全忽略了在希臘傳說裡，亞馬遜人其實不是希臘人或其盟友，而是敵人的事實：

> 在一個遭到仇恨和男性戰爭撕裂的世界，總算出現一名女子。看在她眼底，男性遭遇的問題和創造的功績不過是孩子的扮家家酒……她的動作敏捷，力量驚人，是最優秀男運動員和最強健摔角選手的一百倍。她不知從何而來……猶如愛芙蘿黛蒂沉魚落雁，又如雅典娜聰穎智慧，擁有墨丘利的速度和赫丘力士的力量，大家只知道她叫作神力女超人。

她居住在無人涉足、只有女性的天堂島。一架飛機在小島失事，公主和她的朋友發現一名受傷的飛行員，將他送到醫院。女王希波呂忒抵達後詢問情況，這名男子的證件顯示，他是美國情報員史帝夫·崔佛。公主負責照料他，最後愛上他，女王向她說明這麼做等同犯下大忌。**以下是亞馬遜女王希波呂忒對公主，也就是她的女兒，訴說的驚人故事！**之後的文字變為正常格式，因為要補充的資訊很多。

「早在古希臘時期，好幾世紀以前，我們亞馬遜人是世界最強

國。在亞馬遜尼亞，女性是統治者，過著風平浪靜的生活。」直到赫丘力士出現為止。希波呂忒有一條愛神愛芙蘿黛蒂贈予的神奇腰帶，她思忖自己肯定不會輸，便向赫丘力士下戰帖。後來她果真獲勝，卻沒想到赫丘力士運用詭計拐走腰帶，將亞馬遜人變成俘虜，以手鐐腳銬約束她們的行動。最後，愛芙蘿黛蒂協助希波呂忒奪回腰帶，亞馬遜人也為自己重新找回自由，搭上尋覓新家的船。但她們今後必須時時戴著手環，永遠銘記男人鑄造的手銬，提醒自己要「永遠與男人保持距離」，而手環亦可當作擋子彈的盾牌。後來她們發現天堂島，那裡「什麼都不缺，沒有疾病，沒有仇恨，沒有戰爭」。腰帶則賦予她們永生。

　　為了遵守她們和愛芙蘿黛蒂的約定，這名美國人不得留下。一面魔法鏡顯露他的世界，「我們不只比男性強壯有智慧，武器更優良，飛機也更先進！」這時還沒有名字的公主透過魔法鏡學到了「所有古今藝術、科學、語言」。希波呂忒在魔法鏡看見史帝夫・崔佛是德國陰謀的受害者，陰謀策劃者是馮・史東，他的同謀有一句拍馬屁的經典台詞：「你的邪惡構想很新潮啊，大人。」現在該怎麼做？希波呂忒詢問愛芙蘿黛蒂和雅典娜的意見，她們告訴希波呂忒，現在世界深陷一片混亂泥沼，因此「勢必努力維繫美國行動與思維的自由」。她們必須把史帝夫・崔佛送回美國，而其中一位族人必須和他一起走：「你最強壯又最有智慧的亞馬遜族人，就是最優秀的神力女超人！」經過各種比武競賽後，答案揭曉，公主就是那一位人選。劇情已經夠扯了，但還有更誇張的。希波呂忒派出一架隱形戰機送公主出發，最後讓她穿上一套充滿美國風格的服裝，並終於給了她一個名字：「今

後你就叫黛安娜，這是你月神教母的名字！」

於是神力女超人黛安娜放棄繼承權和永生，離開天堂島，陪著她心愛的男人回到美國，這個她學會保護珍惜並當作自己母國的國家！

對於把目標放在大眾市場的漫畫來說，這個背景故事很不得了（儘管後來經歷多次改編、重啟，和重開機，故事也增添不少其他元素，漫畫歷史學家仍一字不漏將全部細節記錄下來，包括將天堂島改名為新米奇亞，而新米奇亞就是希臘傳說提到的亞馬遜母國）。這個故事可說濃縮了馬斯頓的一生，接下來的冒險故事還有更多著墨。之所以和希臘有所聯繫，要歸因於杭特利對希臘文與希臘文學的喜愛，尤其是莎芙。天堂島猶如伊甸園般無憂、幸福，讓人想起吉爾曼《她鄉》裡的女性社會。最關鍵的是女性主義者帶來的影響，尤其是為兩性平等、生育控制和性解放而戰的瑪格麗特‧桑格。倒不是說馬斯頓刻意張揚這些重點，但光是設下規定，讓出身亞馬遜的神力女超人無法結婚就夠了。馬斯頓見識霍洛維養家糊口，同時還得撫養孩子的難處，才安排奧麗弗‧拜恩代勞。這在傳統婚姻是絕不可能發生的事，他認為婚姻是種束縛，好比赫丘力士對亞馬遜人的束縛。而具有多重象徵意義的黛安娜手環，源自他曾看過奧麗弗‧拜恩習慣戴的類似手環：手環象徵的是遭到男性壓迫的女性記憶，手環既能保護她卻也代表弱點，因為若是用鏈條將手環綁在一起——請注意：這裡說的比較接近「捆綁」——就會失去力量。手環是她的正字標記，無論是人或神，希臘神話角色通常都具備充滿個人色彩的特質，例如邱比特的

箭、雅典娜的貓頭鷹（象徵智慧），或愛芙羅黛蒂的白鴿（象徵和平）。她的黃金套索是另一個正字標記，這項別名真言套索的工具擁有魔力，能讓套索捉到的人說出真話。其實這個套索就是測謊器，而且比馬斯頓用盡畢生心血研發的測謊機還有效。套索也是捆綁的一種形式──這是他長年著迷的興趣。

傳統漫畫裡，少女常遭反派角色捆綁，淪為落難少女。但在這裡，少女才是捆綁他人的那一位，並用她的真言套索逼對方就範。真相，或是真相的不存在，正是馬斯頓和他的女人們生命裡的關鍵元素。為了推廣自己，馬斯頓樂於扭曲真相，四人過著不欲人知的生活，隱藏他們非傳統的生活方式。拜恩之所以能待在《家庭圈》工作，是因為她隱瞞了自己就是馬斯頓孩子之母的事實，而神力女超人同樣過著祕密人生：奧麗弗‧拜恩與虛構人物威廉‧理查「結婚」，成為奧麗弗‧理查；神力女超人也不得不隱瞞自己的真實身分。她的目的是在醫院裡照顧史帝夫‧崔佛，因此向一名護士買下職業證書，並以護士的名字黛安娜‧普林斯從事護理工作。

神力女超人的許多細節，靈感來源都是馬斯頓和他的女人們的一生。伊莉莎白‧霍洛維告訴 DC 漫畫，有個很恰當的台詞可以用作天堂島女性吃驚時的口頭禪，就是「看在莎芙的份上！」黛安娜‧普林斯／神力女超人有個身材胖嘟嘟、嗜糖如命的好友肯蒂，這點也和奧麗弗‧拜恩如出一轍。

故事主題和細節可能只是來自作者的個人記憶和無意識，但是馬斯頓暗中進行一項祕密任務，那就是他希望神力女超人成為「新型態女性的心理宣傳代表，我相信這種女性應該統治世界」。首先，當然

偏見
假道學
男性優越

要破除尚未掙脫的約束，他文章開頭的卡通畫已清楚說明這個目標，呼應了伍利和桑格的時代（左圖）。

結果，神力女超人大賣，五個月後蓋恩斯確實做了讀者意見調查，拿她和七位男性角色做比較。她拔得頭籌，以四十倍的票數大勝第二名，獲得了總票數的百分之八十。正如馬斯頓所述：「讀者票選已道盡他們的想法：『我們喜歡比男性強壯的女孩，她用自身力量幫助他人，真女人的魅力深深吸引我們！』一九四二年一月，她獨挑大梁，成為繼超人和蝙蝠俠後第三位擁有獨立漫畫系列的超級英雄，自那刻起神力女超人從未停刊[6]。

若想瞭解她的影響力，請將時間快轉二十年，跳過女權和神力女超人混沌陰霾的五〇年代，那時她還只是次要角色黛安娜·普林斯。六〇年代，女性主義起身抗爭。思想家和社會運動人士組成威力強大的姐妹會，要求平權、解放、墮胎權，氣勢完全不輸政治和社會革命。

6 威廉·馬斯頓得到小兒麻痺症，於一九四七年與世長辭。瑪袞莉·杭特利於一九八六年過世，奧麗弗·拜恩和伊莉莎白·霍洛維餘生同居。拜恩於一九九〇年逝世，霍洛維則是一九九三年。他們的同居祕密以及在神力女超人創作裡扮演的角色，一直要到二〇一四年吉爾·露波發表研究後才首度曝光。

參與人士有舒拉米斯·費爾史東（Shulamith Firestone）、貝蒂·傅瑞丹（Betty Friedan）、葛羅莉亞·史坦能（Gloria Steinem）、蓓拉·阿布札（Bella Abzug）、夏麗·齊頌姆（Shirley Chisholm）等。距當時四十年前首登國會的平等權利修憲案（由一九一七年絕食抗議的艾莉絲·保羅起草，八十歲的她依舊寶刀未老），終於在一九七二年六月通過，神力女超人的貢獻不小。七月時滿懷期望卻呼聲不高的夏麗·齊頌姆（首位黑人女性國會議員）角逐民主黨總統大選提名人時，神力女超人登上《Ms》雜誌封面。封面上的她在大街狂奔，並搭配「神力女超人當選總統」的口號，雜誌內頁還有一幅原版「神力女超人登場」的拉頁漫畫。這是令人頭暈目眩的興奮時刻，無奈只是曇花一現。保守派反擊，女性主義者互相傷害，即使學術界的女性歷史進展迅速，女性主義卻停滯不前。激進分子指控溫和派共謀，破壞女性社會運動，但就在群起憤慨之時，吉爾·露波指出一個重點：「若你是個擁有隱形戰機的亞馬遜人，哪裡還需要意識抬頭和薪資平等？」

不過她還是堅持下去了。七〇年代的神力女超人電視影集讓女星琳達·卡特一炮而紅。儘管後來想方設法讓神力女超人起死回生的電視影集和主題電影都慘敗收場，但她依舊是指標性的精神人物。二〇一六年，神力女超人首度亮相後的七十五週年，歐盟宣布她是女性與女孩賦權的榮譽大使。但神力女超人同時也是由男性創作、穿著美國國旗的性感大胸海報女郎，因此也引起響亮的抗議聲浪。然而，任何身分或抗議都比不上神力女超人的重要性。琳達·卡特本人站出來，為她永遠青春的分身說話，宣稱神力女超人是「女性力與美、關愛與智慧」的和平象徵，現在她依舊是女性楷模，就和她當時告別天

堂島和亞馬遜過往時一樣。同年她躍上大螢幕，在《蝙蝠俠對超人》（Batman v. Superman）短暫現身，為她二〇一七年的賣座個人電影暖身。我寫到這裡的同時，神力女超人的將來看似穩如泰山，而她源自希臘神話的雅典娜——亞馬遜公主的錯誤傳言，恐怕也難以撼動了。

邁上亞馬遜尼亞的半途

　　我不禁好奇，現代是否仍有亞馬遜人？網路上迅速搜尋一番後，得到的答案是：有，她們就是在敘利亞和伊朗對抗伊斯蘭國的庫德族女戰士。媒體對這群年輕女性的關注頗為聳動，但儘管如此，或許還是值得我們多多瞭解。很慶幸我在倫敦住的區域正好有一個庫德社群中心。大廳裡，身著工作服、滿臉落腮鬍的男性正在打撞球，兩名迷人的年輕庫德人亞書和阿拉丁協助我取得聯繫方式。經過討論，我們決定用 Skype 致電嚴寒刺骨的庫德斯坦沙場。

　　在那當下，我已經知道努力是值得的，因為阿拉丁說：「你何不直接過去？我們可以安排人去接你。」

　　「是這樣的，」我遲疑了，「一來我時間有限，再者現在可是冬天。」

　　「對庫德女戰士而言，」他說，「沒有春夏秋冬的區別。」

　　對我來說，光是這句話就已經夠了。無論是個人或團體，這些女性似乎集結了斯基泰騎射手的剽悍和潘特西麗娥傳奇軍隊的團結於一身，聽來很接近於我尋尋覓覓的現代亞馬遜人。

　　當然從某方面來看，「亞馬遜人」何其多，稱呼一名女性「亞馬遜人」已經很老套，通常是男性的輕蔑用語，暗示女性運用權力、犯罪、鐵石心腸、不擇手段獲得成功。毀謗柴契爾夫人的人會說，她是吹出一頭蓬髮、提著手拿包的「亞馬遜人」。如此來看這稱呼簡直像是卡通名詞，而原初的詞源早已遙遠到秤不出重量。但從另一個角度

來看，成千上萬名現代「亞馬遜人」確實存在，幾乎所有國家的軍隊都招募女性，也有越來越多女性成為前線士兵。利比亞強人格達費就打定阿拉伯刺客絕對不敢對女人下手，於是雇用了四十名女保鑣。大家口中的這批「亞馬遜護衛」在武術和武器方面訓練有素，且需要立下保持貞潔的誓言，這便是她們素有「革命修女」別稱的原因。但多半女兵仍是一個整合團隊，而不是個別的戰爭分遣隊。

庫德族女戰士是女戰士軍團的最佳現代例子。在土耳其、敘利亞、伊拉克和伊朗邊境為庫德族爭取自主權的她們，漸漸擺脫了男性支配。這點頗教人吃驚，畢竟她們來自一個父權至上的社會，雖然父權可能讓女性**渴望**自由解放，但你不會期望她們真的**獲得**自由。那麼，為何沒人壓迫？

那是因為對兩性而言，庫德族的民族主義勝過庫德族父權，尤其是現代的民族主義形式。

在現代諸多民族國家成形以前，庫德族曾經要求獨立，「庫德斯坦」這個名字的歷史可追溯回十二世紀。然而就在一個世紀前，一次世界大戰的贏家在奧圖曼帝國的廢墟裡瓜分新國界，那時庫德族代表團特別前往歐洲要求認可，但這些畫分國界的人無動於衷。他們和同病相憐的巴斯克人一樣，空有強烈的國家獨立認同感，卻沒有實際國土，庫德族必須和四個已經受承認的民族國家，以及土耳其人、阿拉伯人、敘利亞人和幾個不同族群的人共同分享一個家園。凝結他們

的元素包含：宗教（主要是伊斯蘭順尼派）、語言（五種方言）、至少兩種的流利共同語言、以及他們的身分認同感。不具落地生根的國土，四處漂泊、政治分歧的庫德人，正如同巴斯克人，必須想方設法對付他們遭遇的壓制和分裂。他們究竟應該抗爭到底？堅守立場？攜手合作？還是認命服從？四種方法他們都試過了，卻始終沒有一目瞭然的答案，尤其是在這個經歷了大型戰爭、內戰、恐怖主義，以及西方所稱伊斯蘭國（當地人稱達伊沙〔Daesh〕）和其他分派組織散播恐怖之下，而變得四分五裂的地區。

庫德女戰士擁有自己的歷史，主要指向兩個來源：女性戰鬥傳統，以及庫德民族主義的激進意識形態（顯然是女性主義）。她們從沒忘記亞黛拉‧卡南姆（Adela Khanem），她在一次大戰之前曾以卓越的領導長才統御著哈拉布加地區（Halabja），庫德族都稱她「沒有皇冠的女王」。她們也記得「卡拉[1]」‧妃特瑪（Kara Fatma），她於一次大戰期間曾指揮一支七百名男性和四十三名女性組成的土耳其軍事單位。還有二十二歲女子蕾拉‧娃莘（Leyla Qasim），一九七四年她企圖暗殺海珊，最後遭捕，飽受折磨並絞刑處死。八〇年代末，庫德女性勢力慢慢崛起，集會、團體、會議讓她們有機會涉足政治和加入庫德軍隊（到了一九九四年，女戰士人數已達兩千多人）。一般而言是意識形態激發行動，然而庫德族的情況卻相反，她們是先行動，意識形態才慢慢成形。

意外的是，這些居然都起於一個男人：身材魁梧、蓄著濃密鬍子、現年七十多歲的阿卜杜拉‧奧賈蘭（Abdullah Ocalan）。他是

---

1 黑色的意思。

個矛盾綜合體，既是激進派、民族主義，也是女性主義擁護者、自由鬥士、和平愛好人士。他在窮鄉僻壤的土耳其小村裡長大，父親飽受欺壓，母親性格強悍。從小他就見識暴力、女性力量和壓抑傳統造成的後果。「有次奧賈蘭被其他小男孩痛毆，哭著跑回家找媽媽，沒想到媽媽居然一腳將他踢出家門，警告他要是沒有好好報復，就不許踏進家門[2]。」他的姊姊哈娃（Havva）在非出於個人意願的情況下，以幾袋小麥和少許現金的代價被賣去當媳婦。他當時心想：「如果我是革命分子，絕對不會容許這種事發生。」

這孩子長大後成為人民之父。六〇年代奧賈蘭在安卡拉念書時，吸收了歷史悠長的社會主義和進革演化的庫德民族主義思想。四個鄰近國家的庫德族群起義抗爭，不時攻擊他們的支配文化（dominant culture），除了受到鎮壓之外別無所獲。一九七二年奧賈蘭被捕，蹲了七個月苦牢，在獄中和牢友的對話堅定了他投入左派政治和暴力革命的決心。一九七八年，他創立庫德工人黨（Partiya Karkerên Kurdistan, PKK），並在一九八四年對土耳其宣戰。為求安全起見，他的基地設在土耳其的敵國敘利亞，卻在一九九八年被迫出境，當時許多情報員都在追查他的行蹤，最後奧賈蘭在肯亞被逮個正著，這件事便是許多歐洲城市的庫德族展開暴亂的導火線。被帶回土耳其並經過審理後，奧賈蘭宣判死刑，但死刑罪名並沒有維持太久，土耳其為了加入歐盟，決議廢除死刑，於是奧賈蘭的死刑也跟著撤除。然而就在這時，奧賈蘭投下一顆震撼彈，震驚了他的民族主義同胞。他聲稱放棄爭取國家獨立的武裝抗爭，並願意在既定國界內為土耳其的和平

---

2 摘自亞莉莎‧馬克斯（Aliza Marcus）。請見參考書目。

效勞。部分庫德人譴責他懦弱無能、自私自利，但他依舊是所謂「民主聯邦主義」革命的庫德領袖。民主聯邦主義說穿了就是沒有國家的民主政體。而他自從遭捕，就一直囚禁在地中海和黑海中間馬爾馬拉海的伊姆拉勒監獄島（Imrali）。整整十年他都是獄中唯一囚犯，二〇〇九年起才有其他幾位囚犯加入。他有大把時間思考，對庫德問題提出政治解決方案（截至目前尚無解答），也有時間寫作（目前共完成四十本著作）。

奧賈蘭的首要目標是解放女性，他相信解放女性就是庫德族、中東，與全球自由解放的關鍵。二〇一三年出版的《解放人生：女性革命》（*Liberating Life: Women's Revolution*）是一份結合歷史、女性主義、生態學、反資本主義的宣言，以全面性的概論寫成。雖然對伊斯蘭教並無太多著墨，批評聲音卻響亮迴盪。以下段落可以快速瞭解他的觀點和風格：

新石器時代社會主張平等、共享、母權，然而浩浩湯湯的五千年人類文明歷史，追根究柢不過是男性主導的奴役歷史。男女生理有別，可是這點卻被拿來當作奴役女性的正當理由，女性做的工作被視為理所當然，或是遭到詆毀壓迫，甚至連宗教都禁止她們出席公眾場合，日益把她們踢出社交生活。將女性當作次等生物對待竟是上帝聖旨，正因如此，曾幾何時創造生命的女性淪落為被創造的物品。性別破裂導致社交生活出現有史以來最劇烈的變革，中東文化的女性不得不蒙上面紗、足不出戶，待在無異於私人妓院的閨房，這充分說明中東社會為何落後西方社會。我們有必要用激進目光重新審視家庭和婚

姻，發展出爭取性別平等和民主的普遍指導方針，畢竟沒有性別平等，對自由和平等的追求便失去意義。解放女性亦能帶動一般的自由解放、啟蒙，與正義。

這段話真教人熱血沸騰，若你正好是這四國飽受欺凌、在人生路上慘遭男性壓迫的庫德女性，應該更有感觸。庫德女性承受不少榮譽處決，喪失個人行動能力，遭遇家庭暴力和排擠的痛苦，有許多人至今仍困在這種命運裡。對於願意聆聽、也聽得進去的人，奧賈蘭自始至終是政治預言家，他喚醒人們擺脫宗教和傳統的枷鎖，為自己站出來，朝光榮、嶄新、自由、民主的世界奮鬥。內戰頻傳、政治垮台，她們已司空見慣，不足為怪。許多庫德女性深信自己除了枷鎖以外沒什麼好失去的了，還有整個世界等著她們去贏。

受到集會、團體和會議鼓勵的女性紛紛參與直接政治，或加入庫德軍隊。九〇年代初，女戰士人數多達兩千，接踵而來的二十年陣仗壯大，超過七千人為男女合併的 PKK 空軍聯隊效命，也就是基地設在敘利亞的人民保衛軍（YPG）。二〇〇四年，敘利亞的卡米什利鎮發生暴動，幾千名庫德人流亡至伊拉克，深受刺激的女性紛紛加入。二〇一二年，女性自組軍團「婦女保護軍隊」（YPJ），將基地設於敘利亞庫德地區的羅賈瓦，人數再度飆升至兩萬左右。YPJ對抗敘利亞和伊拉克的伊斯蘭國，女戰士的名號讓她們聞名全球。二〇一四年，伊斯蘭國將苗頭指向敘利亞的雅茲迪族（Yazidis，也拼作 Ezidis）。雅茲迪族是庫德的子團體，擁有屬於自己的前伊斯蘭宗教傳統，伊斯蘭國則在他們的主要大城辛賈爾屠殺五千人，迫使其他

二十萬人逃亡，其中五萬人逃竄至不遠的辛賈爾山貧脊側坡，在那裡等著滅絕命運。媒體大肆報導，歐巴馬總統下達美方干預指令，最後美國轟炸機、YPJ 和她們的男性軍人聯手驅趕伊斯蘭國戰鬥機，成功解救雅茲迪族。

在錯綜複雜的戰爭、內戰、宗族衝突的棋盤上，庫德女戰士向來是這場特殊民主實驗的核心重點，她們就像幾世紀來諸多的黨派支持者，相信自己的努力具有價值：她們知道自己是為了家園、參政權、自由而戰。伊斯蘭教法在大多庫德斯坦地區已失去影響力，庫德城市近年來也較少見到頭巾和面紗了，在革命腹地羅賈瓦更是少之又少。

某位漂泊無定的庫德大使指示阿拉丁撥 Skype 給努晶（Nujin）
—— 一位身材壯碩、談吐溫柔的 YPJ 戰士。可想而知，她穿著一身迷彩工作服，對我滔滔不絕講述 YPJ 的政治機構，又解釋自己加入的原由。

我的歷程要從卡米什利對抗阿薩德政權的起義說起。在某一場阿拉伯對庫德的足球賽上，阿拉伯人手裡高舉海珊照片挑釁（他遭美國侵略罷免，前一年受捕），此舉讓庫德人震怒不已，因為海珊在一九八八年屠殺了十幾萬名庫德人[3]。即使身在敘利亞，我們卻清楚記得敘利亞當初派阿拉伯人進入庫德斯坦，硬生生拆散我們與伊拉克

---

3 也就是所謂的安法爾戰役。根據人權觀察組織的說法，這是一場由海珊表弟，綽號「化學阿里」的阿里‧海珊‧馬吉德（Ali Hassan al-Majid）發動的種族滅絕行動，估測死亡人數為十八萬兩千人。

和土耳其同胞的事。於是那個當下我們庫德人也不甘示弱，高高舉起庫德國旗，接下來就演變成眾人互丟石頭、暴力蔓延至街頭的場面。敘利亞保安隊呼叫坦克，出動直升機鎮壓，死了七十人左右。此外，敘利亞制度對女性很不公平，所以我想給他們一點顏色瞧瞧。當初庫德社群的人看不慣女性拿槍、和男性並肩作戰，因此一開始我們的進展並不順遂。宗教制度、庫德社群、我們的家人、國家，都成為我們要抵抗的對象。二〇一一年阿拉伯之春革命爆發時，幾個年輕男女聚在一起討論自己能做的事。我心裡暗忖「時候到了」，毫不遲疑地加入他們，隔年YPJ正式成立。我第一次抵達阿勒坡那次也是我第一次上戰場。戰爭首日我發射第一顆子彈，感覺到一股（那瞬間她似乎找不到形容詞）……我真的不敢相信自己正在做的事，但我也親眼目睹需要付出的代價。致力組織運動的古勒媽媽（Dayika Gule）是團體裡首位殉難的女烈士，這件事對我影響很深遠。

在羅賈瓦以外的地區，國家、軍隊、宗派、民兵部隊動盪不平，發展瞬息萬變，週而復始。城鎮攻陷，圍城展開，攻防結束，城鎮再次奪回，又被奪走，就這樣反反覆覆。邊境開放了又關閉，援助抵達了又撤離，而莫斯科、伊斯坦堡、大馬士革的大老們個個都是魁儡大師。究竟何時才是盡頭，只有上帝或阿拉才曉得，但我們實在沒道理認為祂們曉得。

不過在羅賈瓦，庫德族主要還是尋求和平手段，並解救了科巴尼、代里克、阿夫林等城市。媒體對YPJ充滿興趣，社群媒體上有位年輕亮麗的庫德女性比出象徵勝利的V形手勢。還有一個廣受傳

誦的說法：伊斯蘭國戰士害怕 YPJ 是有道理的，因為他們相信「要是被女性殺害，就上不了天堂」。《*Elle*》和《美麗佳人》等女性雜誌都撰寫了有關 YPJ 的長篇文章；澳洲電視節目《六十分鐘》（*60 Minutes*）更特別錄製了一部探討 YPJ 的記錄片：《女人國》（*Female State*）。

　　下了新聞故事之後，庫德女性仍和身邊的男同僚一起組織、奮鬥。民主聯盟黨的共同主席阿希亞‧阿卜杜拉（Asya Abdullah）說：「如果女人不自由，一個社會哪裡還有自由的可能[4]？」傳統來說，這只是一種有限的自由。受法國教育、現於布里斯托大學任教的庫德學者、人權擁護者、性別暴力專家娜森‧貝姬哈尼（Nazand Begikhani）告訴我，這群女戰士有一條性禁令：「她們不能談戀愛！」正是如此，她說：「她們告訴我，不戀愛反而是種解放，不用受家庭、房子和孩子束縛。」

　　羅賈瓦革命帶來了十足前衛的政治架構與更具實質意義的獨立，可以隨時備戰保衛自己，卻不主動參與內戰。隨時準備為個人使命捐軀的女性扮演著舉足輕重的角色，她們組成一個以地方議會為基礎、由下而上的民主政體。即使地方議會首長不是女性，委員會、議會和法庭仍由男女領袖共同管理。女性經營研究單位、學術單位、學校、健康中心，甚至自己的廣播電台和報業協會。YPJ 的女性亦希望找到堅定表達自我的新方法，發展出奧賈蘭所說的 *Jineologi*──女性科學，重新賦予女性曾遭男性控制、剝奪的知識管道。雖然並非所有男

---

4 摘自納普（Knapp）、弗拉西（Flach）和艾波加（Ayboga）合著的《羅賈瓦革命》（*Revolution in Rojava*）。請見參考書目。

性都心甘情願，但幾乎無人敢出言反對。

　　YPJ 女戰士組成的團體，比斯基泰女戰士更類似某種女性社群，而不像希臘人想像的亞馬遜尼亞王國，她們似乎正在打造某種介於兩者之間的東西。全心投入、見多識廣、獨立自主的核心女戰士，和男性夥伴與國民同胞攜手合作，在這個渾沌世界裡，盡自己所能打造出一個安全避風港。

謝辭

　　我要感謝阿拉木圖的卡爾‧拜帕科夫（Karl Baipakov）、布里斯托大學的娜森‧貝姬哈尼、赫默爾亨普斯特馬術戰鬥中心的珊娜‧卡森斯─格林伍德、敘利亞庫德斯坦的努晶‧代里克、德國霍夫比貝爾（Hofbieber）獨立歐洲騎射學校的佩德拉‧安格蘭德、巴賽隆納生物簡介調查組織（GROB）的夏維耶‧喬丹那、倫敦大學亞非學院（SOAS）的伊莎貝爾‧凱瑟（Isabel Kaser）、匈牙利卡波斯瓦考波什梅勒（Kaposmero）的拉約什‧卡薩、貝爾法斯特女王大學的艾琳‧墨菲、柏林普魯士文化遺產基金會（Stiftung Pressischer Kulturbesitz）的赫爾曼‧帕爾青格、倫敦的亞書‧佩斯曼（Arzu Pesmen）、艾克斯特大學的里嘉達‧施密特（Ricarda Schmidt）、敘利亞庫德斯坦的希南‧薛卡尼（Sinam Sherkany）、倫敦的阿拉丁‧席納伊克（Aladdin Sinayic）、美國西雅圖飛行女爵牧場的凱蒂‧史特恩斯、倫敦環球出版社的亨利‧凡恩斯（Henry Vines）和漢普郡的布蘭達‧厄普德格拉夫（Brenda Updegraff）精湛的編輯功力，另外要感謝牛津的費利希提布萊恩人力中介機構。

參考書目

Adams, Maeve E., 'The Amazon Warrior Woman and the De/construction of Gendered Imperial Authority in Nineteenth-Century Colonial Literature', Nineteenth-Century Gender Studies, Vol .6, No. 1, 2010.

Ascherson, Neal, Black Sea, Vintage, London, 1996.

Baumer, Christoph, The History of Central Asia: The Age of the Steppe Warriors, I. B. Tauris, London, 2012.

Baynham, Elizabeth, 'Alexander and the Amazons', The Classical Quarterly, Vol. 51, No. 1, 2001.

Benbow, Heather Merle, '"Weil ich der raschen Lippe Herr nicht bin": Oral Transgression as Enlightenment Disavowal in Kleist's Penthesilea', Women in German Yearbook, Vol. 22, 2006.

Burton, Sir Richard, A Mission to Gelele, King of Dahome, ed. and intro. by C. W. Newbury, Routledge and Kegan Paul, London, and Frederick A. Praeger, New York, 1966.

Carvajal, see Medina

Cugunov, Konstantin V., Hermann Parzinger and Anatoli Nagler, Der skythenzeitliche Fürstenkurgan Aržan 2 in Tuva, Verlag Philipp von Zabern, Mainz, 2010.

Dalzel, Archibald, The History of Dahomy: An Inland Kingdom of Africa, 1793; reprinted with intro. by J. D. Fage, Frank Cass & Co., 1967.

Davis-Kimball, Jeannine, Warrior Women: An Archaeologist's Search for History's Hidden Heroines, Warner Books, New York, 2002.

Davis-Kimball, Jeannine, and C. Scott Littleton, 'Warrior Women of the Eurasia Steppes', Archaeology, Vol. 50, No. 1, 1997.

Eller, Cynthia, Gentlemen and Amazons: The Myth of Matriarchal Prehistory, 1861–1900, University of California Press, Berkeley, 2011.

Franklin, Margaret, 'Boccaccio's Amazons and Their Legacy in Renaissance Art: Confronting the Threat of Powerful Women', Woman's Art Journal, Vol. 31, No. 1, 2010.

Franklin, Margaret, 'Imagining and Reimagining Gender: Boccaccio's Teseida delle nozze d'Emilia and Its Renaissance Visual Legacy', Humanities, Vol. 5, No. 6, 2016.

Gilman, Charlotte Perkins, Herland, Pantheon Books, New York, 1979.

González-Ruiz, Mercedes, et al., 'Tracing the Origin of the East-West Population Admixture in the Altai Region (Central Asia)', PLOS ONE, Vol. 7, Issue 11, 2012.

Griffiths, Elystan, 'Gender, Laughter and the Desecration of Enlightenment: Kleist's Penthesilea as "Hundekomödie"', Modern Language Review, Vol. 104, No. 2, 2009.

Guliaev, Valeri I., 'Amazons in the Scythia: New Finds at the Middle Don, Southern Russia', World Archaeology, Vol. 35, No. 1, 2003.

Hardwick, Lorna, 'Ancient Amazons – Heroes, Outsiders, or Women?', Greece & Rome, Vol. 37, No. 1, 1990.

Herodotus, The Histories, trans. Aubrey de Sélincourt, Penguin Books, London, 1994.

Jordana, Xavier, et al., 'The Warriors of the Steppes: Osteological Evidence of Warfare and Violence from Pazyryk Tumuli in the Mongolian Altai', Journal of Archaeological Science, Vol. 36, No. 7, 2009.

Kleinbaum, Abby Wettan, The War Against the Amazons, McGraw-Hill, New York, 1983.

Kleist, Heinrich von, Penthesilea: A Tragic Drama, trans. and intro. Joel Agee, HarperCollins, London, 1998.

Kleist, Heinrich von, Penthesilea: Ein Trauerspiel, Hamburger Lesehefte Verlag, Husum/ Nordsee, 2009.

Knapp, Michael, Anja Flach and Ercan Ayboga, Revolution in Rojava: Democratic Autonomy and Women's Liberation in Syrian Kurdistan, Pluto Press, London, 2016.

La Condamine, Charles Marie, Relation abrégée d'un voyage fait dans l'intérieur del'Amérique méridionale, Paris, 1759.

Law, Robin, 'The "Amazons" of Dahomey', Paideuma: Mitteilungen zur Kulturkunde, Vol. 39, 1993.

Lefkowitz, Mary R., Women in Greek Myth, Johns Hopkins University Press, Baltimore, 2007.

Lefkowitz, Mary R., 'Wonder Women of the Ancient World', The Women's Review of Books, Vol. 1, No. 4, 1984.

Le Herissé, A., L'Ancien Royaume du Dahomey: Moeurs, Religon, Histoire, Paris, 1911.

Lepore, Jill, The Secret History of Wonder Woman, Scribe Publications, London, and Vintage Books, New York, 2015.

Mahlendorf, Ursula, 'The Wounded Self: Kleist's Penthesilea', German Quarterly, Vol. 52, No. 2, 1979.

Marcus, Aliza, Blood and Belief: The PKK and the Kurdish Fight for Independence, New York University Press, New York, 2007.

Markham, Sir Clements R. (trans. and ed.), Expeditions into the Valley of the Amazons, 1539, 1540, 1639, Hakluyt Society, London, 1859.

Marston, William Moulton, 'Why 100,000,000 Americans Read Comics', The American Scholar, Vol.13, No. 1, 1943–4.

Mayor, Adrienne, The Amazons: Lives and Legends of Warrior Women Across the Ancient World, Princeton University Press, Princeton, 2014.

Medina, José Toribio, The Discovery of the Amazon, According to the Account of Friar Gaspar de Carvajal and Other Documents, trans. Bertram T. Lee, American Geographical Society, New York, 1934.

Meyerowitz, Eva L. R., '"Our Mothers": The Amazons of Dahomey', Geographical Magazine, Vol. 15, 1943.

Montalvo, Garci Rodriguez de, also credited to João de Lobeira, The fifth book of the most pleasant and delectable history of Amadis de Gaule, London, 1664, trans. Uncredited; digital edition by Early English Books Online.

Montalvo, Garci Rodriguez de, Le Cinquième Livre d'Amadis de Gaule, Paris, 1550, trans. Nicolas de Herberay; reprinted Facsimile Publisher, Delhi, 2016.

Murphy, Eileen, 'Herodotus and the Amazons Meet the Cyclops: Philology, Osteoarchaeology and the Eurasian Iron Age', in Breaking Down Boundaries: The Archaeology – Ancient History Divided, Taylor and Francis, 2004.

Murphy, Eileen, et al., 'Prehistoric Old World Scalping: New Cases from the Cemetery of Aymyrlyg, South Siberia', American Journal of Archaeology, Vol. 106, 2002.

Pennington, Reina, Wings, Women, and War: Soviet Airwomen in World War II Combat, University Press of Kansas, Lawrence, 2001.

Place, Edwin B., 'Fictional Evolution: The Old French Romances and the Primitive Amadís Reworked by Montalvo', PMLA, Vol. 71, No. 3, 1956.

Plutarch, Lives, 'Theseus.'

Poeschel, Sabine, 'Rubens' "Battle of the Amazons" as a War-Picture: The Modernisation of a Myth', Artibus et Historiae, Vol. 22, No. 4, 2001.

Quintus of Smyrna, The Trojan Epic Posthomerica, trans. and ed. Alan James, Johns Hopkins University Press, Baltimore, 2004.

Rolle, Renate, The World of the Scythians, trans. F. G. Walls, University of California Press, Berkeley, 1989.

Rudenko, Sergei I., Frozen Tombs of Siberia: The Pazyryk Burials of Iron Age Horsemen, trans. M. W. Thompson, J. M. Dent & Sons, London, 1953.

Schmidt, Ricarda, 'Sparagmos, Weiblichkeit und Staat: Gewalt als Produkt von Erziehung in Penthesilea and Die Hermannschlacht', in Heinrich von Kleist: Konstruktive und destruktive Funktionen von Gewalt, Königshausen & Neumann, Würzburg, 2012.

Sporleder, Rolf F., 'The Bassae-Frieze: 200 Years of Guesswork', in Christoph Klose et al. (eds), Fresh Perspectives on Graeco-Roman Visual Culture, Humboldt-Universität, Berlin, 2015.

Stone, Brad, The Everything Store: Jeff Bezos and the Age of Amazon, Transworld, London, 2013

Strabo, Geography, XI, 5. 1–5.

Tarbell, Frank, 'Centauromachy and Amazonomachy in Greek Art: The Reasons for Their Popularity', American Journal of Archaeology, Vol. 24, No. 3, 1920.

Thevet, André, Les Singularitez de la France antartique, autrement nommée Amérique, 1555.

Vinogradova, Lyuba, Defending the Motherland: The Soviet Women Who Fought Hitler's Aces, MacLehose Press, London, 2015.

Wilde, Lyn Webster, On the Trail of the Women Warriors, Constable, London, 1999.

Woollett, Anne T., and Ariane van Suchtelen, Rubens and Brueghel: A Working Friendship, J. Paul Getty Museum, Los Angeles, 2006.

Wright, Celeste Turner, 'The Amazons in Elizabethan Literature', Studies in Philology, Vol. 37, No. 3, 1940.

索引

圖片來源

25 頁
左上 © De Agostini Picture Library/A. Dagli Orti/Bridgeman Images.
右上 © Ashmolean Museum, University of Oxford, UK/Bridgeman Images.
帕提亞回馬射 © CM Dixon/Print Collector/Getty Images.
馬賽克拼圖 © Mick Palarczyk.

28 頁
阿波羅神殿 © Bettmann/Getty Images.
巴塞橫飾帶 © Martin Beddall/Alamy Stock Photo.

29 頁
上 © De Agostini Picture Library/A. Dagli Orti/Bridgeman Images.
下 © PHAS/Universal Images Group via Getty Images.

74 頁
上 © AKG Images
左下 © Heritage-Images/CM Dixon/AKG Images
右下 © De Agostini Picture Library/A. Dagli Orti/Bridgeman Images

75 頁
雄鹿 © De Agostini Picture Library/A. Dagli Orti/Bridgeman Images
耳環 © De Agostini Picture Library/A. Dagli Orti/Bridgeman Images
獵人 © Heritage-Images/CM Dixon/AKG Images
劍 © Pictures from History/Bridgeman Images
飾片 © AKG Images/De Agostini Picture Library/A. Dagli Orti

78 頁
上 © Alexander Demyanov/Shutterstock.com
下 © Sisse Brimberg/Getty Images

79 頁
左上 © Sisse Brimberg/Getty Images
左下 © V. Efimov
黃金人 © Franka Bruns/AP/Rex/Shutterstock

82 頁
頭骨 © Eileen Murphy
鍍金馬 © V. Efimov

87 頁
紋身重建 © Elena Shumakova, Institute of Archeology and
Ethnography, Siberian Branch of the Russian Academy of Sciences
烏卡克公主紋身 ©Sputnik/Science Photo Library

119 頁
拉約什·卡薩 © Kassai Horsearchery School
珊娜·卡森斯—格林伍德 © Rosie Hallam/Barcroft Media
佩德拉·安格蘭德 © Pettra Engelander/Independent
European Horseback Archery School

126 頁
一六七六年加州地圖 © Historic Map Works LLC
and Osher Map Library/Getty Images

148 頁
亞馬遜河 © Granger/Bridgeman Images
瓦拉尼人 © John Wright

149 頁
劇院服飾 © Florilegius/SSPL/Getty Images
學習卡 © Look and Learn/Bridgeman Images

162/163 頁
亞馬遜之戰 © PHAS/Universal Images Group via Getty Images

228 頁
達荷美 © AKG Images

229 頁
黑夜女巫 © AKG Images/Universal Images Group/Sovfoto
庫德女戰士 © Vianney Le Caer/Pacific Press/LightRocket via Getty Images

237 頁
神力女超人 © DC Comics/Image Courtesy of The Advertising Archive

國家圖書館出版品預行編目資料

亞馬遜：古代女戰士的真實傳奇／約翰‧曼（John Man）
著；張家綺譯 .
——初版 .——臺中市：好讀 , 2019.05
面； 公分 .——(發現文明；39)
譯自：Amazons: The Real Warrior Women of the Ancient
World

ISBN 978-986-178-487-8(平裝)

544.5　　　　　　　　　　　　　　　108005251

好讀出版

發現文明 39

亞馬遜：古代女戰士的真實傳奇

作　　者／約翰‧曼
總 編 輯／鄧茵茵
文字編輯／王智群
美術設計／鄭年亨
行銷企畫／劉恩綺
發 行 所／好讀出版有限公司
　　　　　台中市 407 西屯區工業 30 路 1 號
　　　　　台中市 407 西屯區大有街 13 號（編輯部）
TEL: 04-23157795 FAX: 04-23144188 http://howdo.morningstar.com.tw
(如對本書編輯或內容有意見，請來電或上網告訴我們)
法律顧問／陳思成律師
總 經 銷／知己圖書股份有限公司
　（台北）台北市 106 大安區辛亥路一段 30 號 9 樓
TEL: 02-23672044 / 23672047 FAX:02-23635741
　（台中）台中市 407 西屯區工業 30 路 1 號
TEL: 04-23595819 FAX: 04-23595493
E-mail:service@morningstar.com.tw
網路書店 http://www.morningstar.com.tw
郵政劃撥：15060393
戶　　名／知己圖書股份有限公司
印　　刷／上好印刷股份有限公司 TEL:04-23150280
初　　版／西元 2019 年 5 月 15 日
定　　價／ 400 元
如有破損或裝訂錯誤，請寄回台中市 407 工業區 30 路 1 號更換（好讀倉儲部收）

填寫線上讀者
回函 獲得更多
好讀資訊